汽修工案头必备书系·机电维修

混合动力汽车
结构·保养·拆装·检修
一本通

主　编：韩　冰
参　编：卓幼义　罗健章　江利财
　　　　安　康

机械工业出版社

本书主要讲解了混合动力汽车的结构与工作原理，以及保养、检修、诊断和拆装方法，具体包括混合动力汽车动力系统、底盘系统、智能辅助系统、车身电气系统。

全书共分为4篇：第一篇为结构与原理篇，第二篇为维护与保养篇，第三篇为拆装与检测篇，第四篇为诊断与维修篇。

本书适用于汽车使用、维修、检测和管理等行业的有关人员学习参考，也可作为大专院校汽车相关专业师生的参考书。

图书在版编目（CIP）数据

混合动力汽车结构·保养·拆装·检修一本通/韩冰主编. —北京：机械工业出版社，2023.7

（汽修工案头必备书系. 机电维修）

ISBN 978-7-111-74554-9

Ⅰ.①混… Ⅱ.①韩… Ⅲ.①混合动力汽车-车辆修理 Ⅳ.①U469.7

中国国家版本馆 CIP 数据核字（2024）第 033830 号

机械工业出版社（北京市百万庄大街 22 号　邮政编码 100037）

策划编辑：谢　元　　　　　　　责任编辑：谢　元　刘　煊
责任校对：杨　霞　王　延　　　封面设计：马精明
责任印制：刘　媛

涿州市般润文化传播有限公司印刷

2024 年 5 月第 1 版第 1 次印刷

184mm×260mm·21.75 印张·524 千字

标准书号：ISBN 978-7-111-74554-9

定价：119.00 元

电话服务　　　　　　　　　　　网络服务

客服电话：010-88361066　　　机　工　官　网：www.cmpbook.com
　　　　　010-88379833　　　机　工　官　博：weibo.com/cmp1952
　　　　　010-68326294　　　金　书　网：www.golden-book.com

封底无防伪标均为盗版　　机工教育服务网：www.cmpedu.com

前 言 / PREFACE

目前,我国新能源混合动力汽车市场呈现出一片繁荣的景象,国内传统汽车制造业、造车新势力大力推广新能源汽车,新能源汽车的产销量连创历史新高,这也给汽车服务后市场带来了压力。汽车维修与汽车维护从业人员必须尽快掌握新能源汽车的结构原理与维修、维护保养知识。

本书以高清大图的形式从混合动力汽车结构的认识及保养、拆装、检修的技术基础着手,将结构原理、零件总成拆装、故障诊断三者有机地结合在一起。本书具体讲解了混合动力电动汽车动力蓄电池、驱动电机、充电系统、热管理系统、底盘系统、车身电气系统的结构原理、拆装、保养和常见故障及诊断。全书共分为4篇:第一篇为结构与原理篇,第二篇为维护与保养篇,第三篇为拆装与检测篇,第四篇为诊断与维修篇。

第一篇共五章,主要讲解混合动力电动汽车的结构与工作原理,包括动力系统、底盘系统、智能辅助系统、车身电气系统。

第二篇共五章,主要讲解混合动力汽车的维护与保养技术,包括保养周期、车辆举升、保养时的检查作业、保养时的更换调整作业。

第三篇共四章,包括动力驱动系统及控制系统、动力蓄电池及控制系统、充电系统、空调制冷与加热系统。

第四篇共十六章,内容包括动力驱动系统及控制系统故障诊断与排除、动力蓄电池及控制系统故障诊断与排除、充电系统故障诊断与排除、变速器系统故障诊断与排除、智能网联系统故障诊断与排除、照明与信号系统故障诊断与排除、空调制冷与加热系统故障诊断与排除、电动车窗故障诊断与排除、电动后视镜故障诊断与排除、刮水器/洗涤器系统故障诊断与排除、天窗故障诊断与排除、电动座椅故障诊断与排除、中控门锁故障诊断与排除、防盗报警系统故障诊断与排除、网关控制模块故障诊断与排除、安全保护装置故障诊断与排除,使用思维导图配合讲解。

本书是一本适合汽车维修人员入门与提高的书籍,内容涉及混合动力汽车维修的方方面面,是汽车维修相关的从业者或专业院校师生的"充电宝"。全书以行业规范为依托,注重知识性、系统性、实操性的结合,力求以最直观的方式将最实用的内容呈现给读者。

由于作者水平所限,疏漏和不足之处在所难免,敬请读者批评指正!

编 者

目 录 / CONTENTS

前 言

第一篇 结构与原理篇

第一章 认识混合动力电动汽车 2
第一节 什么是混合动力电动汽车 2
第二节 混合动力电动汽车的类型 7
第三节 行驶状态 11

第二章 动力系统 13
第一节 动力驱动系统 13
第二节 动力控制系统 20
第三节 动力蓄电池 23
第四节 动力蓄电池管理系统 33
第五节 充电系统 35

第三章 底盘系统 44
第一节 悬架系统 44
第二节 制动系统 48
第三节 行车系统 67
第四节 转向系统 70
第五节 变速器 71
第六节 高压配电系统 84

第四章 智能辅助系统 86
第一节 电动汽车智能网联系统 86
第二节 驾驶辅助系统 88
第三节 驻车系统 100

第四节　驾驶安全系统 ··· 105

第五章　车身电气系统 ··· **109**

　　第一节　照明与信号系统 ··· 109
　　第二节　空调制冷与加热系统 ··· 118
　　第三节　电动车窗 ··· 124
　　第四节　电动后视镜 ·· 127
　　第五节　天窗 ··· 128
　　第六节　刮水器/洗涤器系统 ·· 130
　　第七节　电动座椅 ··· 132
　　第八节　中控门锁 ··· 134
　　第九节　防盗报警系统 ··· 135
　　第十节　数据通信系统 ··· 137
　　第十一节　安全保护装置 ·· 140

第二篇　维护与保养篇

第六章　高压系统的认知 ·· **144**

　　第一节　高压系统 ··· 144
　　第二节　高压系统维修安全防护 ··· 146
　　第三节　高压系统维修断电 ··· 161

第七章　保养周期 ··· **164**

第八章　车辆举升 ··· **172**

　　第一节　车辆举升技术要求 ··· 172
　　第二节　车辆举升注意事项 ··· 172

第九章　车辆维护保养检查 ·· **175**

　　第一节　检查车辆电气系统 ··· 175
　　第二节　检查轮胎 ··· 175
　　第三节　检查安全带 ·· 176
　　第四节　检查蓄电池 ·· 177
　　第五节　检查安全气囊 ··· 178
　　第六节　检查冷却液 ·· 178
　　第七节　检查洗涤液 ·· 179
　　第八节　检查制动液 ·· 179
　　第九节　检查车身辅助设备 ··· 180

第十节　检查动力合成箱油位 180
　　第十一节　检查制动系统 181
　　第十二节　检查混合动力系统 183

第十章　保养时的更换调整作业 184
　　第一节　制动液的排放和加注 184
　　第二节　变速器油的更换 185
　　第三节　发动机冷却液的更换 186
　　第四节　电机控制器冷却液的更换 187
　　第五节　空调滤清器的更换 188
　　第六节　前照灯的调整 189
　　第七节　发动机机油的更换 191
　　第八节　发动机进气滤芯的更换 192

第三篇　拆装与检测篇

第十一章　动力驱动系统及控制系统 194
　　第一节　动力驱动系统及控制系统拆卸与安装 194
　　第二节　动力驱动系统及控制系统的检测 199

第十二章　动力蓄电池及控制系统 205
　　第一节　动力蓄电池及控制系统拆卸与安装 205
　　第二节　动力蓄电池及控制系统的检测 207

第十三章　充电系统 211
　　第一节　充电系统拆卸与安装 211
　　第二节　充电系统的检测 213

第十四章　空调制冷与加热系统 217
　　第一节　空调制冷与加热系统的拆卸与安装 217
　　第二节　空调制冷剂的回收与加注 221

第四篇　诊断与维修篇

第十五章　动力驱动系统及控制系统故障诊断与排除 229
　　第一节　变速器控制开关电路 229
　　第二节　模式选择开关 EV 模式电路 230
　　第三节　指示灯电路 232

第四节	电机解析器	233
第五节	电机高压电路	234
第六节	发电机解析器	234
第七节	发电机高压电路	235
第八节	切断信号电路	236
第九节	逆变器低压电路	236

第十六章　动力蓄电池及控制系统故障诊断与排除 …… 238

第一节	动力蓄电池高压电路	238
第二节	BMS 通信电路	240
第三节	充电继电器过电流、过温	241
第四节	动力蓄电池传感器模块	241
第五节	动力蓄电池电压传感器	242

第十七章　充电系统故障诊断与排除 …… 244

第一节	车载充电机通信故障	244
第二节	高压互锁故障	245
第三节	高压系统漏电	246
第四节	发电机温度传感器电路对辅助蓄电池短路或开路	247

第十八章　变速器系统故障诊断与排除 …… 249

第一节	P 位电机控制器通信故障	249
第二节	P 位电机控制器电源故障	251
第三节	冷却油泵不工作	252
第四节	高压互锁故障	253

第十九章　智能网联系统故障诊断与排除 …… 255

第一节	系统无法自检（蜂鸣器不响）	255
第二节	变速杆处于 R 位时蜂鸣器常响	256
第三节	右侧传感器故障	257
第四节	倒车影像系统故障	258
第五节	巡航控制系统不工作	260
第六节	远程监控功能失效	261

第二十章　照明与信号系统故障诊断与排除 …… 263

第一节	近光灯不工作故障	263
第二节	日间行车灯不工作故障	265
第三节	倒档灯不工作故障	267

第二十一章 空调制冷与加热系统故障诊断与排除 ……………………………… 270

第一节 空调鼓风机不工作 ………………………………………………… 270
第二节 空调压缩机不工作 ………………………………………………… 272
第三节 空调不能供暖 ……………………………………………………… 274
第四节 空调供暖效果差 …………………………………………………… 275
第五节 热交换集成模块故障 ……………………………………………… 276
第六节 冷却水泵故障 ……………………………………………………… 277

第二十二章 电动车窗故障诊断与排除 ………………………………………… 279

第一节 所有电动车窗不工作故障（不带防夹功能） …………………… 279
第二节 左前车窗玻璃升降器不工作 ……………………………………… 281
第三节 用左后电动车窗开关无法操作左后电动车窗 …………………… 282
第四节 自动上升操作不能完全关闭电动车窗（防夹功能激活） ……… 283
第五节 遥控升/降功能不工作 …………………………………………… 284

第二十三章 电动后视镜故障诊断与排除 ……………………………………… 285

第一节 电动后视镜不能调整 ……………………………………………… 285
第二节 电动后视镜不能加热 ……………………………………………… 287
第三节 用电动后视镜开关无法调节驾驶人侧电动后视镜 ……………… 288
第四节 自动电动伸缩式后视镜不工作 …………………………………… 289
第五节 电动后视镜的倒档联动功能不工作 ……………………………… 291

第二十四章 刮水器/洗涤器系统故障诊断与排除 …………………………… 293

第一节 刮水器电机电源电路 ……………………………………………… 293
第二节 刮水器和洗涤器开关电路 ………………………………………… 295
第三节 洗涤器电机 ………………………………………………………… 296
第四节 与刮水器系统 LIN 总线失去通信 ………………………………… 298

第二十五章 天窗故障诊断与排除 ……………………………………………… 300

第一节 天窗不工作 ………………………………………………………… 300
第二节 天窗传感器故障 …………………………………………………… 301
第三节 位置初始化未完成 ………………………………………………… 303

第二十六章 电动座椅故障诊断与排除 ………………………………………… 304

第一节 用前电动座椅开关无法操作前电动座椅 ………………………… 304
第二节 一个或多个电动座椅电机不工作 ………………………………… 305
第三节 无法存储电动座椅位置 …………………………………………… 308

第四节	电动座椅不能返回存储位置	309
第五节	滑动传感器故障	310

第二十七章　中控门锁故障诊断与排除　311

第一节	通过操作车门锁芯，所有车门锁止/开锁功能均不工作	311
第二节	通过操作主开关，所有车门锁止/开锁功能均不工作	312
第三节	所有车门上车锁止/解锁功能不工作，但遥控功能工作	312
第四节	驾驶人侧车门上车解锁功能不工作	313

第二十八章　防盗报警系统故障诊断与排除　315

第一节	钥匙位于行李舱外部时，行李舱门上车解锁功能不工作	315
第二节	防止钥匙锁入行李舱功能不工作	317
第三节	触摸解锁传感器一段时间无法解锁所有车门	318
第四节	防盗喇叭不工作	319
第五节	防盗指示灯不工作	320

第二十九章　网关控制模块故障诊断与排除　321

第一节	LIN 通信总线故障	321
第二节	LIN 连接的 ECU 之间的通信故障	323
第三节	混合动力车辆控制 ECU 通信停止模式	324
第四节	动力转向 ECU 通信停止模式	325
第五节	盲区监视器传感器通信停止模式	326
第六节	驻车辅助 ECU 通信终止模式	327
第七节	行驶辅助 ECU 通信终止模式	327
第八节	抬头显示屏通信终止模式	328
第九节	毫米波雷达传感器通信终止模式	329
第十节	前摄像机模块通信终止模式	330

第三十章　安全保护装置故障诊断与排除　331

第一节	SRS 警告灯一直亮	331
第二节	SRS 警告灯不亮	333
第三节	前安全气囊传感器（左侧）	333
第四节	驾驶人侧座椅安全带警告灯不工作	334
第五节	前排乘客侧座椅安全带警告灯不工作	335

参考文献　337

资源说明页

本书附赠全套讲解视频，内含 14 个微课视频，总时长 116 分钟。

获取方式：

1. 微信扫码（封底"刮刮卡"处），关注"天工讲堂"公众号。

2. 选择"我的"—"使用"，跳出"兑换码"输入页面。

3. 刮开封底处的"刮刮卡"获得"兑换码"。

4. 输入"兑换码"和"验证码"，点击"使用"。

通过以上步骤，您的微信账号即可免费观看全套课程！

首次兑换后，微信扫描本页的"课程空间码"即可直接跳转到课程空间。

课程空间码

第一篇

结构与原理篇

第一章 认识混合动力电动汽车

第一节 什么是混合动力电动汽车

1. 混合动力电动汽车的定义

混合动力电动汽车的原理和双人自行车类似,两个人既可以同时出力,也可以各自单独出力,如图 1-1-1 所示。

图 1-1-1 双人自行车

混合动力电动汽车(Hybrid Electric Vehicle,HEV)是指能够至少从两类车载储存的能量(可消耗的燃料、可再充电能/能量储存装置)中获得动力的汽车(以下简称混合动力汽车)。混合动力汽车的动力一般采用发动机和驱动电机,能量储存装置一般采用锂离子动力蓄电池或金属镍氢化物动力蓄电池。动力蓄电池又分为不可外接充电和可外接充电两类,通常将动力蓄电池不可外接充电的混合动力汽车称为节能汽车,动力蓄电池可外接充电的混合动力汽车称为新能源汽车,如图 1-1-2 所示。

混合动力总成的优点主要是耗油量较低,在内燃机的所有不利运行范围内驱动电机可以为其提供支持。此外,还可以对所使用的电机和内燃机的功率特性曲线进行较好的调整,因为电机的较高转矩可以为（低转速范围内）内燃机的较低转矩进行最佳补充。因为电机可以起到起动机和发电机的功能，所以它的附加优点是取消了起动机和发电机（以现有的混合动力车型为依据）。此外，制动能量回收系统可以减少制动器的磨损，如图1-1-3所示。

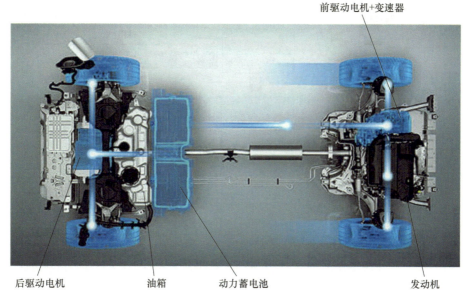

图1-1-2　东风标致4008插电式四驱混合动力系统

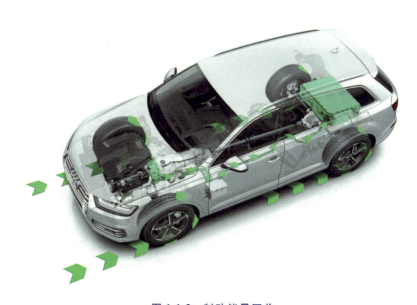

图1-1-3　制动能量回收

2. 混合动力汽车工作模式及工作原理

混合动力汽车的两个动力源既可以各自单独驱动，也可以联合驱动，具体驱动方式主要根据混合动力汽车的工作模式来确定。

混合动力汽车一般由两个驱动系统组成，其动力源分别为发动机和驱动电机，发动机提供的动力是单向的,驱动电机提供的动力是双向的。

混合动力系统主要由发动机、驱动电机、变速器和动力蓄电池组成,如图 1-1-4 所示。

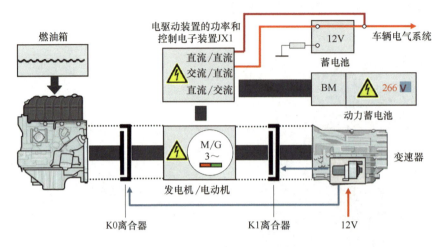

图 1-1-4　混合动力系统示意图

在有发动机和驱动电机两种动力源的情况下,混合动力汽车的混合动力系统包括以下工作模式。

(1) 发动机单独驱动

该模式可应用于动力蓄电池近乎完全放电,而发动机没有剩余功率给动力蓄电池充电的情况;又可应用于动力蓄电池已经完全放电,而发动机能提供足够的动力以满足车辆动力需求的情况,如图 1-1-5 所示。

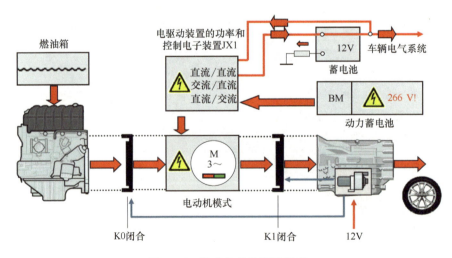

图 1-1-5　发动机单独驱动模式

(2) 驱动电机单独驱动

该模式是纯电驱动模式,此时发动机关闭,可应用于发动机不能有效运行的情况。例如,汽车极低速行驶状态或在严禁排放的区域内行驶,如图 1-1-6 所示。

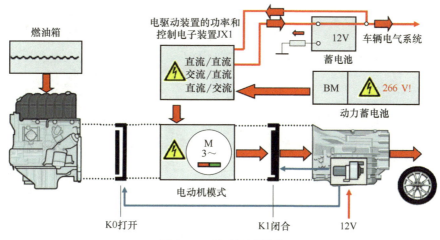

图 1-1-6 纯电驱动模式

（3）发动机和驱动电机同时驱动车辆

该模式是混合驱动模式，可用于需要较大动力供给的场合，例如，急加速或爬陡坡，如图 1-1-7 所示。

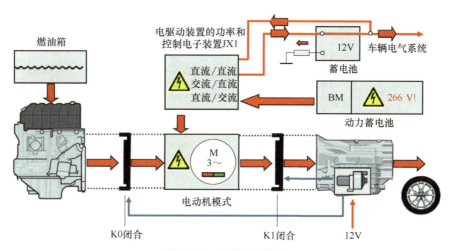

图 1-1-7 混合驱动模式

（4）发动机既驱动车辆又给动力蓄电池充电

发动机向驱动轮提供动力，同时为动力蓄电池补充能量。该模式是发动机同时驱动车辆和向动力蓄电池充电的模式，如图 1-1-8 所示。

（5）动力蓄电池从驱动轮获取能量（再生制动）

该模式是再生制动模式，此时电机运行在发电机状态，使车辆的动能或势能得以回收。回收的能量储存于动力蓄电池中，并在以后重复利用，如图 1-1-9 所示。

3. 混合动力汽车的结构组成

下面以奥迪 Q5 混合动力车型为例讲解。

奥迪 Q5 混合动力四驱采用了高效的并联式混合动力技术。该车使用 155kW 的 2.0L TF-

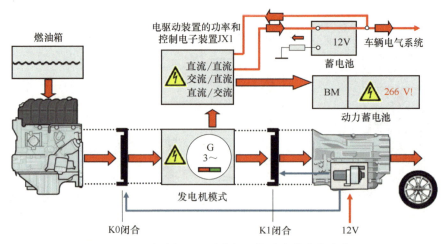

图 1-1-8　发动机既驱动车辆又给动力蓄电池充电

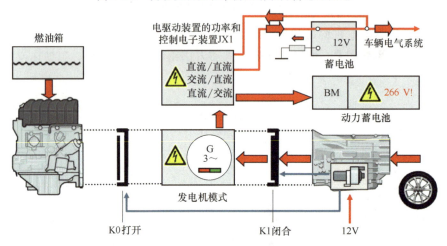

图 1-1-9　发动机运行时滑行状态下的能量回收模式

SI 发动机和近 40kW 的液冷式驱动电机，驱动电机由小巧的锂离子动力蓄电池进行供电。

奥迪 Q5 Hybridquattro 为单轴并联式混合动力汽车，其动力传动系统及高压电气部件主要由 2.0L TFSI 汽油机、驱动电机、8 档手自一体变速器、功率控制电子装置、电动空调压缩机、动力蓄电池单元等部件组成（图 1-1-10）。

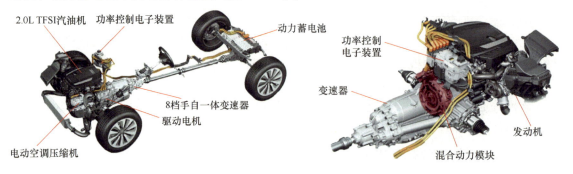

a) 奥迪Q5混合动力系统组成　　　　　　　　b) 奥迪Q5混合动力总成

图 1-1-10　奥迪 Q5 混合动力车型

第二节　混合动力电动汽车的类型

1. 根据混合动力驱动的连接方式分类

（1）串联式混合动力系统

使用串联方案的混合动力车辆包括一个驱动电机和一个内燃机，其特点是仅由驱动电机直接对驱动轮产生影响，因此这种结构被称为串联结构。

由内燃机驱动一个可以为电动行驶传动装置和电存储器提供能量的发电机。通过供电电子装置控制电能量流。根据动力蓄电池和充电策略、作用范围以及动力性，确定发电机与电存储器的大小。

由于附加发电机的结构非常复杂，因此取消了手动变速箱。此结构可以对串联混合动力中的组件进行非常灵活的布置。串联式混合动力车辆的最大缺点是需要进行两次能量转换，导致效率下降。必须按照最大驱动功率设计内燃机和发电机。与并联式混合动力车辆相比，在内燃机效率相同的情况下串联式结构会产生更多的排放量且耗油量增大，如图1-2-1所示。

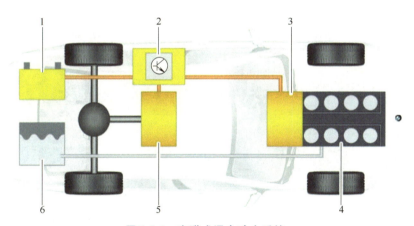

图 1-2-1　串联式混合动力系统
1—动力蓄电池　2—供电电子装置　3—发电机　4—内燃机　5—驱动电机　6—燃油箱

（2）并联式混合动力系统

与串联式混合动力不同，在并联式混合动力系统中内燃机和驱动电机都要与驱动轮进行机械连接，如图1-2-2所示。

驱动车辆时既可以单独也可以同时使用两种动力传动系统，因此将这种系统称为并联式混合动力系统。

由于可以将两个动力源的功率进行叠加，所以这两个动力源可以采用更小和更轻的设计。这样可以在质量、耗油量和CO_2排放量方面更具优势。驱动电机也可以作为发电机使用。在滑行阶段或制动时驱动电机会产生电能，通过供电电子装置的控制将其存储在动力蓄电池内，降低了耗油量。并联式混合动力车辆与串联式混合动力车辆相比用车成本更加低廉。

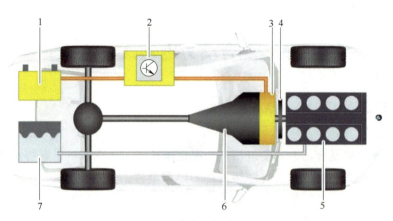

图 1-2-2　并联式混合动力系统

1—动力蓄电池　2—供电电子装置　3—驱动电机　4—离合器　5—内燃机　6—变速箱　7—燃油箱

（3）功率分支式混合动力系统

因为在这种混合动力传动装置中可以用串联和并联的方式传递动力，所以该系统被称为串并联或功率分支式混合动力系统，如图 1-2-3 所示。

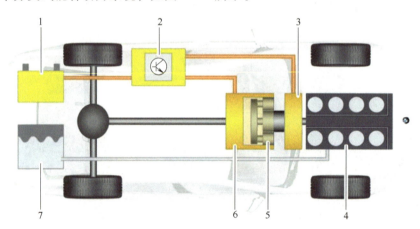

图 1-2-3　功率分支式混合动力系统

1—动力蓄电池　2—供电电子装置　3—电机 1　4—内燃机　5—行星齿轮箱　6—电机 2　7—燃油箱

该系统针对不同行驶状态提供以下运行模式：

1）由内燃机驱动发电机（电机 1），以便为动力蓄电池充电。

2）由内燃机驱动发电机（电机 1），使用其所产生的电能驱动电机 2（串联式混合动力）。

3）与电机一样，内燃机以机械方式与驱动轴相连，由两个传动装置同时驱动车辆（并联式混合动力）。

在这种组合式混合动力传动装置中，只需使用一个离合器就可以完成两种运行模式的切换。使用功率分支式混合动力传动装置的车辆，可以在某一特定速度下以纯电动方式行驶。此外，通过两种传动装置良好的组合，可以使内燃机始终在其最佳运行范围内工作。功率分支式混合动力传动装置的缺点是传动控制复杂且成本较高，通常只有在重度混合动力中才会使用功率分支式混合动力系统。

（4）插电式混合动力系统

混合动力技术的一种扩展被称为插电式混合动力系统。使用插电式混合动力可以进一步降低耗油量，为电存储器充电时不再使用内燃机，而是可以通过附加的供电系统为其进行充电。电存储器有足够的电容量时，可以在短距离内实现无排放且安静的电动驱动，当行驶距离较长或电存储器没有电时再次起动内燃机。为了能够存储更多来自供电系统的电能，在插电式混合动力系统中使用了容量较大的电存储器，以便可以增加电动驱动的距离，如图1-2-4所示。

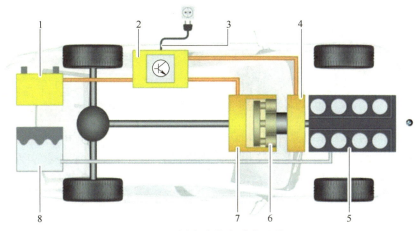

图1-2-4　插电式混合动力系统

1—动力蓄电池　2—供电电子装置　3—电源插头　4—电机1　5—内燃机　6—行星齿轮箱　7—电机2　8—燃油箱

2. 根据输出功率占的比重分类

（1）微混合动力系统

微混合动力车辆是一种初级混合动力车辆，如图1-2-5所示。采用了普通12V蓄电池技术的微混合动力车辆的驱动电机功率仅为2~3kW。由于功率和电压较小，因此限制了制动和滑行阶段中能量回收利用的效率。微混合动力车辆回收的电能是提供给12V车载网络用的。

该系统具有使用传统起动机或集成式起动电机实现的起动/停止功能。起动/停止功能的缺点是由于经常起动，所以会对曲轴产生较大的磨损。微混合动力车辆会产生附加的重量和

图1-2-5　宝马1系

成本，所以相应的费用也会增加，但是增加的费用低于减少的耗油量费用。根据定义严格地讲，微混合动力车辆并不能算是混合动力车辆，因为它仅有一种驱动类型。

（2）轻混合动力系统

轻度混合型混合动力汽车是以发动机为主要动力源，驱动电机作为辅助动力，在车辆加速和爬坡时，电机可向车辆行驶系统提供辅助驱动力的混合动力汽车。轻度混合型混合动力

汽车的混合度大于10%，可以达到30%左右。

它在传统汽车基础上，增加了怠速起停、加速助力、制动能量回收和行驶（巡航）充电功能，如图1-2-6所示。

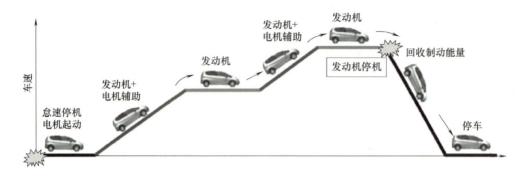

图1-2-6 轻度混合型混合动力汽车功能示意图

轻度混合型混合动力系统采用了集成式起动发电一体式电机（Integrated Starterand Generator，ISG）。与微混型混合动力系统相比，轻度混合动力系统除了能够实现用电机控制发动机的起停外，还能够在混合动力汽车制动和下坡工况下，实现对部分能量进行回收；在行驶过程中，发动机的动力可以在车轮的驱动需求和发电机发电需求之间进行调节。

当混合度达到20%~30%时，一般采用高压驱动电机，在汽车加速或者大负荷工况时，驱动电机能够辅助发动机驱动车辆，补充发动机本身动力输出的不足，提高整车性能。有的资料把混合度达到20%~30%的混合动力汽车称为中度混合型混合动力汽车，是最常见的一类混合动力系统。

本田汽车公司旗下的Insight、Accord和Civic混合动力汽车都采用并联式结构的轻度混合动力系统。

（3）重度混合动力系统

重度混合型混合动力汽车是以发动机和/或驱动电机为动力源，且驱动电机可以独立驱动车辆正常行驶的混合动力汽车。重度混合动力系统采用电压高达600V以上的高压驱动电机，混合度大于30%，可以达到50%以上，在城市循环工况下节油率可以达到30%~50%。

它在传统汽车基础上，增加了怠速起停、加速助力、制动能量回收、行驶（巡航）充电和低速纯电动行驶功能，如图1-2-7所示。

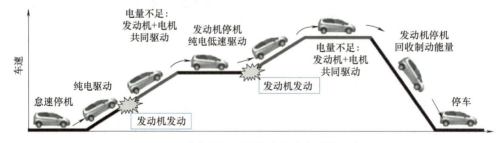

图1-2-7 重度混合型混合动力汽车功能示意图

重度混合型混合动力汽车的特点是动力系统以发动机为基础动力，驱动电机为辅助动力。它采用的电机功率更高，完全可以满足车辆在起步和低速时的动力要求。因此，重度混合车型无论是在起步还是低速行驶状态下都不需要起动发动机，依靠驱动电机就可以完全胜任，在低速时就像一款纯电动汽车。在急加速和爬坡运行工况下车辆需要较大的驱动力时，驱动电机和发动机同时为车辆提供动力。随着电机、电池技术的进步，电机参与驱动的工况逐渐增加，重度混合动力系统逐渐成为混合动力技术的主要发展方向。

3. 根据外接充电能力分类

（1）外接充电型混合动力汽车

外接充电型混合动力汽车是一种被设计成在正常使用情况下，从非车载装置中获取电能量的混合动力汽车。插电式混合动力汽车（Plug-inHybridElectricVehicle，PHEV）属于此类型。

插电式混合动力汽车可以利用电网为动力蓄电池充电，同时也可以在加油站给汽车加油。它可以使用纯电模式驱动车辆行驶，且纯电动行驶里程较长；电能不足时，车辆仍然可以用重度混合模式行驶。插电式混合动力系统的驱动电机功率比纯电动汽车的稍小，动力蓄电池的容量介于重度混合动力汽车和纯电动汽车之间，如图 1-2-8 所示。

图 1-2-8　沃尔沃插电式混合动力汽车

（2）非外接充电型混合动力汽车

非外接充电型混合动力汽车是一种被设计成在正常使用情况下从车载燃料中获取全部能量的混合动力汽车，油电混合动力汽车属于此类型，如图 1-2-9 所示。

油电混合动力汽车是非插电的混合动力汽车，动力来源主要是发动机，驱动电机只是一个辅助动力源，纯电驱动的续驶里程短。

油电混合动力汽车的动力蓄电池容量很小，仅在起/停、加/减速的时候供应/回收能量，不能外部充电，纯电模式续驶里程短；插电式混合动力汽车的动力蓄电池容量较大，可以外部充电，可以用纯电模式行驶，电池电量耗尽后再以混合动力模式行驶。

图 1-2-9　卡罗拉混合动力汽车

第三节　行驶状态

1. 起动/关闭功能

当车辆（内燃机处于运行温度）停车时（例如等待红灯时），将关闭内燃机。这样可以减少 CO_2 排放量并降低耗油量。车辆处于静止状态时动力蓄电池还可以为空调系统、车辆照明装置等提供能量。当动力蓄电池电量不足时将起动内燃机，以便通过电机为动力蓄电池充电，并为用电器提供足够的电能。

当行驶的车辆靠近交通信号灯时，制动过程中内燃机已准备好在车辆静止前（达到规定速度时）关闭。

2. 起步

起步时，车辆将使用驱动电机在低转速范围内所提供的较高转矩。从静止状态到起步仅由电机驱动车辆，而且使用由动力蓄电池提供的能量。内燃机处于关闭状态（处于运行温度时）。

3. 加速（助推功能）

在交通信号灯、斜坡处或超车操作进行急加速时，如果动力蓄电池有足够的电量，则可以为车辆提供额外能量，并且通过电机将其作为驱动功率使用。此过程称为 Boost 功能。通过内燃机和电机的功率组合，可以实现与使用较大功率发动机车辆一样的行驶动力性和加速性能。

4. 行驶

行驶过程中根据车速和动力蓄电池充电状态，确定内燃机和驱动电机的不同驱动动力比例。

在低速至中速时内燃机无法在最佳范围内工作。驱动电机正好相反，可以在较低转速时提供最大转矩。当动力蓄电池有足够的电量时，可以从动力蓄电池获取车辆电动驱动所需的电能。只有当动力蓄电池电量不足时，才会起动内燃机，以便为动力蓄电池充电。

恒定高速行驶时内燃机能够以最佳效率进行工作，而电机在该功率范围内则需要从动力蓄电池获取能量，因此需通过内燃机获得大部分的驱动力。当动力蓄电池电量不足时，内燃机的部分功率还将通过电机为动力蓄电池充电。

5. 制动

混合动力传动装置的主要优点是可以回收汽车滑行或制动时的动能，这被称为能量回收利用或制动能量回收。通过可作为发电机使用的电机，将车轮制动器上的无用能量转换为电能，并将所产生的电能存储在动力蓄电池内。

第二章 动力系统

第一节 动力驱动系统

一、驱动电机的类型

微混合型混合动力汽车使用的电机为 BSG 电机,轻度混合型混合动力汽车和重度混合型混合动力汽车使用的电机为驱动电机,其类型有异步电机和永磁同步电机。目前,国内厂商以永磁同步电机为主。

1. BSG 电机

发电起动一体化电机(Belt-Driven Starter Generator,BSG)是通过传动带与发电机连接的双功能电机。BSG 电机是混合动力汽车重要的配置,因为没有 BSG 电机就没有行车发电功能,如图 2-1-1 所示。

图 2-1-1 BSG 电机

48V BSG 电机属于低压电机,合资品牌中的奔驰 S320L、奥迪 A8L、路虎揽胜等,自主品牌中吉利旗下的嘉际、博瑞等车型均配备了 48V 轻混系统。图 2-1-2 所示为 48V BSG 轻混系统，整个系统由集成在发动机前端轮系上的 BSG 电机、DC/DC 变换器、辅助蓄电池、动力蓄电池等组成。

图 2-1-2　奥迪 48V 轻混合系统

2. 异步电机

异步电机又称交流感应电机，它是由气隙旋转磁场与转子绕组感应电流相互作用产生电磁转矩，从而实现电能量转换为机械能量的一种交流电机。异步是指转子转速与定子磁场的转速不同步。

3. 永磁同步电机

永磁同步电机属于交流电机的一种，其转子由带有永久磁场的钢材制成，电机工作时给定子通电，产生旋转磁场推动转子转动，而"同步"的意思是在稳态运行时，转子的旋转速度与磁场的旋转速度同步。

二、驱动电机的结构及工作原理

1. BSG 电机

BSG 电机将传统发动机的发电机和起动机进行了一体化设计，发动机和 BSG 电机之间依靠传动带传动。当发动机正常工作时，发动机通过传动带带动 BSG 电机进行发电，给动力蓄电池充电，此时 BSG 电机充当传统发电机的角色。当自动起/停系统开始工作，发动机停止运行。当发动机重新起动时就需要 BSG 电机的帮助，BSG 电机通过传动带带动发动机重新起动，此时 BSG 电机充当传统起动机的角色，如图 2-1-3 所示。

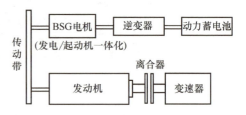

图 2-1-3　BSG 电机动力系统结构示意

2. 异步电机

异步电机主要由静止的定子和旋转的转子两大部分组成,定子和转子之间存在气隙,如图 2-1-4 所示。定子是最外面的圆筒,圆筒内侧缠有很多绕组,这些绕组与外部交流电源接通,由于整个圆筒与机座连接在一起,固定不动,因此称为定子。转子在定子的内部,其是一个缠绕着很多导线的圆柱体(即绕线式转子),或是笼形结构的圆柱体(即笼式转子),由于转子不被固定,而是与动力输出轴连接在一起旋转,因此称为转子。转子与定子之间没有任何连接和接触,之间的间隙被称为气隙,通常为 0.2~1mm,并以套筒的形式相互套住。当定子绕组接通交流电源时,转子就会旋转并输出动力。

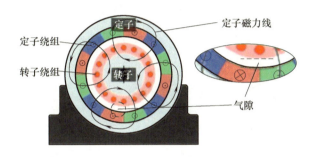

图 2-1-4 异步电机的结构示意图

三相异步电机在构造上的特别之处,在于定子绕组是一个空间位置对称的三相绕组,每个相位在空间的位置彼此相差 120°。当把三相绕组接成星形联结并接通交流电后,则在定子中产生三相电流。三相电流形成的旋转磁场矢量会叠加,并对转子产生影响,使得转子能更快速地旋转(相比单相异步电机),其转速可达 12000~15000r/min,从而驱动电动汽车行驶,如图 2-1-5 所示。

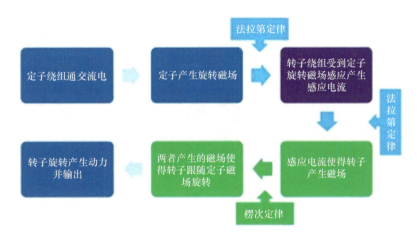

图 2-1-5 异步电机工作原理

3. 永磁同步电机

永磁同步电机由定子、转子、机壳等部件组成,如图 2-1-6 所示。

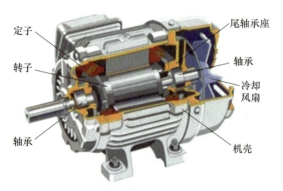

图 2-1-6 永磁同步电机的结构

由于转子自带磁性,当定子绕组通电后,转子立即受力,这就使得定子磁场与转子两者的转速实现了同步,如图 2-1-7 所示。

图 2-1-7 永磁同步电机工作原理（一）

电机的转子是一个永磁体,N、S 极沿圆周方向交替排列,定子是旋转的磁场。电机运行时,定子存在旋转磁动势,转子像磁针在旋转磁场中旋转一样,随着定子的旋转磁场同步旋转,如图 2-1-8 所示。

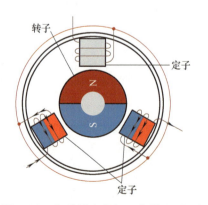

图 2-1-8 永磁同步电机工作原理（二）

永磁同步电机的定子是三相对称绕组,三相正弦波电压在定子三相绕组中产生对称三相正弦波电流,并在气隙中产生旋转磁场。旋转磁场与已充磁的磁极作用,带动转子与旋转磁场同步旋转,并力图使定、转子磁场轴线对齐。当外加负载转矩以后,转子磁场轴线将落后定子磁场轴线一个功率角,负载越大,功率角也越大,直到一个极限角度,电机停转。由此可见,同步电机在运行中转速必须与频率严格成比例旋转,否则会失步停转,如图2-1-9所示。

图 2-1-9　永磁同步电机的控制

1—磁场-旋转方向　2—转子-旋转方向　3—同步　4—正时提前（转子在定子正时后）　5—正时滞后（转子在定子正时前）

三、混合动力汽车驱动电机的应用

下面以奥迪 Q5 混合动力车型为例讲解。

混合动力模块安装在发动机和自动变速器之间的空隙处（取代变矩器）。混合动力模块包含一个永磁同步电机,该电机由定子产生的三相旋转磁场来驱动。电机可作为发动机的起动机以及发电机和驱动电机等,如图2-1-10所示。

除了定子和转子等主要部件,混合动力模块中还包含多片式离合器K0、转子位置传感器和温度传感器等部件,如图2-1-11所示。其中离合器K0用来接合、分离发动机与电机之间的连接。除此之外,在电机和变速器之间还有一组多片式离合器K1,用来接合、分离电机与传动系统之间的连接。

图 2-1-10　混合动力模块的布置

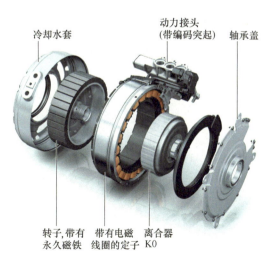

图 2-1-11　混合动力模块分解图

电驱动装置的电机是水冷式的,它集成在内燃机的高温循环管路上。冷却液是由高温循环管路冷却液泵 V467 根据需要来进行调节的(分三级,也就是说有三档)。该泵由发动机控制单元 J632 来操控。电驱动装置温度传感器 1-G712 是个 NTC 电阻(就是负温度系数电阻),它测量电驱动装置电机线圈间的温度。如果这个温度高于 180~200℃,那么电驱动装置电机的功率就被降至零(在发电机模式和电动行驶时)。重新起动发动机取决于电驱动装置电机的温度情况,必要时可通过 12V 起动机来起动,如图 2-1-12 所示。

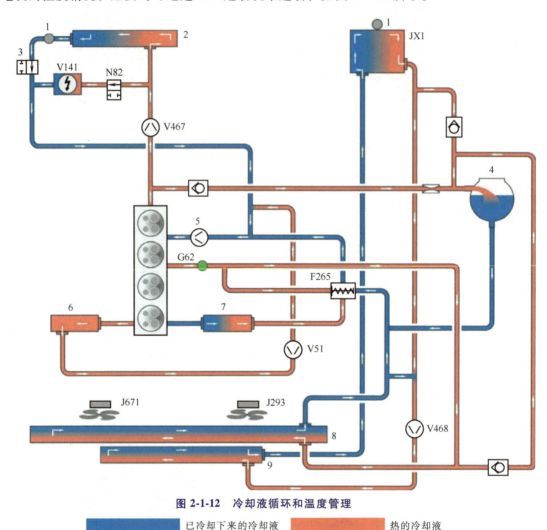

图 2-1-12 冷却液循环和温度管理

已冷却下来的冷却液　　　　热的冷却液

1—放气螺塞　2—暖风热交换器　3—冷却液截止阀*³　4—冷却液膨胀罐　5—冷却液泵　6—废气涡轮增压器　7—发动机机油冷却器　8—高温循环散热器(包括变速器机油冷却器)　9—低温循环散热器　F265—特性曲线控制的发动机冷却系统节温器*²(开启温度:95℃)　G62—冷却液温度传感器　J293—散热器风扇控制单元*²　J671—散热器风扇控制单元 2*²　JX1—电驱动装置的功率和控制装置　N82—冷却液截止阀*²(在热的一侧)　V51—冷却液续动泵*²　V141—电驱动装置电机*¹　V467—高温循环冷却液泵*²　V468—低温循环冷却液泵*¹

*1 由电驱动装置的功率和控制电子装置 JX1 来控制。
*2 由发动机控制单元 J623 来控制。
*3 由空调控制单元 J255 经空调冷却液截止阀 N422 来间接控制。

电驱动装置温度传感器 1-G712 用于测量电驱动装置电机线圈间的温度，它通过一个温度模型来判定该电机的最热点。这个温度传感器的信号用于控制高温循环的冷却能力。高温循环管路是创新温度管理的组件。通过一个电动冷却液辅助泵和接通内燃机的冷却液泵，可实现让冷却液从静止（不流动）到最大冷却能力之间的调节，如图 2-1-13 所示。

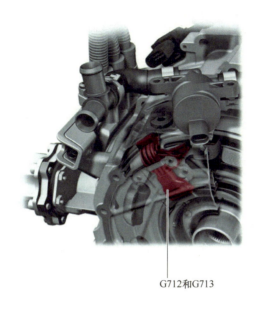

图 2-1-13 电驱动装置温度传感器/位置传感器

G712—电驱动装置温度传感器　G713—电驱动装置位置传感器

由于带有转速传感器的内燃机在以电动模式工作时，与电驱动装置的电机是断开的，因此电驱动装置的电机需要有自己的传感器，以便用于检测转子位置和转子转速。为此，在电驱动装置的电机内集成了一个 G713 电机位置传感器，如图 2-1-14 所示。

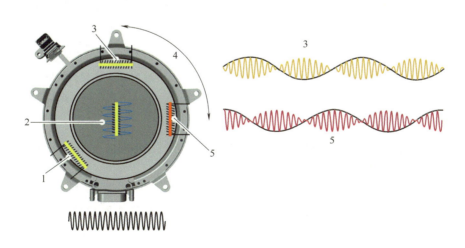

图 2-1-14 电机位置传感器结构与波形

1—励磁线圈-初级绕组　2—励磁线圈-次级绕组　3—线圈-正弦　4—90°　5—线圈-余弦

第二节　动力控制系统

控制系统的定义如下：混合动力汽车电机控制器用于将动力蓄电池的直流电转换成驱动电机的交流电，通过 CAN 总线与整车控制器进行通信，控制混合动力汽车所需的速度和动力。

电机控制器作为混合动力汽车中连接动力蓄电池与驱动电机的电能转换单元，是电机驱动及控制系统的核心。它从整车控制器获得整车的需求，从动力蓄电池获得电能，经过自身逆变器的调制，获得控制电机需要的电流和电压，提供给驱动电机，使得驱动电机的转速和转矩满足整车的加速、减速、制动、停车等要求。

电机控制器主要有以下功能：

1）把直流电变成交流电。动力蓄电池提供的是直流电，但驱动电机使用的是交流电。

2）控制驱动电机正反向驱动、正反转发电。电机驱动车辆行驶时，电机作为电动机工作；制动能量回收时，电机作为发电机工作。

3）控制驱动电机的动力输出，满足电动汽车的行驶需求，同时对驱动电机进行短路、过电流、过电压、欠电压和过热保护。

4）通过 CAN 总线与其他控制模块通信，接收并发送相关的信号，间接地控制混合动力汽车上相关系统的运行。

5）制动能量回收控制。电动汽车减速或制动时，可以把多余的能量回馈给动力蓄电池，增大续驶里程。

6）自身内部故障的检测和处理。

从外部看，电机控制器最少具备两个高压接口和一个低压接头。两个孔的高压输入接口用于连接动力蓄电池；三个孔的高压输出接口用于连接驱动电机，提供控制电源。所有通信、传感器、低压电源等都要通过低压接头引出，连接到整车控制器和动力蓄电池管理系统，如图 2-2-1 所示。

图 2-2-1　丰田普锐斯混合动力汽车电机控制器

1. 控制系统的组成

电机控制器主要由电子控制模块、驱动模块、功率变换模块和各种传感器组成，如图 2-2-2 所示。

（1）电子控制模块

电子控制模块包括硬件电路和相应的控制软件。硬件电路主要包括微处理器，电机电流、电压、转速、温度等状态的监测电路，各种硬件保护电路，以及与整车控制器、蓄电池管理系统等外部控制单元进行数据交互的通信电路。控制软件根据不同类型电机的特点实现相应的控制算法。

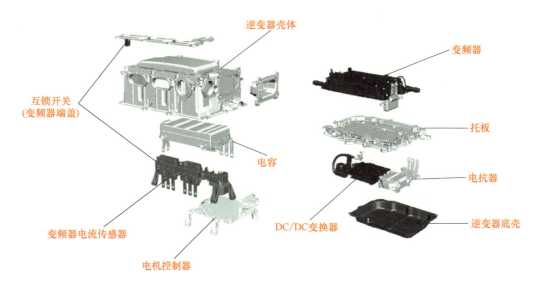

图 2-2-2　丰田普锐斯混合动力汽车电机控制器的组成

（2）驱动模块

驱动模块将微处理器对电机的控制信号转换为驱动功率变换器的驱动信号，并实现功率信号和控制信号的隔离。

（3）功率变换模块

功率变换模块对电机电流进行控制。电动汽车经常使用的功率器件有大功率晶体管、门极关断晶闸管、功率场效应晶体管、绝缘栅双极型晶体管（IGBT）以及智能功率模块等。IGBT是电控核心关键零部件，起着功率转换的作用。

（4）传感器

传感器主要包括电流传感器、电压传感器、温度传感器。电流传感器用以检测供给电机工作的实际电流（包括母线直流电流、三相交流电流）；电压传感器用以检测供给电机控制器工作的实际电压（包括动力蓄电池电压、辅助12V蓄电池电压）；温度传感器用以检测电机控制系统的工作温度（包括模块温度、电机控制器温度）。

2. 控制系统的工作原理

电机作为发电机运转产生三相交流电时，逆变器须将交流电转为直流电，为动力蓄电池充电。必须调节电压，以通过直流-直流变换器防止动力蓄电池充电过度或充电不足，进而影响12V蓄电池发生充电过度或充电不足。

当电机运转时，逆变器须从动力蓄电池中接收动力蓄电池直流电，然后以正确频率变换为交流电，还需调节电压，让电机产生正确的转矩值。

为达到此目的，逆变器使用微处理器控制的整流器来实现这些功能。用绝缘栅双极型晶体管替换整流器中的二极管，这样，处理器可精确管理流入/流出的电机电流。

整流器包含六个IGBT，逆变器闸驱动板控制其开关，让极性正确的电流流过电路，如图 2-2-3 所示。

整流器总成温度通过热敏电阻测量。为稳定三相的整流器输出，电路中接入了一个电容器。

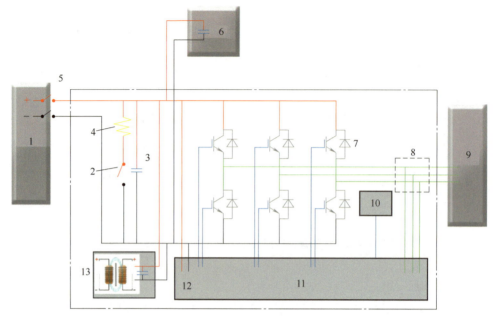

图 2-2-3 电机控制原理

1—动力蓄电池 2—逆变器接触器 3—DC 连接电容 4—电阻器 5—动力蓄电池接触器 6—电容器 7—整流电路-受控绝缘栅双极型晶体管（IGBT） 8—电流感测装置 9—电机 10—温度传感器 11—逆变器闸驱动板（IGDB） 12—动力蓄电池直流电测量 13—直流-直流变换器（电容器）

电机控制方式主要有电压控制方式、电流控制方式、频率控制方式、弱磁控制、矢量控制、直接转矩控制。

（1）电压控制方式

电压控制方式是通过改变电机端电压实现转速控制的控制方式。

（2）电流控制方式

电流控制方式是通过改变电机绕组电流实现转速控制的控制方式。

（3）频率控制方式

频率控制方式是通过改变电机的电源频率实现转速控制的控制方式。

（4）弱磁控制

弱磁控制是通过减弱气隙磁场控制电机转速的控制方式。

（5）矢量控制

矢量控制是将交流电机的定子电流作为矢量，经坐标变换分解成与直流电机的励磁电流和电枢电流相对应的独立控制电流分量，以实现电机转速/转矩控制的方式。

（6）直接转矩控制

直接转矩控制是用空间矢量的分析方法，直接在定子坐标系下计算并控制交流电机的转矩，采用定子磁场定向，借助于离散的两点式调节产生 PWM 信号，直接对逆变器的开关状态进行控制，以获得转矩的高动态性能的控制方式。

3. 控制系统的冷却系统

下面以丰田普锐斯混合动力车型为例讲解。

变频器总成有专用散热器，独立于发动机散热器，如图 2-2-4 所示。

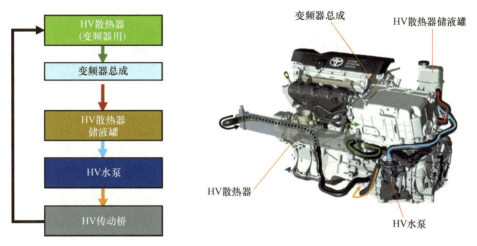

图 2-2-4 控制系统的冷却系统

第三节 动力蓄电池

动力蓄电池是为混合动力汽车的电驱动系统提供电能的，主要有锂离子蓄电池和金属氢化物镍蓄电池两种。

一、动力蓄电池的分类

1. 锂离子蓄电池

锂离子蓄电池是用锰酸锂、磷酸铁锂或钴酸锂等锂的化合物作为正极，用可嵌入锂离子的碳材料作为负极，使用有机电解质的蓄电池。锂离子单体电池的额定电压为 3.6V。

根据锂离子蓄电池的形状，可以分为方形锂离子蓄电池和圆柱形锂离子蓄电池，如图 2-3-1 所示。

锂离子蓄电池主要由正极、负极、隔膜和电解液等组成，如图 2-3-2 所示。

（1）正极

正极材料作为锂离子蓄电池中 Li+ 的唯一供给者，对锂离子蓄电池能量密度的提高及成本的降低起着决定性作用。被广泛采用的正极材料主要有锰酸锂、磷酸铁锂、钴酸锂、镍钴锰锂等。

（2）负极

负极材料影响锂离子蓄电池的安全性，目前，广泛应用的碳基负极材料，可将锂在负极

a) 方形锂离子蓄电池　　　　b) 圆柱形锂离子蓄电池

图 2-3-1　锂离子蓄电池的类型

表面的沉积/溶解转变为在碳材料中的嵌入/脱出，从而大幅度地减少锂枝晶的形成，提高了锂离子蓄电池安全性。

（3）隔膜

隔膜的主要作用是隔绝正负极以防止两电极短路及自放电，同时为两电极间提供良好的离子通道。目前，应用比较广泛的隔膜主要有 PP-PE-PP 多层隔膜、聚合物陶瓷涂覆隔膜，以及无纺布隔膜等。

（4）电解液

锂离子蓄电池采用的是非水有机溶剂体系的电解液。混合动力汽车用锂离子蓄电池的基本单元是单体电池，按使用要求组合成不同电压和不同电量的锂离子蓄电池组。

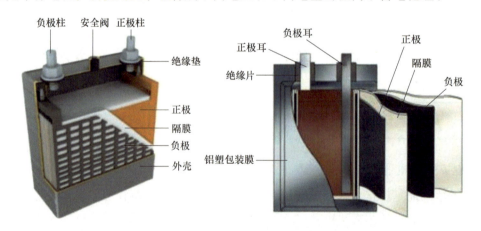

图 2-3-2　锂离子蓄电池的结构

2. 金属氢化物镍蓄电池

金属氢化物镍蓄电池是指正极使用镍氧化物、负极使用可吸收释放氢的贮氢合金，以氢氧化钾为电解质的蓄电池。金属氢化物镍蓄电池的额定电压为 1.2V。

电动汽车用金属氢化物镍蓄电池可分为圆柱形和方形两种，如图 2-3-3 所示。

金属氢化物镍蓄电池主要由电池正极、电池负极、分离层、金属外壳、氢氧化镍、金属氢化物和密封橡胶等组成。金属氢化物镍蓄电池正极是活性物质氢氧化镍，负极是储氢合金，分离层是隔膜纸，用氢氧化钾作为电解质，在正负极之间有分离层，共同组成金属氢化

a) 圆柱形　　　　　　　　b) 方形

图 2-3-3　金属氢化物镍蓄电池的分类

物镍单体电池。在金属铂的催化作用下，蓄电池完成充电和放电的可逆反应。在圆柱形金属氢化物镍蓄电池中，正负极用隔膜纸分开卷绕在一起，然后密封在金属外壳中。在方形金属氢化物镍蓄电池中，正负极由隔膜纸分开后叠成层状密封在外壳中，如图 2-3-4 所示。

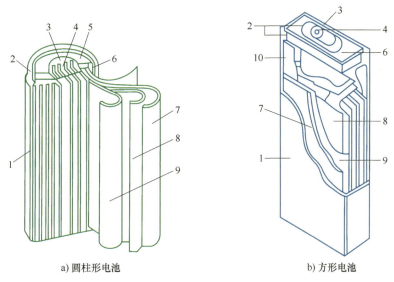

a) 圆柱形电池　　　　　　　　b) 方形电池

图 2-3-4　金属氢化物镍蓄电池结构

1—外壳（-）　2—绝缘衬垫　3—盖帽（+）　4—安全排气口　5—封盘
6—绝缘围　7—负极　8—隔膜　9—正极　10—绝缘体

二、动力蓄电池的冷却系统

为了尽可能延长动力蓄电池的使用寿命并获得最大功率，需在规定温度范围内使用动力蓄电池。原则上在 -40℃ 至 +55℃ 范围内（实际电池温度）动力蓄电池单元都必须处于可运行状态。

动力蓄电池冷却系统有空调循环冷却式、水冷式和风冷式几种。

1. 空调循环冷却式

下面以宝马 X1xDrive25Le（F49PHEV）插电式混动车型动力电池冷却系统为例讲解。

(1) 组成

动力蓄电池单元直接通过冷却液进行冷却,冷却液循环回路与制冷剂循环回路通过冷却液制冷剂热交换器(即冷却单元)连接。

因此,空调系统制冷剂循环回路由两个并联支路构成,一个用于冷却车内空间,一个用于冷却动力蓄电池单元。两个支路各有一个膨胀和截止组合阀,用于相互独立地控制空调功能。蓄电池管理电子装置可通过施加电压打开冷却单元上的膨胀和截止组合阀。这样可使制冷剂流入冷却单元内,在此膨胀、蒸发并冷却流经动力蓄电池的冷却液。车内空间冷却同样根据需要来进行。热交换器前的膨胀和截止组合阀也能够通过电机电子装置(EME)以电气方式控制,如图2-3-5所示。

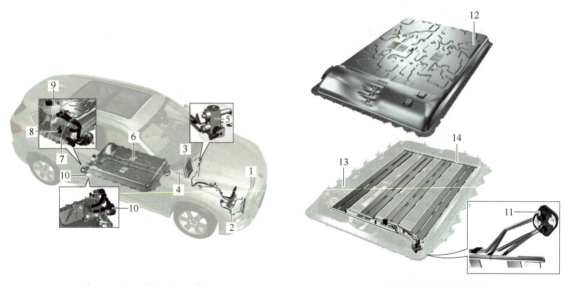

a) 空调循环冷却式系统的组成　　　　b) 动力蓄电池单元的冷却

图2-3-5　空调循环冷却式系统

1—冷凝器　2—电动空调压缩机(EKK)　3—车内空间热交换器　4—至动力蓄电池冷却单元的制冷剂管路　5—用于热交换器的膨胀和截止组合阀　6—动力蓄电池单元　7—冷却单元(冷却液制冷剂热交换器)　8—膨胀和截止组合阀　9—冷却液膨胀箱　10—电动冷却液泵(50W)　11—冷却液管路连接法兰　12—壳体上部件　13—动力蓄电池模块　14—主要冷却液通道

(2) 工作原理

电动冷却液泵通过冷却液循环回路输送冷却液。只要冷却液的温度低于电池模块,仅利用冷却液的循环流动便可冷却电池模块。如果冷却液温度上升,不足以使电池模块的温度保持在预期范围内,就必须降低冷却液的温度,这需借助冷却液制冷剂热交换器(即冷却单元)完成。它是动力蓄电池冷却液循环回路与空调系统制冷剂循环回路之间的接口,如图2-3-6所示。

2. 水冷式

下面以路虎混合动力车型为例讲解。

(1) 组成

第二章 动力系统 | 27

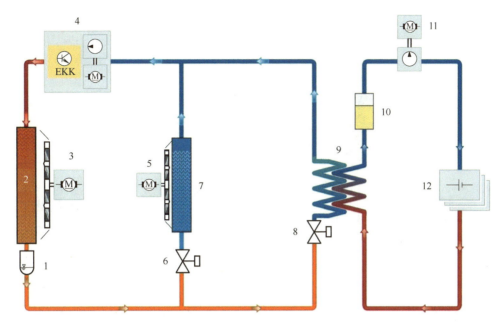

图 2-3-6 空调循环冷却式工作原理

1—干燥器瓶 2—冷凝器 3—电动风扇 4—电动空调压缩机（EKK） 5—车内空间鼓风机 6—膨胀和截止组合阀（车内空间） 7—车内空间热交换器 8—膨胀和截止组合阀（动力蓄电池） 9—冷却单元（冷却液制冷剂热交换器） 10—冷却液膨胀箱（动力蓄电池单元冷却液循环回路） 11—电动冷却液泵（50W） 12—动力蓄电池单元

电池管理系统监控蓄电池温度，当混合动力系统处于激活状态时，通过使用专用冷却回路，蓄电池温度会保持在 28~32℃ 的范围内。

冷却回路包含体积分数 50%水和 50%乙二醇的混合物（防冻剂），它完全独立于发动机冷却回路。冷却回路应独立加注，并通过储液罐进行液位检查，如图 2-3-7 所示。

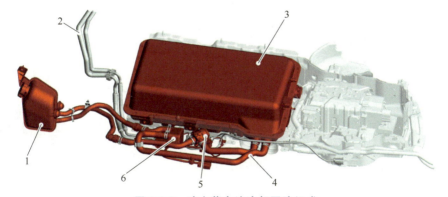

图 2-3-7 动力蓄电池冷却回路组成

1—储液罐 2—制冷管 3—动力蓄电池 4—冷却液软管 5—电动泵 6—动力蓄电池冷却器和恒温膨胀阀

(2) 工作原理

蓄电池电量控制模块（BECM）通过一个热敏电阻监控冷却液的温度，将冷却液温度和蓄电池单元温度进行比较。BECM 通过改变电动泵的速度来调节和保持正确的冷却效果，从而控制冷却液流量。电动泵速度根据 PWM 信号的占空比变化而发生变化。电动泵可通过

PWM 信号线提供诊断反馈，如图 2-3-8 所示。

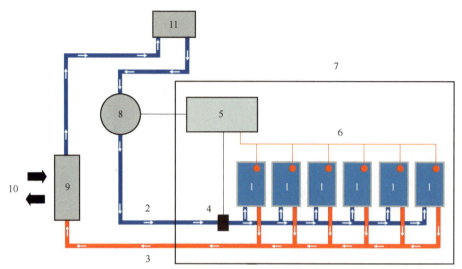

图 2-3-8　水冷式系统工作原理

1—动力蓄电池单元　2—冷却液管路输入　3—冷却液管路输出　4—冷却液温度传感器　5—BECM　6—动力蓄电池单元温度传感器（通过 CSC）　7—动力蓄电池外壳　8—水泵　9—动力蓄电池冷却器　10—连接至 AC 系统　11—储液罐

3. 风冷式

下面以丰田普锐斯为例讲解。

风冷式动力蓄电池冷却系统利用散热风扇将来自车厢内部的空气吸入动力蓄电池箱，以冷却动力蓄电池以及动力蓄电池的控制单元等部件，如图 2-3-9 所示。

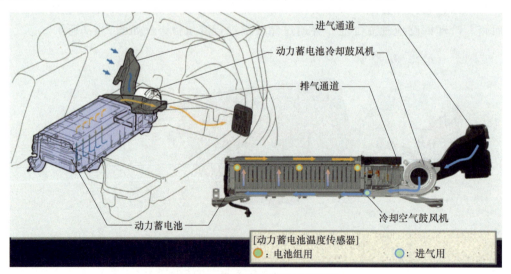

图 2-3-9　风冷式组成及工作原理

车厢内部的空气通过位于后窗台装饰板上的进气管流入，向下流经动力蓄电池或 DC/DC 变换器（混合动力车辆变换器），以降低动力蓄电池和 DC/DC 变换器（混合动力车辆变换器）的温度。空气通过排气管从车内排出。

三、丰田镍氢蓄电池结构与原理

1. 结构

下面以丰田凯美瑞 2.5L 混合动力为例讲解。

丰田凯美瑞动力蓄电池为镍氢（Ni-MH）蓄电池。

动力蓄电池主要包括动力蓄电池模块、动力蓄电池热敏电阻、混合动力蓄电池接线盒总成、蓄电池冷却鼓风机总成、蓄电池智能单元（蓄电池电压传感器）、动力蓄电池端子盒和维修塞把手，如图 2-3-10 所示。

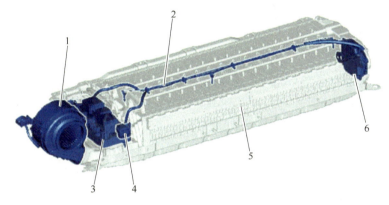

图 2-3-10　丰田凯美瑞动力蓄电池结构

1—蓄电池冷却鼓风机总成　2—动力蓄电池热敏电阻　3—混合动力蓄电池接线盒总成　4—维修塞把手
5—动力蓄电池模块　6—蓄电池智能单元（蓄电池电压传感器）

动力蓄电池由 34 个单独的蓄电池模块组成，其通过 2 个母线模块互相串联在一起。

每个蓄电池模块均由 6 个单体电池组成。动力蓄电池共有 204 个单体电池（6 个单体电池×34 个模块），公称电压为 244.8V（1.2V×204 个单体电池），如图 2-3-11 所示。

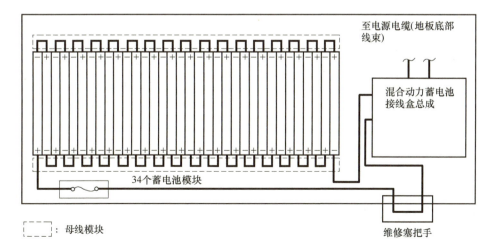

图 2-3-11　动力蓄电池的组成

动力蓄电池热敏电阻包括三个动力蓄电池温度传感器和动力蓄电池进气温度传感器。

混合动力车辆 ECU 总成通过蓄电池智能单元（蓄电池电压传感器）接收的温度信息对冷却系统进行优化控制，从而使动力蓄电池温度处于规定范围内，如图 2-3-12 所示。

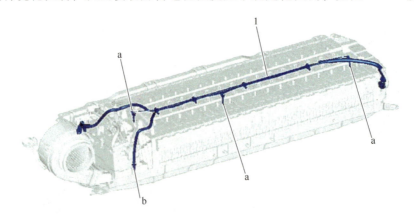

图 2-3-12　动力蓄电池热敏电阻

1—动力蓄电池热敏电阻　a—动力蓄电池温度传感器　b—动力蓄电池进气温度传感器

2. 工作原理

NiMH 蓄电池对过度充放电、过热和电极错误较为敏感。此外，它对温度也比较敏感，当温度达到冰点附近时会出现明显的容量损失。

阳极由能够可逆存储氢的金属合金制成，氢以晶格形式存储在该合金内，这样就形成了一个氢金属电池。由氢氧化镍制成的阴极位于电解液中。

放电时氢被氧化，同时在两个电极处产生 1.32V 的电压。一般情况下，负电极的尺寸比正电极大得多。

混合动力车辆 ECU 总成估算动力蓄电池的 SOC。为了使 SOC 始终保持在正确水平，混合动力车辆 ECU 总成优化控制混合动力系统，如图 2-3-13 所示。

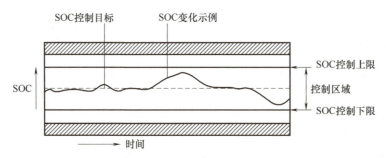

图 2-3-13　充电状态（SOC）

四、奥迪锂离子蓄电池结构与原理

下面以奥迪 Q7 插电式混动车型为例讲解。

1. 结构

奥迪 Q7e-tronquattro 的混合动力蓄电池单元 AX1 安装在车内空间第 2 排座椅后方。

混合动力蓄电池单元 AX1 的外壳由铸铝和一个铝制盖板构成。盖板采用旋接的方式，依靠弹性密封圈密封，如图 2-3-14 所示。因温度波动产生的压力变化通过从汽车底板下方穿过的通风管平衡。混合动力蓄电池单元 AX1 经由一根电位均衡导线与车身相连。

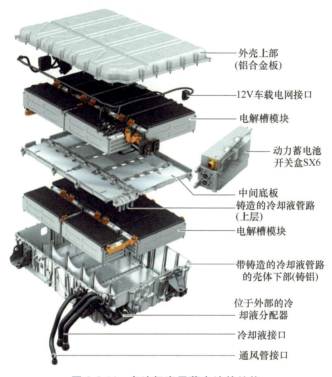

图 2-3-14 奥迪锂离子蓄电池的结构

蓄电池电解槽通过蓄电池回路中的冷却液冷却。冷却液流经外壳和中间底板中铸造的冷却液管路，通过与电解槽底板之间的接触面吸收热量。冷却液流入和流出的接口中装有温度传感器。

每个蓄电池模块拥有一个自己的电解槽控制器。电解槽控制器测量各个电解槽的电压并通过 NTC 电阻测量蓄电池模块的温度。这些数值通过一条子 CAN 发送至蓄电池调节装置控制器 J840。

蓄电池调节装置控制器 J840 分析电解槽电压，并促使电解槽控制器通过约 44Ω 的电阻对电压较高的电解槽进行放电。这样，所有电解槽可实现相同的电解槽电压，混合动力蓄电池单元 AX1 可达到最大的蓄电池容量。电解槽的平衡在混合动力蓄电池充电和端子关闭时进行，如图 2-3-15 所示。

2. 工作原理

常见锂离子蓄电池的正极由多层锂金属氧化物制成（例如 $LiCoO_2$ 或 $LiNiO_2$）。负极则由多层石墨制成。两个电极都位于无水电解液中。隔板安装在两个电极之间。

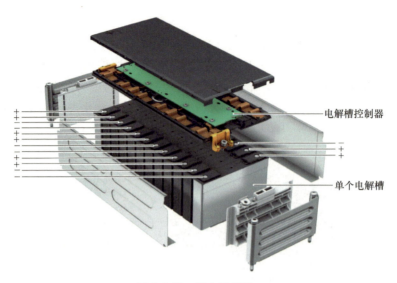

图 2-3-15　蓄电池模块

通过锂离子的移动在锂离子蓄电池上可以产生一个源电压。在电池充电过程中，带有正电荷的锂离子通过电解液由正极移动至负极的石墨层。锂离子与石墨（碳）进行化合，同时不破坏石墨的分子结构。放电时锂离子重新返回至金属氧化物中，电子可以通过外部电路流至正极。锂离子和石墨层反应后在负极上可以产生一个保护层，该保护层可以让较小的锂离子通过，而电解液中的分子则无法通过。

锂离子蓄电池的自放电较小，且因为锂离子的移动力较高，所以其效率可达96%。该效率的大小取决于温度，在低温下将会大幅下降，如图2-3-16所示。

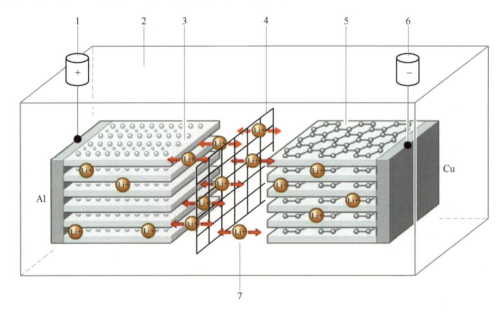

图 2-3-16　锂离子蓄电池槽的结构

1—正极　2—带有电解液的壳体　3—锂金属氧化物　4—隔板　5—石墨层　6—负极　7—锂离子

一个普通锂离子蓄电池槽可以提供的额定电压为3.6V。锂离子蓄电池槽的电压是镍氢蓄电池的三倍。过度放电至2.4V会导致电池出现不可逆损坏和容量损失,因此不允许过度放电。

锂离子蓄电池的能量密度为300~1500W·h/kg,几乎是镍镉蓄电池的两倍,后者只有95~190W·h/kg。

应避免锂离子蓄电池40%容量以下的放电,因为在电极中的不可逆化学反应会造成较大的容量损失。此外,电池槽电压越高,蓄电池老化也就越快。因此,还要避免对锂离子蓄电池进行100%的充电。最佳充电范围应在50%~80%。

第四节　动力蓄电池管理系统

一、动力蓄电池管理系统组成

混合动力汽车动力蓄电池管理系统的功能和形式主要是根据实际情况确定,受电池类型、混合动力汽车类型、成本等多种因素影响。

蓄电池管理系统包括硬件系统和软件系统。硬件系统设计取决于管理系统实现的功能,基本要实现对动力蓄电池组的合理管理,即保证采集数据的准确性、系统通信的可靠稳定性及抗干扰性。在具体实现过程中,根据设计要求确定需要采集动力蓄电池组的数据类型;根据采集量以及精度要求确定前向通道的设计;根据通信数据量以及整车的要求选用合理的总线,如图2-4-1所示。

图2-4-1　宝马混合动力汽车蓄电池管理系统

插电式混合动力电动汽车蓄电池管理系统的基本组成如图2-4-2所示,它主要由检测模块、均衡电源模块和控制模块三部分组成。检测模块能够对电池组中各单体电池的电压、电流、温度等关键状态参数进行准确、实时的检测,并通过SPI上报给控制模块;均衡电源模块能够平衡单体电池间的电压差异,解决电池组"短板效应";控制模块能够根据既定策略完成控制功能,实现SOC估计,同时将电池状态数据通过CAN总线发送给整车其他电子单元。

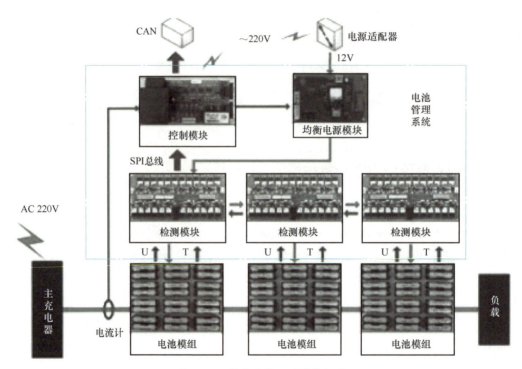

图2-4-2　蓄电池管理系统的组成

二、动力蓄电池管理系统主要功能

1. 实时采集电池系统运行状态参数

实时采集电动汽车蓄电池组中的每块电池的端电压和温度、充放电电流以及电池组总电压等。由于电池组中的每块电池在使用中的性能和状态不一致,因而对每块电池的电压、电流和温度数据都要进行监测。

2. 确定电池的 SOC 值

准确估计动力电池组的 SOC 值,从而随时预报混合动力汽车储能电池还剩余多少能量或储能电池的 SOC 值,使电池的 SOC 值控制在 30%~70% 的工作范围。

3. 故障诊断与报警

当蓄电池组电量或能量过低需要充电时,及时报警,以防止蓄电池过放电而损害电池的使用寿命；当蓄电池组的温度过高，非正常工作时，及时报警，以保证蓄电池正常工作。

4. 电池组的热平衡管理

电池热管理系统是蓄电池管理系统的有机组成部分，其功能是通过风扇等冷却系统和热电阻加热装置使电池温度处于正常工作温度范围内。

5. 一致性补偿

当电池之间有差异时，能采取一定措施进行补偿，以保证电池组的性能，并能够显示性能不良的电池位置，以便修理替换。一般采用充电补偿功能。动力蓄电池设计有旁路分流电路，以保证每个单体都可以充满电，这样可以减缓电池老化的进度，延长电池的使用寿命。

在混合动力汽车上实现电池管理的难点和关键在于如何根据采集的每块电池的电压、温度和充放电电流的历史数据，建立确定每块电池剩余能量的较精确的数学模型，即准确估计混合动力汽车蓄电池的 SOC 值。

第五节 充电系统

一、车外充电方式

下面以宝马插电式混合动力车型为例讲解。

电动汽车的"充电"程序对应为传统车辆的"加油"。因此，"充电"包括：
- 给车辆内的动力蓄电池充电。
- 停车期间的充电程序（不通过制动能量再生）。
- 通过汽车外部的交流电压网络提供电能。
- 电能通过充电电缆输送至汽车。

使用充电电缆时，充电程序又被称为传导充电（接通电网）。交流电压网络的电压范围为 100~240V。交流电压通过单相电源输送至汽车。交流电压网络侧可以实现的最大理论充电功率为 $P_{max} = U_{max} I_{max} = 230V \times 16A = 3.7kW$。

1. 充电设备

汽车充电设备建立了与交流电压网络之间的连接，并且可以满足汽车充电时的电力安全要求。此外还可以通过控制线路建立与汽车的连接。通过这种布置，可以安全地启动充电程序，并调整汽车和汽车充电设备之间的充电参数（比如：最大电流等级）。

汽车充电设备含有下述子组件：
- 漏电保护继电器（FI）。
- 显示 AC 电压网络是否接通以及是否可用的装置。
- 相位线（L1）和中性线（N）的断开开关。
- 产生控制信号的电子开关。

- 连续保护接地（PE）。

（1）移动充电设备

它与充电电缆集成为一体，是移动使用的电缆内控制和保护装置（ICCPD）或"电缆盒"的指定标准。该设备的体积和重量较小，随车携带简便，如图2-5-1所示。

当典型家用电源插座用于汽车充电设备及交流电源网络之间的连接时，禁止采用最大电流等级进行充电。

（2）永久充电站

永久充电站必须满足建筑和电气要求，如在车库中安装的充电站。这种充电站也可以建在公共区域，如停车场。

（3）交流充电站

交流充电站可以通过单相（全球）、双相（美国）或三相（主要是德国）电源与需要进行充电的汽车之间建立连接，如图2-5-2所示。汽车通常设计为单相供电。与移动充电的解决方案相比，通过该充电方案可以实现32A的最大充电电流，或7.4kW的最大充电功率。

图2-5-1 移动充电设备

1—移动充电设备 2—（黄）电源可用性显示 3—（绿）充电显示 4—（黄）接地显示 5—（红）充电故障显示

图2-5-2 交流充电站

1—显示屏 2—输入按钮 3—连接充电站和充电电缆的盖子和套管

2. 交流充电工作原理

车辆与当地供电公司的交流电压网络连接时将执行"正常"充电程序。交流电压网络输出能量并向车辆的高压电气系统输入直流电压，如图2-5-3所示。

最大充电电流下（最大充电功率为3.7kW左右）不执行充电程序。在开始阶段通过恒定的电流进行充电，临近结束时切换至恒定电压进行充电。因此，这种方式的实际充电时间增加，动力蓄电池组的使用寿命也被延长。

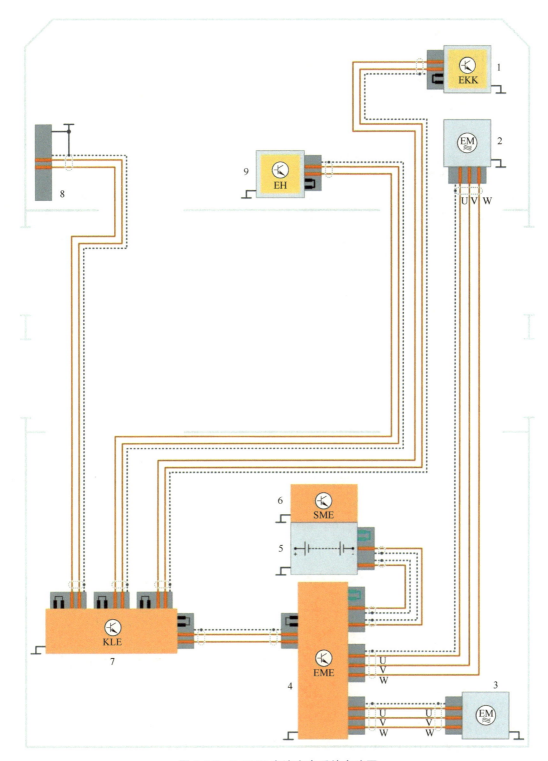

图 2-5-3　3.7kW 交流充电系统电路图

1—电动空调压缩机（EKK）　2—高压起动电动发电机（HV-SGR）　3—电机（EM）　4—电机电子装置（EME）
5—动力蓄电池单元　6—蓄电池管理电子装置（SME）　7—车载充电机（KLE）
8—车上的充电插座　9—电气加热装置（EH）

3. 充电插座及充电枪

充电插座盖板通过电机加锁和解锁。

充电程序通过车载充电机控制。充电插座只有在变速杆位于 P 位，并且汽车中央锁定系统解锁的状态下方可打开。盖板解锁后，按下充电插座盖后即可打开，如图 2-5-4 所示。

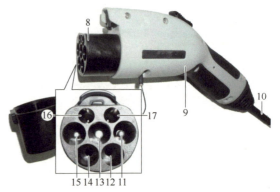

a) 车辆充电插座接口　　　　　　　　　　b) 充电枪端口定义

图 2-5-4　充电插座及充电枪

1—接近线路的接口　2—保护接地的接口　3—控制线路的接口　4—相位 L1 的接口　5—定位器照明/状态照明　6—备用接口　7—中性导线 N 的接口　8—机械导座/接头壳罩　9—手柄/接头壳罩　10—充电电缆　11—中性导线接口　12—相位 L3 的接口（F49PHEV 中未使用）　13—PE 导线的接口　14—相位 L2 接口（F49PHEV 中未使用）　15—相位 L1 的接口　16—接近线路的接口　17—控制线路的接口

充电插座的高压电缆与车载充电机相连。相位 L1 和中性导线 N 设计为高压屏蔽电缆，通过圆接头与车载充电机连接。控制线路及充电插头检测线路（接近线路）属于简单的信号线路。这些信号线路同样进行屏蔽，并通过插头适配器与车载充电机的一个接头连接。保护接地与地面进行电气连接。只要汽车锁闭，接头将一直保持锁闭状态。

4. 车载充电机

车载充电机建立了汽车和充电站之间的连接。KLE 控制单元通过终端 30F 供给电压。连接充电电缆时，车载充电机同样唤醒动力蓄电池需要的汽车电气系统中的部分控制单元。车载充电机将交流充电电压转换成直流电压，转换效率为 95%，并传送至 EME，EME 对动力蓄电池单元进行充电。在前述充电效率条件下（同时取决于温度条件），充电功率在最大 3.7kW AC 时（比如：通过 Wallbox 充电），可以为动力蓄电池输送 3.5kW DC 的充电功率，如图 2-5-5 所示。

车载充电机的主要功能是（图 2-5-6）：

- 通过控制线路和充电插头检测线路与 EVSE 进行通信。
- 启用充电状态显示 LED。
- 检测充电插座盖板的状态。
- 启用锁定充电插头的电机。
- 为电气加热装置提供高压。

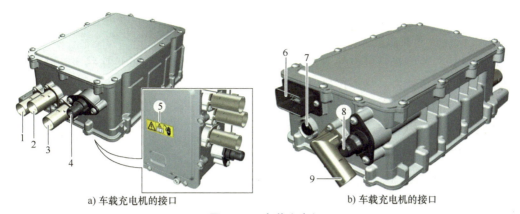

a) 车载充电机的接口　　　　　　　　　b) 车载充电机的接口

图 2-5-5　车载充电机

1—电机电子装置的高压接口　2—电动空调压缩机的高压接口　3—电气加热装置的高压接口　4—冷却液接口（回路）
5—高压组件警示标签　6—低压接口/信号接口　7—通风口　8—冷却液接口（供给）　9—充电接头插座的接口

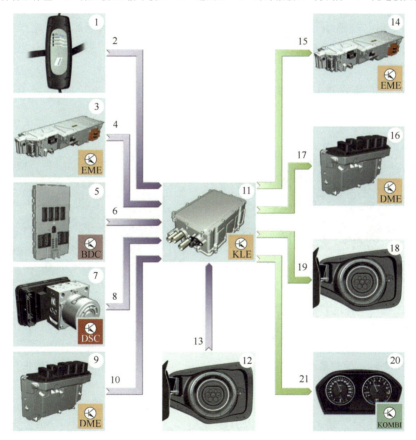

图 2-5-6　车载充电机的输入/输出

1—汽车供电设备（EVSE）　2—交流电压网络是否可用、充电电缆是否正确连接以及最大可用电流等级等信息　3—电机电子装置（EME）　4—所需的充电功率、充电电压和充电电流等级（设定值）　5—车身域控制器（BDC）　6—终端状态，驾驶准备就绪关闭　7—动态稳定控制系统（DSC）　8—车速　9—数字式电机电子装置（DME）　10—驻车器状态　11—车载充电机　12—车上的充电插座　13—充电插座盖板及充电插头的状态　14—电机电子装置（EME）　15—设定充电功率的实际值、充电电压和充电电流的等级，放电　16—数字式电机电子装置（DME）　17—充电电缆是否连接及充电程序是否启用相关的信息　18—充电插座　19—定位器照明 LED 和充电状态显示启用、充电插头锁的启用　20—组合仪表　21—充电信息显示相关的信号

- 为电气空调压缩机提供高压。
- 将交流电压转换成直流电压（AC/DC 变换器）。

通过充电插头检测线路可以检测识别汽车充电插座中充电插头的连接状态，并可以判定充电电缆的最大载流能力。接近接口及 PE 导线之间的充电电缆接头与一个电阻器相连。车载充电机发出一个测试电压，并计算充电插头检测线路中的电阻值。通过电阻值可以判定充电电缆允许的最大电流等级（与线路横截面有关）。

5. 启用充电状态显示 LED

汽车上的充电插座围绕有一个环形光纤导线，该导线用来显示充电状态。光纤导线通过 RGBLED 点亮，而 RGBLED 通过车载充电机控制。

（1）定位器照明

在驾驶员连接或断开充电插头的操作中，充电插座的定位器照明装置起到引导作用，如图 2-5-7 所示。

RGBLED 在充电插座盖板打开后点亮并呈白色。只要总线系统启用，定位器照明将保持点亮状态。充电插头正确连接并经过确认后，定位器照明关闭，显示初始化状态。

（2）初始化

1）充电插头正确连接后 0~3s 左右开始初始化。最长初始化时间为 10s，如图 2-5-8 所示。

图 2-5-7　定位器照明　　　　　　　　图 2-5-8　初始化

2）在此期间，RGBLED 闪烁显示黄色，闪烁频率为 1Hz。

3）初始化完成后，动力蓄电池可以开始充电。

（3）正在充电、定期充电

正在充电：动力蓄电池单元执行充电程序时，RGBLED 闪烁显示蓝色。闪烁频率为 0.7Hz 左右。

定期充电：当初始化顺利完成并在一定时间后启动充电（以优惠电价充电）状态时，显示定期充电或充电准备就绪。在这种情况下，RGBLED 点亮显示蓝色，不闪烁，如图 2-5-9 所示。

(4) 充电完成

RGBLED 显示绿色时表示动力蓄电池单元"充满电",如图 2-5-10 所示。

(5) 充电中出现故障

如果充电过程中出现故障,则 RGBLED 红灯闪烁。RGBLED 在 12s 时间内闪烁三次,频率为 0.5Hz,各次之间的时间间隔为 0.8s,如图 2-5-11 所示。

RGBLED 的显示功能在连接充电插头或解锁/锁定汽车 12s 后启用。如果汽车在这个过程中再次锁定/解锁,则需要再等 12s。

图 2-5-9　正在充电、定期充电

图 2-5-10　充电完成

图 2-5-11　充电中出现故障

 二、车辆发电机充电

下面以本田混合动力车型为例讲解。

在适合充电的车速范围内可使用 ECVT 充电模式,其激活范围因动力蓄电池荷电状态而异,如图 2-5-12 所示。

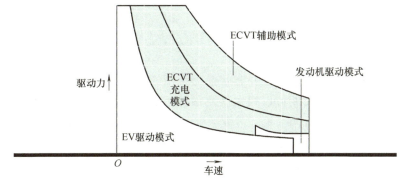

图 2-5-12　适合充电的车速范围

在 ECVT 充电模式期间，发动机使发电机发电，将电能传输到动力蓄电池。驱动电机使用来自发电机的电能向驱动轮提供驱动力，如图 2-5-13 所示。

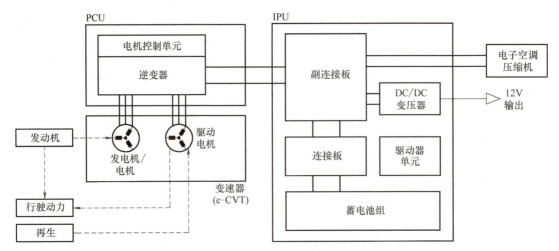

图 2-5-13　充电模式期间的驱动

发动机根据驾驶条件被主动控制，在最佳转速范围工作。发电机产生的电能多于驱动电机驱动车辆所需的电能时，多余电能用于为动力蓄电池充电，如图 2-5-14 所示。

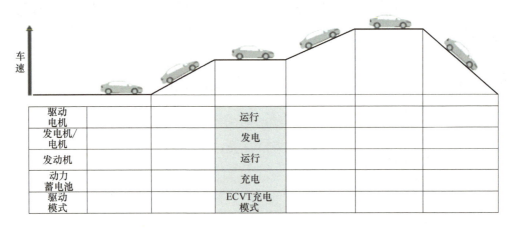

图 2-5-14　车辆各系统运行条件

三、制动能量回收

混动汽车中，大多数的制动能量并非转换为无用的热能，而是转换成电能。这种电能临时存储在动力蓄电池中，在后期可以根据需要输送至驱动系统，如图 2-5-15 所示。

判定再生制动等级主要有两个输入变量：加速踏板角度及制动踏板角度。如果数字电机电子装置（DME）检测到加速踏板未踩下，则要求电机电子装置（EME）在滑行模式下启用驱动电机和高压起动电机/发电机开始回收能量。

如果驾驶员额外踩下制动踏板，动态稳定控制系统（DSC）通过制动踏板上的制动踏板

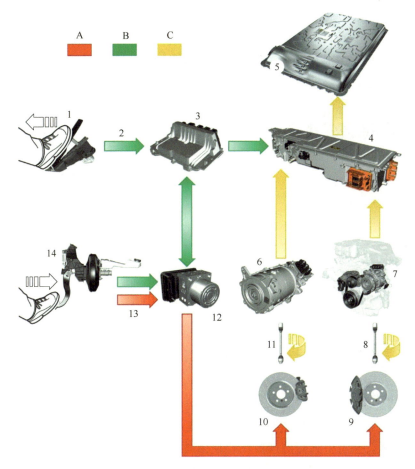

图 2-5-15 液压制动和再生制动的分布示意图

A—液压制动 B—信号路径 C—再生制动 1—加速踏板模块 2—带有加速踏板角度的数据记录 3—数字式电机电子装置（DME） 4—电机电子装置（EME） 5—动力蓄电池 6—电机 7—高压起动电机发电机 8—前桥上的再生制动力矩 9—前轮液压制动 10—后轮液压制动 11—后桥上的再生制动力矩 12—动态稳定控制系统（DSC） 13—带有加速踏板角度的数据记录 14—制动踏板

传感器检测到预期的减速度，并将信息传送至数字电机电子装置（DME）。DME计算驱动电机及高压起动电机/发电机在预期减速度下的能量回收功率。

在可能的情况下不使用车轮制动，直至达到 1.1m/s² 的最大可能再生减速度。但是，制动片作用于制动盘可以缩短间距（备用快速制动），并保持制动盘的清洁。

第三章 底盘系统

第一节 悬架系统

一、前悬架的作用与组成

1. 前悬架的作用

目前很多混动车型采用具有 L 形下臂的麦弗逊滑柱式独立悬架。它通过优化前悬架的悬架结构和组件配置,实现了良好的操控性和乘坐舒适性。

它可以增大后倾角,并采用变距螺旋弹簧缩短整车长度,使前悬架支撑件分总成安装在较低位置,进而降低了发动机舱的高度。此外,增大后倾角还提高了直线行驶稳定性和转向响应性。

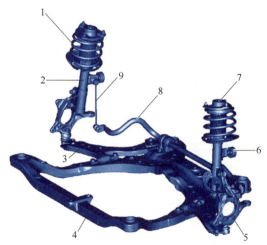

图 3-1-1 前悬架

1—前螺旋弹簧 2—前减振器总成 3—前悬架 1 号下臂分总成
4—前车架总成 5—转向节 6—悬架支撑罩减振器
7—前悬架支撑件分总成 8—前稳定杆 9—前稳定杆连杆总成

减振型活塞阀用于减振器中,可以在非常低的活塞速度和中/高活塞速度下优化减振力,从而获得良好的减振性能和舒适的平面行驶。高效的稳定器布局则确保了高滚动阻力和优异的操控性。

2. 前悬架的组成

(1) 悬架支撑件和螺旋弹簧

前悬架支撑件分总成采用了分离输入式结构(图3-1-1),以确保良好的NVH性能和乘坐舒适性,其中的减振器总成如图3-1-2所示。通过对前悬架支撑件分总成橡胶刚度的优化,在保持转向响应性能的同时,降低了来自路面的振动,从而实现优异的操控性和乘坐舒适性。它采用了聚氨酯前弹簧减振垫可以获取非线性减振力学特性,这将降低悬架达到全接时产生的冲力,从而确保转弯时的触地刚度及乘坐平顺性。

前螺旋弹簧采用横向力缓冲弹簧。横向力缓冲弹簧的中间轴从滑柱轴中央偏移以控制反作用力线,从而减小施加到减振器上的弯曲力矩。这样可以减少行程摩擦,确保了良好的乘坐舒适性。

它采用了半封闭减振器防尘罩,其可与减振器一起移动。半封闭减振器防尘罩顶部安装在滑柱支座轴承上,底部安装在减振器盖上。这样可减小减振器防尘罩与减振器总成之间的间隙,从而提高防止异物侵入的能力。滑柱支座轴承轴线与主销轴线对齐。最大限度地降低滑柱支座轴承负载以增强操控性,且减小了主销轴线力矩以降低左右转向辅助力之间的差异。

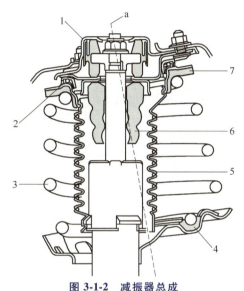

图 3-1-2 减振器总成
1—前悬架支撑件分总成　2—滑柱支座轴承
3—前螺旋弹簧　4—前螺旋弹簧下隔振垫
5—减振器防尘罩　6—前弹簧减振垫
7—前螺旋弹簧上隔振垫　a—滑柱支座轴承轴线和主销轴线

考虑到车身接触表面的噪声,前悬架支撑件分总成采用浮式结构,不接触车身,如图3-1-3所示。

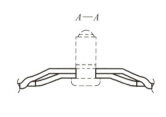

图 3-1-3 前悬架支撑件分总成浮式结构
1—前悬架支撑件分总成　2—浮式结构

如图 3-1-4 所示。前螺旋弹簧下隔振垫沿螺旋弹簧的底座运行以保证两者间无间隙，从而提高防止异物进入前螺旋弹簧下隔振垫密封座表面的能力。

分离输入式结构如图 3-1-5 所示。来自减振器总成的输入通过前悬架支撑件分总成的橡胶垫传递到车身。来自前弹簧减振垫和前螺旋弹簧的输入，通过滑柱支座轴承和前悬架支撑件分总成的金属部分输送到车身。结构可以分别吸收来自前减振器总成的输入和来自前弹簧减振垫和前螺旋弹簧的输入，从而实现了良好的 NVH 性能和乘坐舒适性。

图 3-1-4 前螺旋弹簧下隔振垫

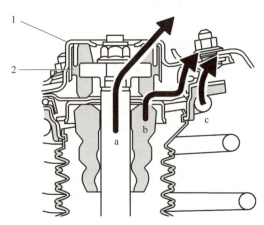

图 3-1-5 分离输入式结构
1—前悬架支撑件分总成 2—橡胶垫 a—前减振器总成输入
b—前弹簧减振垫输入 c—前螺旋弹簧输入

采用带减振型活塞阀的低压（N_2）气密型前减振器，可以实现优良的操控性、行驶稳定性和乘坐舒适性，如图 3-1-6 所示。

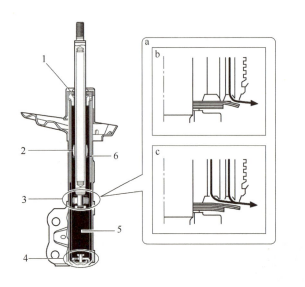

图 3-1-6 气密型前减振器
1—油封 2—弹性挡块 3—减振型活塞阀 4—底阀 5—机油 6—低压（N_2）气体
a—延伸通道 b—极低的活塞速度 c—中/高活塞速度

（2）悬架臂

悬架臂主要功能是导向和支撑减振器总成与车身，如图3-1-7所示。

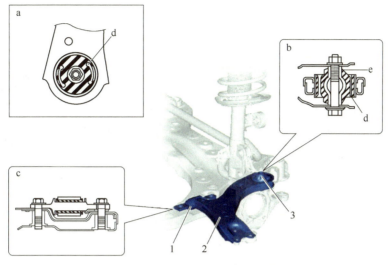

图 3-1-7 悬架臂

1—1号衬套 2—前悬架1号下臂分总成 3—2号衬套 a—2号衬套俯视图
b—2号衬套横截面 c—1号衬套横截面 d—轴向孔 e—凸出的造型

（3）稳定杆

高效的稳定杆布局可以确保在转弯时和/或应急操作期间制动时的高滚动阻力、操纵稳定性和车辆稳定性，如图3-1-8所示。

前稳定杆连杆总成通过球节连接到减振器。此结构提高了起步时的响应性，保证了操控性、车辆稳定性和乘坐舒适性。

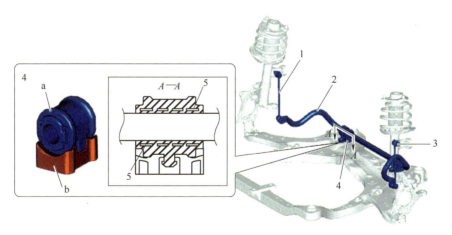

图 3-1-8 稳定杆

1—前稳定杆连杆总成 2—前稳定杆 3—球节 4—前稳定杆衬套 5—内座圈 a—橡胶部件 b—树脂基

（4）前车架

前车架总成采用了冲压钢板结构，如图3-1-9所示。

二、后悬架的作用与组成

后悬架采用双横臂式独立悬架,独立悬架由1个上控制臂、2个悬架臂和1个纵臂组成,如图 3-1-10 所示。后减振器总成朝向车辆前部,以确保宽阔的内部空间。

减振型活塞阀用于减振器中,可以在非常低的活塞速度和中/高活塞速度下优化减振力,从而获得优异的减振性能和舒适的行驶性能。

悬架组件的所有球节均使用衬套,能很好地抑制悬架振动,并可实现平顺的初始运动,有助于提高乘坐舒适性。

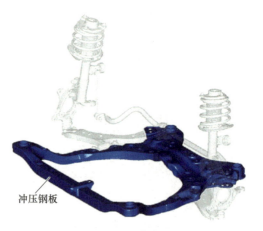

图 3-1-9 前车架

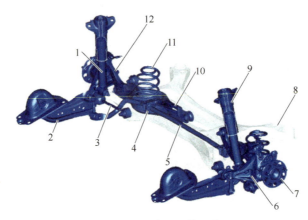

图 3-1-10 后悬架的组成

1—后减振器总成 2—后纵臂总成 3—1号后悬架臂总成 4—后稳定杆衬套 5—后稳定杆 6—后桥支架分总成 7—后桥轮毂和轴承总成 8—后悬架横梁分总成 9—后悬架支撑件总成 10—2号后悬架臂总成 11—后螺旋弹簧 12—后上控制臂总成

第二节 制动系统

一、前制动结构与工作原理

1. 前制动的结构组成

前盘式制动系统由下列部件组成:制动衬块、制动衬块导向片、制动盘、制动钳、制动钳和制动衬块支架、制动钳浮动销,如图 3-2-1 所示。

第三章 底盘系统 | 49

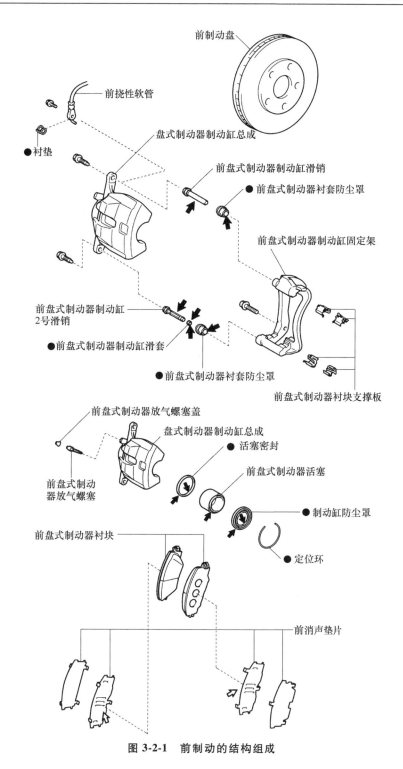

图 3-2-1 前制动的结构组成

2. 前制动的工作原理

来自液压制动钳活塞的机械输出力作用在内制动衬块上,当活塞向外推压内制动衬块时,制动钳壳体同时向内拉动外制动衬块,从而使输出力均匀分配,制动衬块将输出力作用到制动盘两面的摩擦面上,从而减慢轮胎和车轮总成的转速,如图 3-2-2 所示。

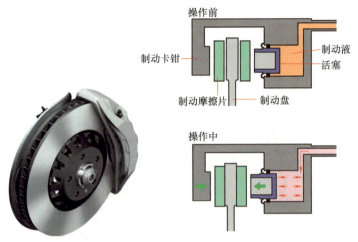

图 3-2-2　前制动的工作原理

二、后制动结构与工作原理

1. 后制动的结构组成

后盘式制动系统由下列部件组成:制动衬块、制动衬块导向片、制动盘、制动钳带 EPB 总成、制动钳和制动衬块支架、制动钳浮动销,如图 3-2-3 所示。

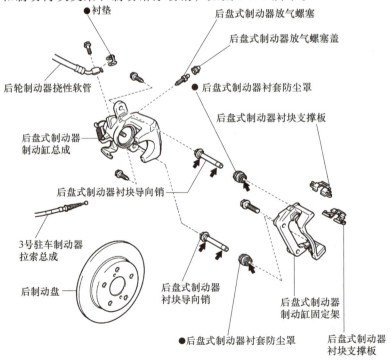

图 3-2-3　后制动的结构组成

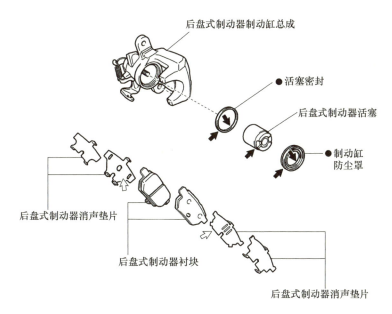

图 3-2-3　后制动的结构组成（续）

2. 后制动器的工作原理

来自液压制动钳活塞的机械输出力作用在内制动衬块上，当活塞向外推压内制动衬块时，制动钳壳体同时向内拉动外制动衬块，从而使输出力均匀分配，制动衬块将输出力作用到制动盘两面的摩擦面上，从而减慢轮胎和车轮总成的转速，如图 3-2-4 所示。制动衬块导向片和制动钳浮动销的功能是否正常，对均匀分配制动力非常重要。

图 3-2-4　后制动器

 三、驻车制动结构与工作原理

1. 驻车制动的结构组成

电动驻车制动系统，可通过驾驶人开关操作来操作驻车制动器，并可实现驻车制动器与变速杆位置一起操作的自动功能,如图 3-2-5 所示。

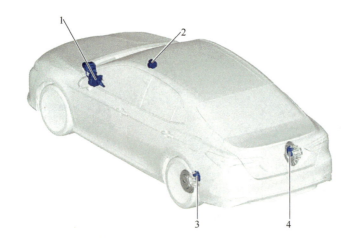

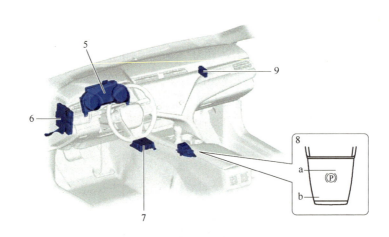

图 3-2-5 驻车制动的结构组成

1—带制动主缸的制动助力器总成(防滑控制 ECU) 2—制动执行器总成(驻车制动 ECU) 3—左侧驻车制动执行器总成 4—右侧驻车制动执行器总成 5—组合仪表总成 6—混合动力车辆控制 ECU 总成 7—安全气囊 ECU 总成(横摆率传感器、加速传感器) 8—电子驻车制动开关总成 9—网络网关 ECU a—指示灯 b—电动驻车制动开关

(1) 驻车制动执行器

驻车制动执行器总成由一个电机、一组齿轮、一个行星齿轮和一个接头组成,如图 3-2-6 所示。

驻车制动执行器总成使用行星齿轮和各齿轮,根据来自驻车制动 ECU 的信号产生必要力矩,并通过万向节将力矩传输至制动器制动卡钳。

驻车制动执行器总成接收到来自驻车制动 ECU 的锁止信号时，电机通过各小齿轮和齿轮架分总成逆时针转动万向节。该力矩旋转制动器卡钳内的螺栓和螺母，并将力矩转换成机械运动以锁止驻车制动器。

驻车制动执行器总成接收到来自驻车制动 ECU 的松开信号时，电机通过各小齿轮和齿轮架分总成顺时针转动万向节。该力矩解除活塞和驻车制动，以使制动卡钳内的螺栓和螺母回位。

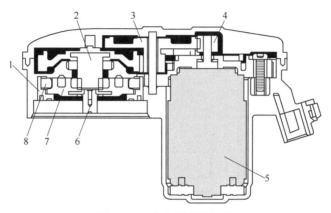

图 3-2-6　驻车制动执行器

1—齿圈　2—换挡和 2 号齿轮分总成　3—2 号小齿轮和 1 号齿轮分总成　4—1 号小齿轮
5—电机　6—接头（输出轴）　7—齿轮架分总成　8—行星齿轮

（2）制动器制动卡钳

由螺栓、螺母、垫圈和轴承组成的驻车制动机构，用来将来自驻车制动执行器总成的力矩传输至活塞，如图 3-2-7 所示。

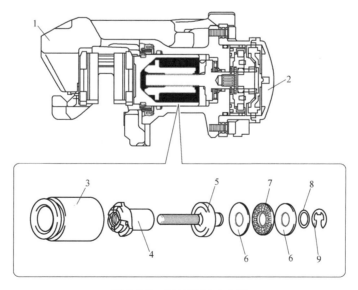

图 3-2-7　制动器制动卡钳

1—后盘式制动器制动缸　2—驻车制动执行器总成　3—后盘式制动器活塞
4—螺母　5—螺栓　6—垫圈　7—轴承　8—O 形圈　9—E 形圈

2. 驻车制动的工作原理

通过来自电动驻车制动开关和各 ECU 的信号控制电机（内置于驻车制动执行器总成）的旋转方向和驱动电流，驻车制动 ECU 可以实现锁止或松开驻车制动，如图 3-2-8 所示。

驻车制动 ECU 通过内置电流传感器检测电机的工作状态。

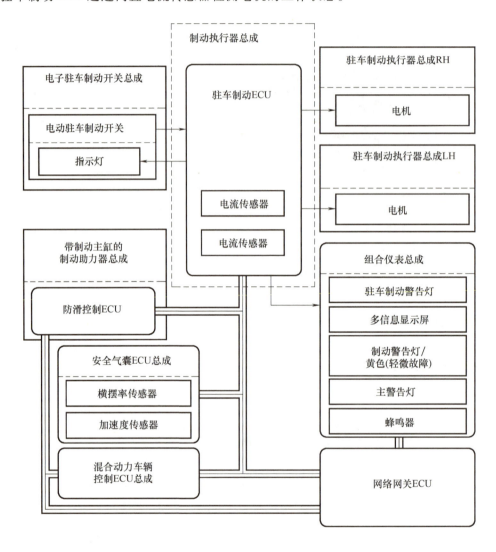

图 3-2-8 驻车制动的工作原理

（1）手动驻车

车辆停止的情况下拉起电动驻车制动开关时，驻车制动 ECU 操作驻车制动执行器总成内的电机以锁止驻车制动。此时，通过根据来自加速度传感器的信号计算道路坡度，并控制电机驱动电流，驻车制动 ECU 根据路面状况控制制动力。

踩下制动踏板然后按下电动驻车制动开关时，驻车制动 ECU 反向操作驻车制动执行器总成内的电机，以松开驻车制动。

仅在车辆行驶且电动驻车制动开关被拉起的情况下，驻车制动执行器总成内的电机才会工作以产生驻车制动力。松开电动驻车制动开关时，驻车制动执行器总成内的电机反向操作，以消除驻车制动力。

电源开关转到 ON（IG）或 OFF 均可进行驻车制动器锁止操作。

电源开关转到 ON（IG）时可松开驻车制动器。

电动驻车制动开关发生故障时，自动功能自动开启。

（2）自动驻车

可通过操作电动驻车制动开关将手动功能切换至自动功能。

驻车制动器锁止的情况下，拉住电动驻车制动开关 5s 或更长时间时，自动驻车功能开启。然后，在多信息显示屏上显示警告，指示自动驻车功能开启。

驻车制动解除的情况下，按住电动驻车制动开关 5s 或更长时间时，自动驻车功能关闭。然后，在多信息显示屏上显示警告，指示自动驻车功能关闭。

自动驻车功能运行的情况下驾驶人将变速杆从 P 位以外的位置移至 P 位时，驻车制动 ECU 操作驻车制动执行器总成内的电机以锁止驻车制动器。另外，踩下制动踏板并使变速杆从 P 位移至除 P 位外的位置时，自动解除驻车制动。

四、液压系统的组成与工作原理

1. 液压系统的组成

液压制动系统包括以下部件：制动踏板、制动踏板推杆、电控机械式制动助力器、真空软管、制动主缸储液罐、制动系统蓄压器、制动轮缸。

2. 液压系统的工作原理

来自制动踏板的机械力由主缸转换为油液压力，经过液压电子控制单元的调整后，通过制动硬管和软管输送到制动轮缸，制动轮缸再将油液压力转换成机械力，从而使制动衬块压紧制动盘，进行车辆制动。

制动控制系统由线性电磁阀（SLA，SLR）、间隙保持阀（SGH）、行程模拟器切断阀（SSA）、压力保持电磁阀（SFRH，SRLH，SRRH，SFLH）和减压阀（SFRR，SRLR，SRRR，SFLR）等组成，并控制各制动轮缸的制动液压。

制动液油路图，如图 3-2-9 所示。

1）正常制动期间，关闭行程模拟器切断阀（SSA）并打开间隙保持阀（SGH）。线性电磁阀根据目标制动轮缸压力控制伺服室压力施加至制动主缸。通过控制线性电磁阀 SLA 和 SLR，可增加、保持或降低各制动轮缸的制动液压。压力增加时的制动液回路图如图 3-2-10 所示。

2）正常操作期间的制动液回路图（压力降低时），如图 3-2-11 所示。

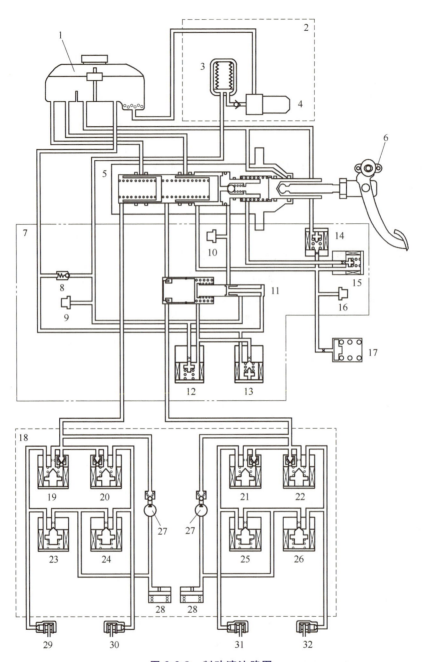

图 3-2-9 制动液油路图

1—制动主缸储液罐总成 2—制动助力泵总成 3—蓄压器 4—泵电机 5—主缸 6—制动踏板行程传感器总成 7—制动执行器 8—减压阀 9—蓄压器压力传感器（Pacc） 10—伺服压力传感器（Psrv） 11—调节器 12—线性电磁阀（SLA） 13—线性电磁阀（SLR） 14—行程模拟器切断阀（SSA） 15—间隙保持阀（SGH） 16—行程模拟器压力传感器（Prct） 17—行程模拟器 18—制动执行器总成 19—压力保持电磁阀（SFRH） 20—压力保持电磁阀（SRLH） 21—压力保持电磁阀（SRRH） 22—压力保持电磁阀（SFLH） 23—减压电磁阀（SFRR） 24—减压电磁阀（SRLR） 25—减压电磁阀（SRRR） 26—减压电磁阀（SFLR） 27—泵 28—储液罐 29—前轮制动器 RH 30—后轮制动器 LH 31—后轮制动器 RH 32—前轮制动器 LH

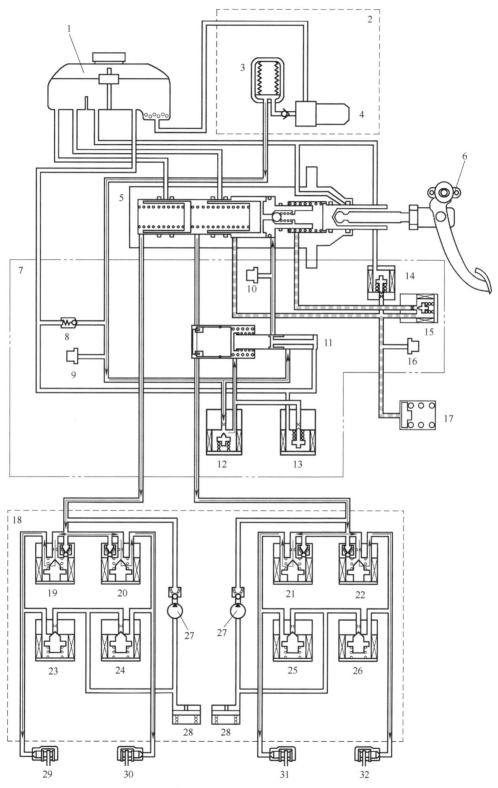

图 3-2-10 正常操作期间的制动液回路图（压力增加时）
图注同图 3-2-9。

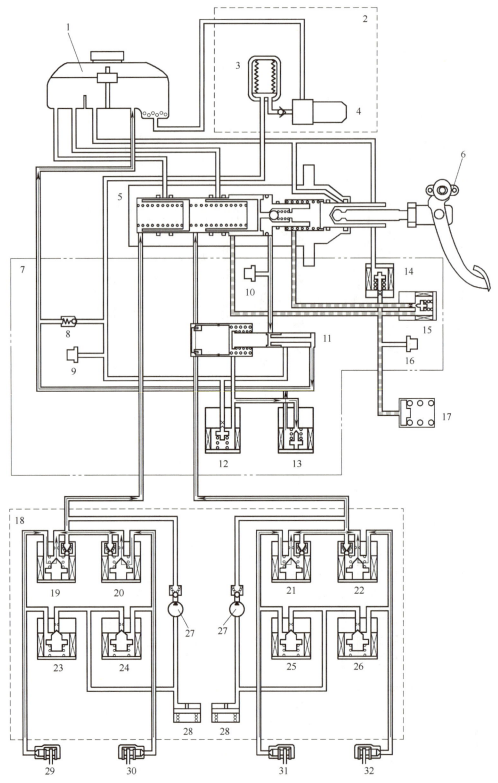

图 3-2-11 正常操作期间的制动液回路图(压力降低时)

图注同图 3-2-9。

五、车辆稳定性控制（VSC）

ABS 和 TRC 系统主要有助于确保制动和加速时的车辆稳定性，而 VSC 系统可确保车辆的方向稳定性。根据路况、车速、突然转向操作和其他外界影响，可能出现过度转向不足或转向过度情况。在这种情况下，VSC 系统控制各车轮的制动力和驱动轮的驱动力，以最小化转向不足或转向过度，并确保车辆稳定性。

VSC 系统使用来自横摆率传感器等各种传感器的信号检测车辆状况，以控制制动液压和发动机转矩，如图 3-2-12 所示。

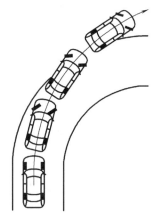 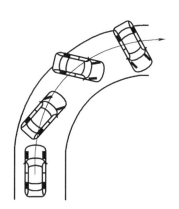

a）转向不足，前轮打滑比较严重　　　　　　b）转向过度，后轮打滑比较严重

图 3-2-12　转向不足和转向过度情况

工作原理

VSC 系统工作时，通过伺服室将压力从制动助力泵总成供至制动主缸，以施加制动液压至各制动轮缸，从而抑制前轮和后轮打滑。

图 3-2-13 显示了右转且驾驶人未踩下制动踏板时的增压模式期间的工作情况（转向不足期间）。

转向过度期间的工作原理，如图 3-2-14 所示。

 六、防抱死制动系统（ABS）

车辆的加速、转弯和停止基本上基于轮胎的抓地力。然而，在打滑路面（如积雪道路或泥泞道路）上突然制动时，轮胎和道路之间可能发生打滑。ABS 功能对比各车轮的速度和加速度以确定车轮是否打滑，并控制各制动轮缸的制动液压。这可以防止车轮抱死，并在保持转向控制和车辆稳定性的同时确保充足的制动性能，如图 3-2-15 所示。

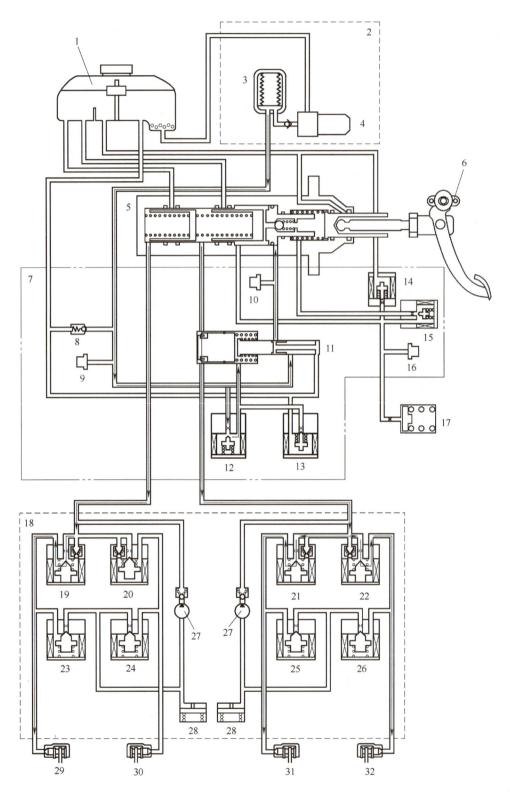

图 3-2-13　VSC 控制工作原理（转向不足期间）

图注同图 3-2-9。

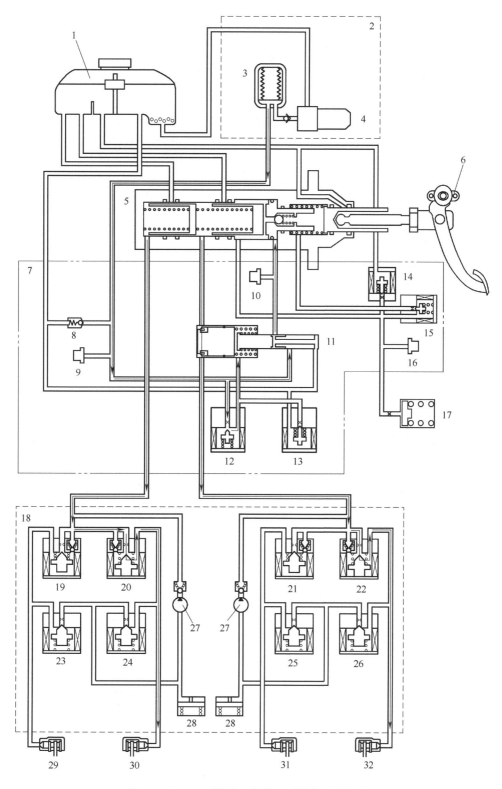

图 3-2-14　VSC 控制工作原理（转向过度期间）
图注同图 3-2-9。

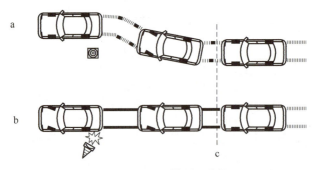

图 3-2-15 ABS 控制示意图

a—带 ABS　b—不带 ABS　c—制动操作

七、电子制动力分配（EBD）

1. 前轮/后轮制动力分配

该功能根据车辆状态（如负载因素或减速度）来控制后轮制动力，以确保良好的制动性能。前轮/后轮制动力分配控制（轻负载），如图 3-2-16 所示。

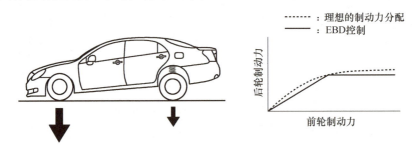

图 3-2-16　前轮/后轮制动力分配控制（轻负载）

前轮/后轮制动力分配控制（重负载），如图 3-2-17 所示。

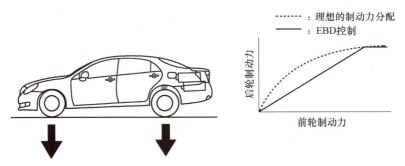

图 3-2-17　前轮/后轮制动力分配控制（重负载）

2. 左侧/右侧制动力分配控制

此控制对左侧和右侧车轮制动力进行最佳控制，以在转弯期间进行制动时保持车辆稳定性。该功能可确保转弯期间进行制动时的车辆稳定性和良好的制动性能。

左侧/右侧制动力分配控制，如图 3-2-18 所示。

图 3-2-18　左侧/右侧制动力分配控制

带 EBD 的 ABS 工作原理

带 EBD 的 ABS 控制泵、压力保持电磁阀和减压阀可以控制各制动轮缸的制动液压，如图 3-2-19 所示。

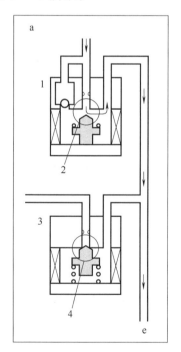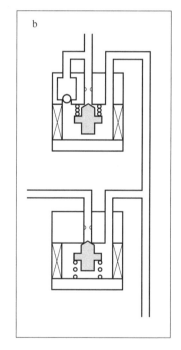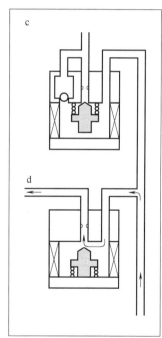

图 3-2-19　带 EBD 的 ABS 工作原理

1	压力保持电磁阀	2	端口 1
3	减压电磁阀	4	端口 2
a	增压模式	b	压力保持模式
c	减压模式	d	至储液罐
e	至制动轮缸		

八、牵引力控制（TRC）

如果由于在打滑路面上起步，或加速时过度踩下加速踏板导致驱动力过大，则驱动轮可能打滑且对加速和转向产生负面影响。TRC 系统根据路况控制驱动轮的驱动力和制动力，以限制车轮空转，TRC 系统可确保起步、直线加速和转弯时的加速稳定性，如图 3-2-20 所示。

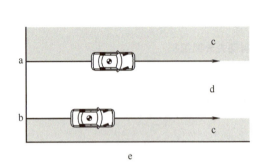
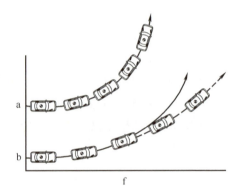

图 3-2-20　牵引力控制
a—带 TRC　b—不带 TRC　c—高摩擦表面　d—低摩擦表面
e—在组合摩擦道路上加速　f—低摩擦路面上的转向稳定性

TRC 工作原理

TRC 在制动助力泵总成内产生的伺服压力的作用下加压制动主缸，同时限制来自发动机的驱动力，并控制各压力保持电磁阀和减压电磁阀，以施加更多的制动液压至各驱动轮的制动轮缸，以降低打滑。

图 3-2-21 显示了增压模式期间的 TRC 工作情况。

九、制动保持

制动保持功能可减轻驾驶人在等待交通信号灯时，或在交通拥堵期间反复停车和起步的不适感。

踩下制动踏板且车辆静止时，4 个车轮的制动液压保持不变。在正常路面上，车辆保持静止而不需要驾驶人牢固踩下制动踏板或施加驻车制动。

踩下加速踏板且车辆起步时，4 个车轮的制动液压自动释放以确保平稳起步。车辆上坡的情况下制动保持功能工作时，驾驶人从制动踏板切换到加速踏板时，制动保持功能可防止车辆向前爬行，如图 3-2-22、图 3-2-23 所示。

制动保持的作用

在交通拥堵期间等待交通信号灯时，制动保持功能可使驾驶人无须施加驻车制动或牢固踩下制动踏板，从而减轻驾驶人的不适感。

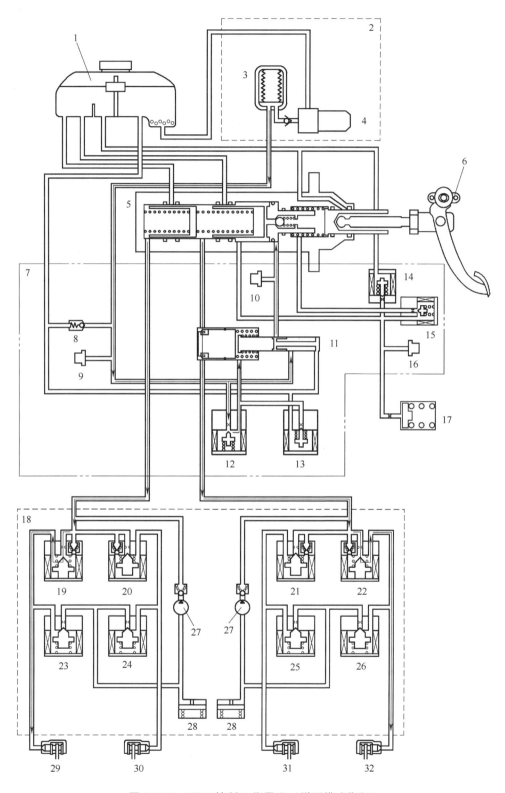

图 3-2-21 TRC 控制工作原理（增压模式期间）

图注同图 3-2-9。

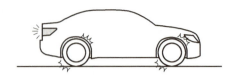

图 3-2-22 带制动保持功能（保持制动液压）

图 3-2-23 不带制动保持功能（车辆向前爬行）

在斜坡上起步时，驾驶人无须快速踩下加速踏板，这以减少不必要的车轮打滑。

十、制动辅助

防滑控制 ECU 根据踩下制动踏板的踩下速度和力度确定驾驶人是否实施紧急制动。如果确定实施了紧急制动，则自动增加制动力。制动辅助，如图 3-2-24 所示。

尽管需要紧急制动时驾驶人可能快速踩下制动踏板，但也可能无法充分踩下制动踏板（图 3-2-24 中 a）。

此外，如果驾驶人无法保持制动踏板踩下力，则制动力将下降（图 3-2-24 中 b）。

根据制动踏板踩下速度确定驾驶人正在进行紧急制动，且未能充分踩下制动踏板时，制动辅助系统工作以补充制动力（图 3-2-24 中 c）。

为减轻驾驶人不适，制动辅助还可根据减小的制动踏板踩下力减小制动力（图 3-2-24 中 d）。

车辆满载（坐满人）时，可能需要使用比平时更大的制动力（图 3-2-24 中 e）。

在这种情况下，即使未执行紧急制动，制动辅助系统也会工作（图 3-2-24 中 f）。

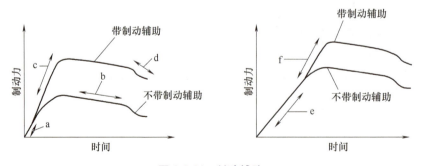

图 3-2-24 制动辅助

制动辅助功能工作原理

制动辅助系统工作时，通过伺服室将压力从制动助力泵总成供至制动主缸，以高于制动踏板踩下力的制动液压施加至各制动轮缸，如图 3-2-25 所示。

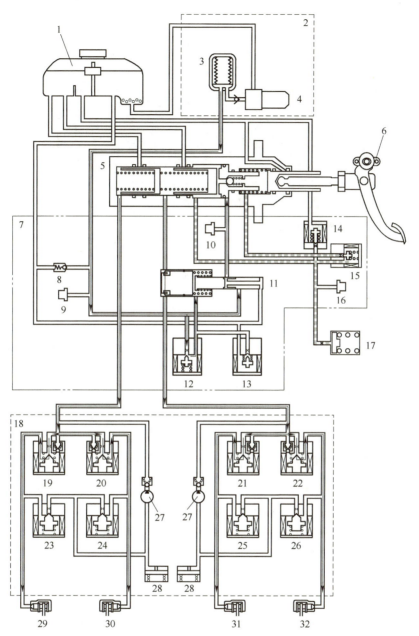

图 3-2-25 制动辅助功能工作原理

图注同图 3-2-9。

第三节 行车系统

1. 行车系统的组成

行驶系统一般由车架、车桥、车轮和悬架等部分组成,如图 3-3-1 所示。

图 3-3-1　行车系统的组成

2. 行车系统的作用

1）传递并承受路面作用于车轮上的各种力和力矩，借助驱动轮与路面的附着作用，将传动系统传来的转矩转化为汽车行驶的驱动力。

2）缓和不平路面对汽车产生的冲击，减小汽车在行驶中车身的振动，保证汽车平顺行驶。

3）与转向系统协调配合，实现汽车行驶方向的正确控制，保证汽车稳定操纵。

3. 胎压监测系统的组成及功能介绍

（1）胎压监测系统的组成

目前混合动力车型普遍采用直接感应型轮胎压力警告系统。

四个轮胎压力警告阀和发射器各自将轮胎充气压力、温度和 ID 代码信息传输至轮胎压力警告 ECU 和接收器，如图 3-3-2 所示。

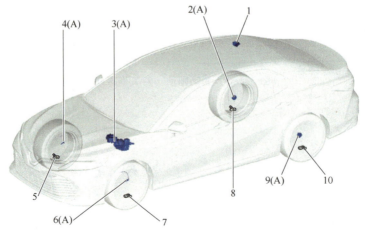

图 3-3-2　轮胎压力警告系统部件位置

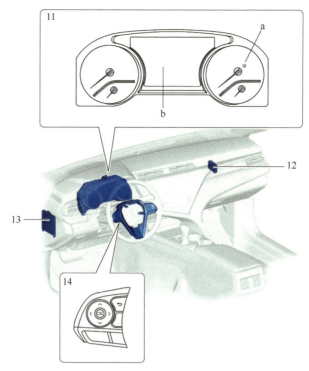

图 3-3-2　轮胎压力警告系统部件位置（续）

A	带轮胎充气压力显示功能的车型	—	—
1	轮胎压力警告 ECU 和接收器	2	后轮转速传感器 RH
3	带制动主缸的制动助力器总成（防滑控制 ECU）	4	前轮转速传感器 RH
5	轮胎压力警告阀和发射器（右前）	6	前轮转速传感器 LH
7	轮胎压力警告阀和发射器（左前）	8	轮胎压力警告阀和发射器（右后）
9	后轮转速传感器 LH	10	轮胎压力警告阀和发射器（左后）
11	组合仪表总成	12	中央网关 ECU（网络网关 ECU）
13	主车身 ECU（多路网络车身 ECU）	14	方向盘衬垫开关总成
a	轮胎压力警告灯	b	多信息显示屏

轮胎压力警告 ECU 和接收器（包括接收器和 ECU）监控轮胎压力警告阀和发射器，以检测四个轮胎中的任一轮胎的压力。

轮胎压力警告系统功能包括警告功能、初始检查功能、初始化功能和诊断功能。

（2）胎压监测系统的功能介绍

功能介绍见表 3-3-1。

表 3-3-1　胎压监测系统的功能介绍

组　件	功　能
轮胎压力警告阀和发射器	●检测轮胎的充气压力和温度，并将测量值和 ID 代码传输至轮胎压力警告 ECU 和接收器 ●传输来自内置于加速度传感器的加速度信号至轮胎压力警告 ECU 和接收器，以识别轮胎位置

(续)

组件	功能
轮胎压力警告 ECU 和接收器	• 接收来自各轮胎压力警告阀和发射器的数据并监控轮胎充气压力 • 检测到轮胎充气压力下降、系统故障或开始初始化时,将各信号输出至主车身 ECU(多路网络车身 ECU) • 使用自防滑控制 ECU 总成的车轮转速信号和轮胎压力警告阀和发射器的加速度信号,系统将各轮胎压力警告阀连接至轮胎位置。然后,将信号发送至组合仪表总成,以在多信息显示屏上显示轮胎压力信息
主车身 ECU(多路网络车身 ECU)	接收来自轮胎压力警告 ECU 和接收器的信号,并通过 CAN 通信将其输出至组合仪表总成
转速传感器	分别检测 4 个车轮的车轮转速脉冲数,并将 4 个车轮转速脉冲数信号发送至防滑控制 ECU
带制动主缸的制动助力器	防滑控制 ECU	将 4 个车轮转速信号传输至轮胎压力警告 ECU 和接收器
组合仪表总成		将车速信号传输至轮胎压力警告 ECU 和接收器
组合仪表总成	轮胎压力警告灯	根据来自轮胎压力警告 ECU 和接收器的信号亮起或闪烁 1min,以警告驾驶人
	多信息显示屏	显示已识别的轮胎压力和位置以告知或警告驾驶人
方向盘衬垫开关总成	• 按下时将多信息显示屏上的信息切换为轮胎压力 • 通过操作开关,初始化系统
中央网关 ECU(网络网关 ECU)	CAN 通信网关功能

第四节 转向系统

1. 电动转向系统的组成

电动转向系统由转矩传感器、车速传感器、电子控制单元 ECU、电控机械式转向系统、转向柱等组成,如图 3-4-1 所示。

2. 电动转向系统的工作原理

转矩传感器测得驾驶人发出的转向力矩。电子控制单元根据转向力矩、车速、转向角、转向速度以及其他输入值,计算出所需的助力力矩。

电机内部有一个转子转速传感器,负责探测电机的转子位置。该传感器的工作原理与前款车型的传感器类似。控制单元内集成了一个温度传感器,负责测量输出端温度。如果超过了规定的极限值,系统就会逐级减少转向助力的大小。如果识别出系统故障,则会切断转向助力系统。这时会亮起一个黄色或红色指示灯,并发出报警声音信号,从图像和声音两方面告知驾驶人出现系统故障,如图 3-4-2 和图 3-4-3 所示。

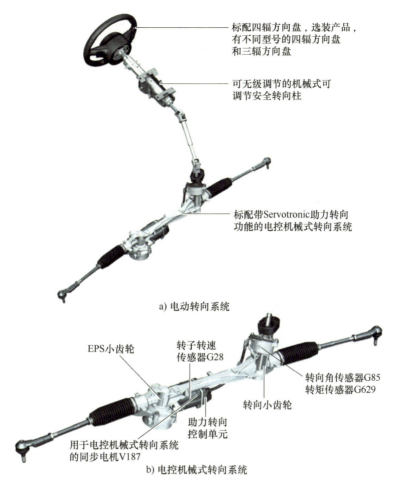

图 3-4-1 电动转向系统的组成

图 3-4-2 黄色指示灯亮

图 3-4-3 红色指示灯亮

第五节 变 速 器

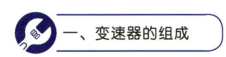

下面以奥迪 Q7 混合动力车型为例讲解。

奥迪 Q7e-tronquattro 中对动力传递很重要的插电式混合动力驱动组成部件，除了内燃机外还包括 8 档自动变速器 0D7、传动轴和后轴主减速器 0D2。混合动力模块位于内燃机和传统自动变速器之间，如图 3-5-1 所示。

内燃机和电机可以通过分离离合器 K0 耦合。

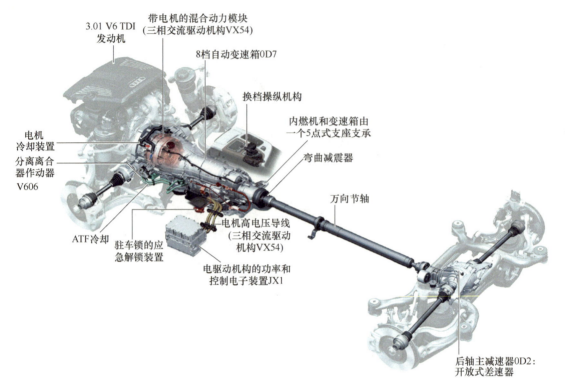

图 3-5-1　奥迪 Q7 混合动力车型传动系统

1. 变速器类型

用于全轮驱动的电动液压控制式 8 档行星齿轮变速器，带变矩器和电机。它也用作发电机。在电动机模式下，它输出 94kW 的最大功率。作为发电机，它以最高 80kW 的功率给混合动力蓄电池充电。用于耦合内燃机的分离离合器 K0 以电控机械方式，通过伺服电机促动分离离合器作动器 V606，它们的操控独立于变速器的液压系统。

2. 变速器控制

在机械电子单元中，液压控制器和电子控制系统已整合成一个单元。变速杆位置为电动传递（线控换档）。驻车锁以电动液压方式工作。此机械电子单元在制造商 ZF 公司内部的代号是"E26/29"。

动态换档程序与单独的运动程序"S"和用于手动换档的"tiptronic"换档程序相同。

3. 变速器结构

变速器的结构如图 3-5-2 所示。用于纵置发动机配置的全轮驱动汽车的变速器，前轴主减速器位于电机之前。部件顺序：扭转减振器、电机、变矩器、齿轮组。

第三章 底盘系统

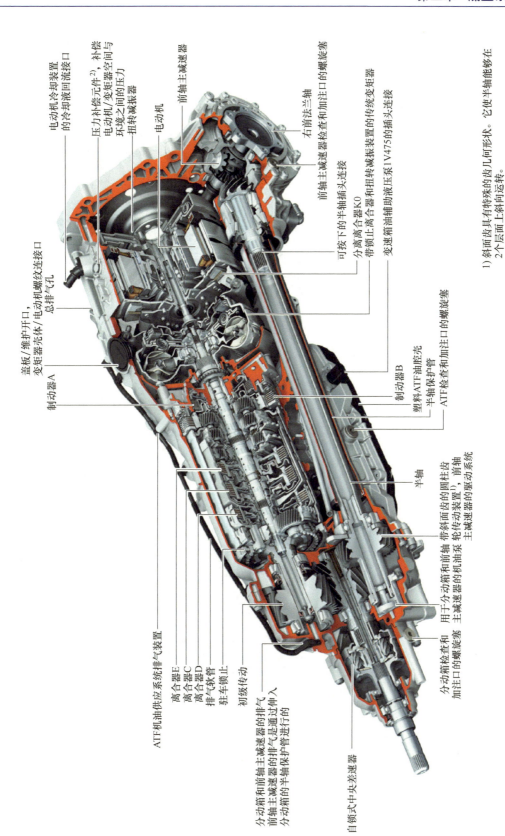

图 3-5-2 变速器总成剖视图

标注（按图中指引线）：
- 盖板/维护开口，变矩器壳体/电动机螺纹连接口总排气孔
- 电动机冷却装置的冷却液回流接口
- 压力补偿元件[2]，补偿电动机/变矩器空间与环境之间的压力
- 扭转减振器
- 电动机
- 前轴主减速器
- 右前法兰轴
- 前轴主减速器检查和加注口的螺旋塞
- 前轴主减速器和扭转减振装置的传送转矩
- 前轴主减速器插头连接
- 变速箱辅助液压泵1V475的插头连接
- 可按下的半轴保护套
- 分离元件
- 带锁止离合器和扭转减振器的传送转矩
- 制动器B
- 塑料ATF油腔壳
- ATF检查和加注口的螺旋塞
- 半轴
- 用于分动箱前轴和主减速器的机油泵
- 带斜面齿的圆柱齿轮传动装置[1]，前轴主减速器的驱动系统
- 分动箱检查和加注口螺旋塞
- 自锁式中央差速器
- 分动箱和前轴主减速器的排气通过伸入分动箱的半轴保护管进行
- 前轴主减速器的排气软管
- 驻车锁止
- 排气软管
- 离合器D
- 离合器C
- 离合器E
- ATF机油供应系统排气装置
- 制动器A

注：
1) 斜面齿具有特殊的齿几何形状。它使半轴能够在2个层面上斜向运转。
2) 不得拆卸压力补偿元件。
拆卸时可能会折断卡止凸耳并掉入电动机内。压力补偿元件不作为备件提供。

它有两个独立的机油供应系统：一个 ATF 供应系统；一个手动变速器油供应系统（MTF），专用于分动器和前轴主减速器。

（1）混合动力模块（分离离合器作动器，传感装置）

混合动力模块的外壳中有前轴主减速器。内燃机侧是扭转减振器，变速器侧是电机和分离离合器 K0，如图 3-5-3 所示。

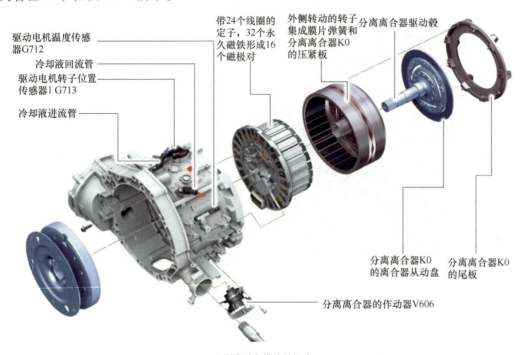

a）混合动力模块的组成

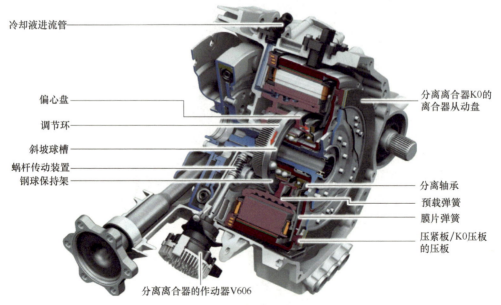

b）混合动力模块的剖视图

图 3-5-3　混合动力模块的结构

电机是一款恒励磁同步电机，被用作驱动电机及发电机。电机在原厂维修保养文献中也被称为三相交流驱动机构 VX54，或电驱动机构行驶电机 V141。

由于电机的转子是外转子，所以使用了尽可能大的杠杆臂。与内转子相比，在电机运行模式下发生相同的转矩只需较低的相电流。

变矩器的传输板与内燃机飞轮旋接在一起。扭转减振器将内燃机驱动功率经细牙花键传递到分离离合器 K0 的驱动毂上。

（2）分离离合器作动器 V606

分离离合器 K0 是一种干式离合器，在静止状态下为动力接合。它与手动变速器的起步离合器功能相同。分离离合器将内燃机和电机相互耦合，如图 3-5-4 所示。

分离离合器 K0 通过分离离合器作动器 V606 操纵，有独立于自动变速器的液压压力供应。

分离离合器的作动器 V606 通过插接器驱动蜗杆传动装置的轴。蜗轮与调节环的圆柱齿轮传动装置相连。

图 3-5-4　分离离合器作动器 V606

1）工作过程。当分离离合器分离时，调节环沿箭头方向扭转约 120°。钢球保持架将 3 个钢球均匀地保持分布在圆周位置上。通过调节环的扭转，钢球通过调节环和偏心盘内的斜坡球槽将偏心盘压在分离轴承上。偏心盘由纵向导向件固定，防止扭转。

当作动器失灵或者因超过允许温度而停止工作时，分离离合器 K0 动力接合，因为离合器的操纵机构不具备自锁能力。汽车在这种情况下只能同时通过内燃机和电机，以混合动力方式行驶。

2）电气连接。分离离合器的作动器 V606 是无电刷的直流电机，由 12V 车载电网供电，如图 3-5-5 所示。它通过子总线，接收来自混合动力管理系统控制单元（发动机控制单元 J623）的指令。

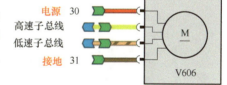

图 3-5-5　电气连接

3）温度保护。作动器的电子装置通过内置温度传感器测量温度，并将温度告知发动机控制单元 J623。当温度达到 125℃时，减少促动分离离合器 K0，进而冷却作动器。温度上升到 135℃后，则不再促动作动器，直到作动器冷却至 110℃。冷却至 110℃后，作动器正常工作。

（3）变速器润滑系统

奥迪 Q7e-tronquattro 的 0D7 变速器有 2 个相互独立的润滑用油供应系统。一个用于 Automatic Transmission Fluid（自动变速器油），简称 ATF；一个用于 Mechanic Transmission Fluid（手动变速器油），简称 MTF，专用于分动器和前轴主减速器，如图 3-5-6 所示。

MTF 的供应系统和 ATF 的供应系统是通过一个双轴密封环和一个密封垫圈相互分开的。轴密封环的漏油孔在左侧变速器侧，位于轴密封环的高度。

当变速器加热或冷却时，会通过变速器通风装置进行压力补偿。

ATF 供应在 8 档自动变速器 0D7 上通过两个泵来保证。一个机械驱动式 ATF 泵和变速

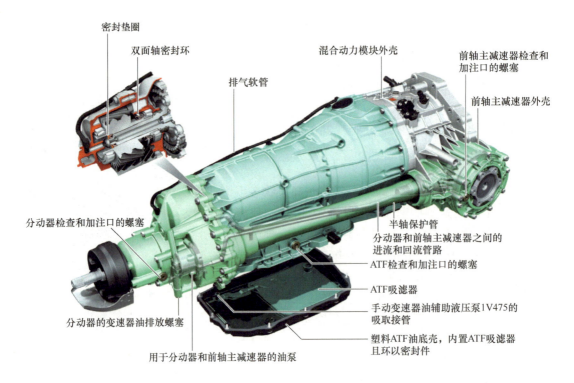

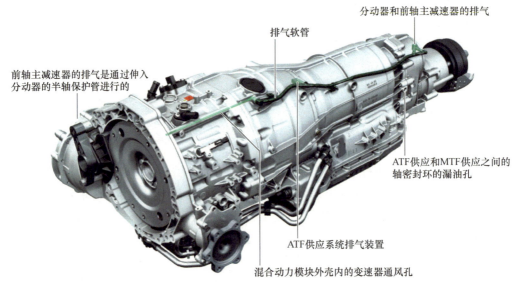

图 3-5-6 变速器润滑系统

　　行星齿轮传动和液压控制机构的 ATF 供应（终生免更换）。

　　分动器和前轴主减速器的手动变速器油（MTF）供应（含 STURACO），终生免更换。

器油电动辅助液压泵 1（V475）。这两个泵经过 ATF 吸滤器抽吸 ATF。辅助液压泵 V475 位于机械电子单元的后方。它在汽车调试时补充机械驱动式 ATF 泵的输送功率，直到变速器输入轴转速达到约 500r/min。在行驶过程中，机械驱动式 ATF 泵保证 ATF 供应。

　　1）机械驱动式 ATF 泵。机械驱动式 ATF 泵在变矩器外壳上方，由电机和/或内燃机驱动（图3-5-7）。为了通过内燃机驱动，分离离合器K0必须处于接合状态。当ATF泵具有必要的转速时，它无须辅助液压泵就能够提供系统压力。

系统压力和对应的体积流量产生液压能。液压能是变速器工作的前提条件，能够对变速器的执行器（制动器和离合器）进行控制、操纵、润滑和冷却，从而驱动汽车。

2）变速器油辅助液压泵1（V475）。辅助液压泵V475能够在0℃至125℃的ATF温度范围内以3个功率级输送ATF。该泵通过一根LIN总线导线与自动变速器控制器J217通信，如图3-5-8所示。

图3-5-7 机械驱动式ATF泵　　　　图3-5-8 变速器油辅助液压泵1 V475

按压按钮"STARTENGINESTOP"（停止/起动发动机）后，点火开关被打开，变速器控制器通过LIN总线指示泵以最低的功率级输送机油。当变速杆挂入D位或R位时，液压泵收到以最大功率级输送ATF的指令。辅助液压泵于是保证迅速准备好ATF供应。它帮助驻车锁脱离，并负责无延时起步。

当机械驱动式ATF泵达到需要的转速，能够单独提供系统压力时，辅助液压泵通过LIN总线收到调节ATF输送量的指令。泵与变速器控制器的通信经由LIN总线导线得到保证。

辅助液压泵V475的泵电子装置将泵的状态报告给变速器控制器。不存在压力传感器。此外，泵电子装置可诊断电气故障，周期性通过LIN总线向变速器控制器确认通过端子30供电。如果出现异常，则向变速器控制器汇报，如图3-5-9所示。

（4）变速器冷却系统

ATF冷却装置并联接入内燃机冷

图3-5-9 变速器辅助液压泵V475的结构

却液回路，ATF 冷却器是通过冷却液泵的冷却液流完成冷却功能的，如图 3-5-10 所示。

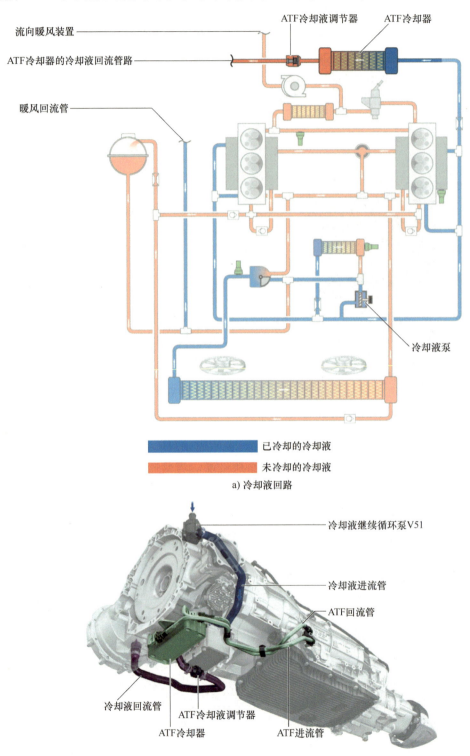

a) 冷却液回路

b) 冷却系统主要零部件

图 3-5-10　变速器冷却液系统

冷却液继续循环泵 V51 的电子装置通过 12V 车载电网持续供电。根据 ATF 温度通过发动机控制器向泵请求功率。为此使用的脉冲宽度调制（PWM）信号供 V51 泵电子装置反方向使用，从而告知发动机控制器存在异常。然后，异常信息被保存在故障存储器中。利用发动机控制器可以通过作动器测试，对 V51 泵进行检测。

二、变速器的工作原理

1. 车辆起步

和传统自动变速器汽车一样，混合动力汽车的起步也是通过变矩器实现的。电机或内燃机输出到变矩器外壳上的转矩被变矩器传递到变速器输入轴上。通过变矩器进行起步的过程，可以保护换档元件和 ATF，从而使其在变速器的整个生命周期内免维护。

2. 变速器齿轮组

8 个前进位和倒档通过 4 个简单行星齿轮组的相应关联产生。两个前部齿轮组具有一个共用太阳轮。通过第 4 个齿轮组的行星架进行输出，如图 3-5-11 所示。

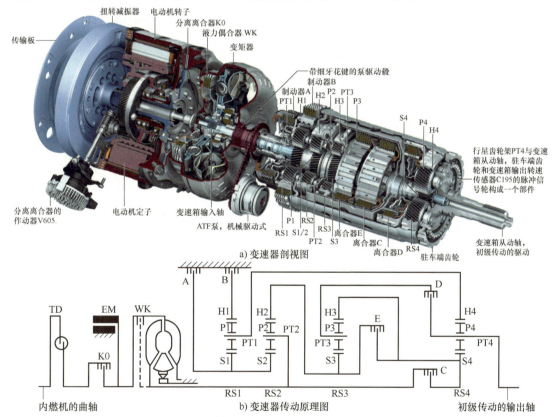

图 3-5-11 变速器示意图、齿轮组、换档元件

RS1（2、3、4）—行星齿轮组 1（2、3、4） PT1（2、3、4）—行星架 1（2、3、4） S1（2、3、4）—行星齿轮组 1（2、3、4）的太阳轮 P1（2、3、4）—行星齿轮组 1（2、3、4）的行星轮 H1（2、3、4）—行星齿轮组 1（2、3、4）的空心轮 TD—扭转减振器 EM—电机（电驱动电机 V141） A、B—多盘制动器 C、D、E—膜片式离合器 WK—液力偶合器 K0—分离离合器

3. 变速器工作原理

1）汽车处于行驶准备就绪状态，档位在 P 位或 N 位。汽车处于行驶就绪状态下。只要组合仪表中显示"e-tron READY"，就表示 ATF 压力供应得到保证，如图 3-5-12 所示。

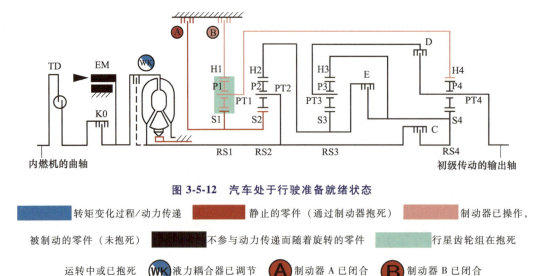

图 3-5-12　汽车处于行驶准备就绪状态

2）电动行驶：1 档。起步过程通过变矩器实现，液力耦合器在起步时运转，以便利用变矩器的转矩升高，行驶时液力耦合器受到调节，如图 3-5-13 所示。

分离离合器 K0 在电动行驶时接合。内燃机已熄火。电动行驶的前提是混合动力蓄电池有足够电量，在电动行驶时，电机或电驱动行驶电机 V141 提供最高 94kW 的功率。可通过激活换档元件对其他档位进行切换。

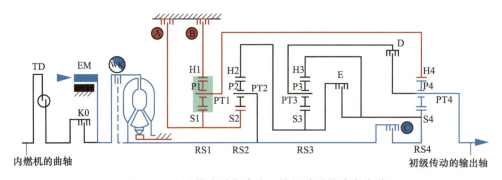

图 3-5-13　变速器电动起步或 1 档行驶时的动力传递

只要汽车处于行驶准备就绪状态且 ATF 压力供应得到保证，就会闭合制动器 A 并操作制动器 B（接合点）。停车断耦在此时尚未激活。

当条件满足时，驾驶人踩下制动器并选中 D 位，则停车断耦激活。如果选中了 D 位，那么先不会接合 1 档的离合器 C。

一旦驾驶人松开制动器，制动器 B 和离合器 C 闭合。同时利用快速上升的压力闭合已挂入的制动器 B，同时利用缓慢上升的压力接合离合器 C。通过这种方式可以舒适地恢复动力接合。接下来的起步过程由液力变矩器完成。

3）通过起动机/发电机 C29 起动内燃机（12V 起动）。混合动力汽车安装有一台起动机/发电机。在规定条件下，内燃机通过起动机/发电机起动，如图 3-5-14 所示。通过起动机/发电机 C29 起动也被称作 12V 起动。12V 起动时，分离离合器 K0 分离。

为了在滑行起动时平稳地起动并入内燃机，所以在分离离合器 K0 接合时将电机的转矩提高到起动过程所需的转矩值。由此将内燃机提高到点火所需的转速并使其点火。当内燃机和电机的转速同步时，分离离合器 K0 被完全接合。

在舒适起动时，通过分离离合器 K0 牵引内燃机直至达到电机的转速，并且在分离离合器 K0 完全接合后才点火。根本的起动方式选择取决于驾驶人的功率请求和转速条件。

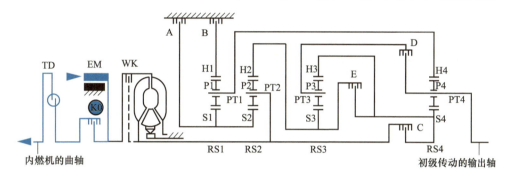

图 3-5-14　通过起动机/发电机 C29 起动内燃机

4）混合动力行驶。图 3-5-15 显示的是在 1 档中使用两个驱动系统行驶时的动力传递，分离离合器 K0 接合。可通过激活换档元件对其他档位进行切换。通常以电动行驶开始。当内燃机在特定条件下起动并入时，就可以通过两种驱动系统行驶。这种行驶方式被称为"混合动力行驶"。

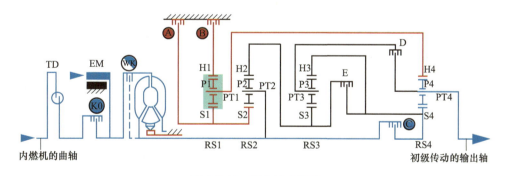

图 3-5-15　混合动力行驶

5）发动机怠速时发电。发动机处于怠速，电机处于发电机模式，档位处于 P 位或 N 位。怠速时充电，分离离合器 K0 已接合，如图 3-5-16 所示。

6）利用发动机行驶且电动机处于发电机模式。图 3-5-17 显示了使用发动机行驶时在 1 档中的动力传递。分离离合器 K0 接合。可通过激活换档元件对其他档位进行切换。

利用发动机行驶时，只要电机未被用作辅助驱动，混合动力蓄电池就可以充电。为此，电机用作发电机，并被发动机驱动。动力蓄电池调节控制器 J840 将混合动力蓄电池的电量

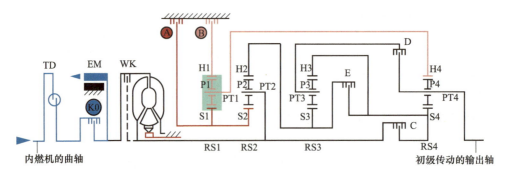

图 3-5-16　发动机怠速时发电

告知发动机控制器内的混合动力管理系统。混合动力管理系统在必要时为发电机模式激活发动机。在充电时,发动机可以另外提供最高 20kW 的发电机功率。当达到动力蓄电池调节控制器 J840 规定的绝对电量上限时,发电机模式关闭。

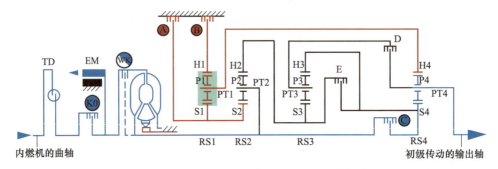

图 3-5-17　利用发动机行驶且电机处于发电机模式

7) 自由滑行模式。图 3-5-18 显示的是自由滑行模式下 3 档中的动力传递。分离离合器 K0 已分离,内燃机已熄火。液力耦合器已接合。

电机以与变速器输入轴同步的转速运转,向变速器输入轴输出 <5N·m 的极低的滑行转矩。这是为了降低噪声,并由此提高舒适性。一旦驾驶人松开加速踏板但未制动,则会在以下汽车设置和运行条件下进入自由滑行模式:档位指示中只剩下显示行驶档 D 或 E,档位被隐藏。变速器根据车速切换档位。

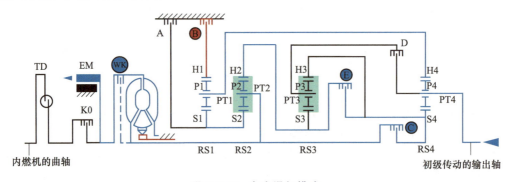

图 3-5-18　自由滑行模式

8) 滑行能量回收。图 3-5-19 显示了滑行能量回收期间在 3 档中的动力传递。分离离合

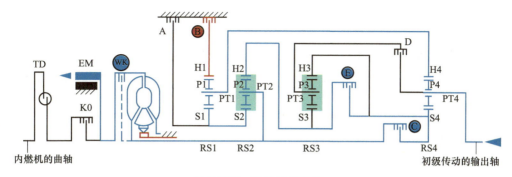

图 3-5-19 滑行能量回收

器 K0 已分离,内燃机已熄火。液力耦合器已接合。视车速而定,变速器挂入相应的档位。在以下运行条件下,一旦驾驶人松开加速踏板但未制动,则在最高 160km/h 的车速下都可以启动滑行能量回收。

滑行能量回收把滑行能量用于能量回收,这个滑行能量等同于汽车动能。同时,滑行能量驱动着以受控发电机模式工作的电机。从而向用电器供电,并给混合动力蓄电池及间接给 12V 辅助蓄电池充电,直至混合动力蓄电池达到蓄电池调节控制器 J840 规定的电量。

在滑行能量回收期间,3~25kW 的制动功率被转化为电能,并模拟内燃机在减速滑行模式下产生的制动效应。同时视车速而定,变速器挂入相应的档位。

给当前用电器供电。当电机既不用作发电机也不用作驱动装置时,电驱动的功率和控制电子装置 JX1 向定子线圈供应三相电流,从而避免在转子上产生转矩。这可以避免电压感应引起的定子线圈发热。

当混合动力蓄电池完全充满时,发电机模式模拟的内燃机牵引转矩取消,并在驾驶人希望减速时通过液压制动器进行补偿。

9)制动能量回收。图 3-5-20 显示了制动能量回收期间在 3 档中的动力传递。分离离合器 K0 通常已分离,内燃机已熄火。

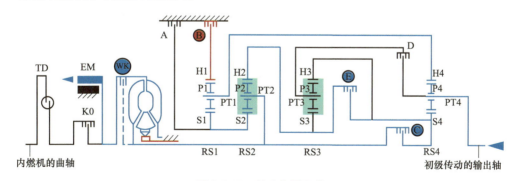

图 3-5-20 制动能量回收

液力耦合器已接合。视车速而定,变速器挂入相应的档位。

制动能量回收与滑行能量回收一样,将等同于汽车动能的滑行能量用于能量回收。同时,滑行能量驱动着以受控发电机模式工作的电机。从而向用电器供电,并给蓄电池充电,直至达到蓄电池调节控制器 J840 规定的电量。

一旦驾驶人踩上制动踏板,只要混合动力蓄电池仍能吸收电能,就可以启动制动能量回收,它与车速无关。

制动助力控制器 J593 根据制动踏板位置传感器 G100 的数据,计算出驾驶人通过制动踏板要求的制动功率,并通过 FlexRay 网络把它发送给发动机控制器 J623 内的混合动力管理系统。

混合动力管理系统检查这部分制动功率中有多少比例可以通过制动能量回收转化为电能,并把该数值通知给制动电控系统。

混合动力管理系统通过制动能量回收使最高 80kW 的制动功率受控地转化为电能。

第六节　高压配电系统

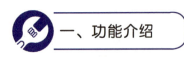

混合动力车有一套高压供电系统。高压供电系统由动力蓄电池为电机控制器、动力合成箱、电动压缩机、冷却电动油泵控制器等高压部件提供能量。此外,动力蓄电池还有一套交流慢充充电系统。这些所有的高压部件都由高压配电系统连接输送电能。

高压配电系统(图 3-6-1)主要包括以下部件:动力线束总成、PEU-电机连接电缆(EM1)、PEU-电机连接电缆(EM2)、电动冷却油泵线、PTC 线束、分线盒-PEU 连接线缆等。

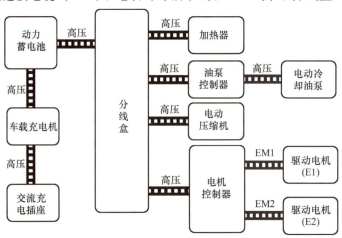

图 3-6-1　高压配电系统

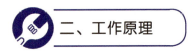

1. 动力线束总成

动力蓄电池放电时,动力线束将动力蓄电池的电能通过分线盒输送给电机控制器、油泵控制器、电动压缩机、加热器。动力蓄电池充电时,动力线束将电能从车载充电机输送到动力蓄电池为其充电,如图 3-6-2 所示。

2. PEU-电机连接电缆

电机控制器通过脉宽调制控制(Pulse Width Modulation,PWM)驱动电机,PWM 信号通过 PEU-电机连接电缆传递到驱动电机。驱动电机 E1、驱动电机 E2 各有一组 PEU-电机连接电缆,如图 3-6-3 所示。

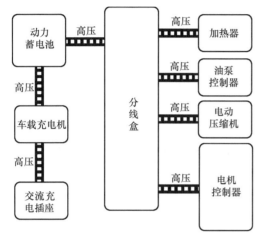

图 3-6-2　动力线束连接

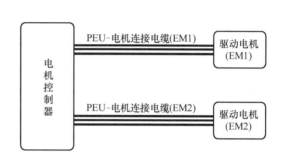

图 3-6-3　PEU-电机连接电缆

3. 分线盒

分线盒的作用类似于低压供电系统中的熔丝盒,高压接线盒功能包括:高压电能的分配和高压回路的过载及短路保护,分线盒将动力蓄电池总成输送的电能分配给电机控制器、空调压缩机和 PTC 加热器,如图 3-6-4 所示。

4. 交流充电接口

交流充电接口能接收交流充电桩的电能,并通过高压线束将电能输送给车载充电机,车载充电机将交流电转化成直流电再传递给动力蓄电池,为其充电,如图 3-6-5 所示。

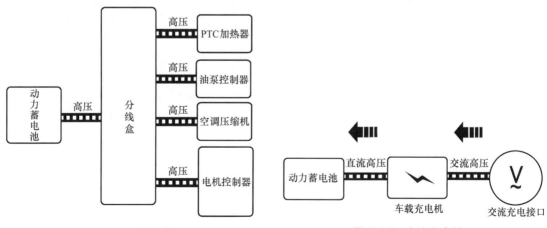

图 3-6-4　分线盒　　　　　　　　　　图 3-6-5　交流充电接口

第四章 智能辅助系统

第一节 电动汽车智能网联系统

1. 智能网联汽车的定义

智能网联汽车是指车联网与智能车的有机联合,是搭载先进的车载传感器、控制器、执行器等装置,并融合现代通信与网络技术,实现车与人、路、后台等智能信息交换共享,实现安全、舒适、节能、高效行驶,并最终可替代人来操作的新一代汽车,如图 4-1-1 所示。

图 4-1-1 智能网联汽车

2. 美国智能网联汽车的分级

美国国家公路交通安全管理局(NHTSA)按以下 5 级定义汽车的自动化等级。

(1) 无自动驾驶阶段(0 级)

在无自动驾驶阶段驾驶人拥有车辆的全部控制权,在任何时刻,驾驶人都单独控制汽车的运行，包括制动、转向、加速和减速等。

（2）驾驶人辅助阶段（1级）

在驾驶人辅助阶段，驾驶人拥有车辆的全部控制权，车辆具备一种或多种辅助控制技术，例如倒车影像与倒车雷达、电子稳定控制系统、车道偏离报警系统、正面碰撞预警系统、定速巡航系统，以及汽车并线辅助系统等。这些辅助控制系统独立工作，在特定情况下，通过对车辆运行状况及运行环境的检测，提示驾驶人与驾驶相关的信息，或警告驾驶人驾驶中可能出现的危险，方便驾驶人在接到提示或警告后及时做出反应。相对于其他发展阶段，这一阶段的技术发展已经很成熟，已经成为一些汽车的标准配置，随着成本的降低，其应用范围将逐步扩大。

（3）半自动驾驶阶段（2级）

在半自动驾驶阶段，驾驶人和车辆共享对车辆的控制权。车辆至少有两种先进驾驶辅助系统，而且这些系统能同时工作，例如自适应巡航控制系统和车道保持辅助系统的功能相结合，在一定程度上协助驾驶人控制车辆。

（4）高度自动驾驶阶段（3级）

在高度自动驾驶阶段，车辆和驾驶人共享对车辆的控制权。在特定的道路环境下（高速公路、城郊和市区），驾驶人完全不用控制车辆，车辆完全自动行驶，而且可以自动检测环境的变化，以确定是否返回驾驶人驾驶模式。现阶段已经提出高度自动驾驶技术有堵车辅助系统、高速公路自动驾驶系统和泊车引导系统等。3级和2级的主要区别是，3级在自动驾驶条件下，驾驶人不必时常监视道路，而且以自动驾驶为主，驾驶人驾驶为辅；2级在自动驾驶条件下，驾驶人必须监视道路，而且以驾驶人驾驶为主，自动驾驶为辅。

（5）完全自动驾驶阶段（4级）

在完全自动驾驶阶段，车辆拥有车辆的全部控制权，驾驶人在任何时候都不能获得控制权。驾驶人只需提供目的地信息或者进行导航输入，整个驾驶过程无须驾驶人参与。车辆能在全工况全天候环境下，完全掌握所有与安全有关的驾驶功能，并监视道路环境，完全自动驾驶的实现将意味着自动驾驶汽车真正驶入了人们的生活，也将使驾驶人从根本上得到解放，驾驶人可以在车上从事其他活动，如上网、办公、娱乐和休息等。

驾驶级别越高，应用的先进驾驶辅助系统越多，车辆系统的集成与融合度越高，软件控制的重要性越大。

3. 中国智能网联汽车发展的阶段

中国把智能网联汽车发展划分5个阶段，即辅助驾驶阶段（DA）、部分自动驾驶阶段（PA）、有条件自动驾驶阶段（CA）、高度自动驾驶阶段（HA）和完全自动驾驶阶段（FA）。

（1）辅助驾驶阶段（DA）

通过环境信息对行驶方向和加速中的一项操作提供支援，其他驾驶操作都由驾驶人来完成。它适用于车道内正常行驶，高速公路无车道干涉路段行驶，无换道操作等。

（2）部分自动驾驶阶段（PA）

通过环境信息对行驶方向和加减速中的多项操作提供支援，其他操作都由驾驶人完成。它适用于变道以及泊车、环岛绕行等市区简单工况；还适用于高速公路及市区无车道干涉路段进行换道、泊车、环岛绕行、拥堵跟车等操作。

（3）有条件自动驾驶阶段（CA）

由无人驾驶系统完成所有驾驶操作，根据系统请求，驾驶人需要提供适当的干预。它适用于高速公路正常行驶工况；还适用于高速公路及市区无车道干涉路段进行换道、泊车、环岛绕行、拥堵跟车等操作。

（4）高度自动驾驶阶段（HA）

由无人驾驶系统完成驾驶人能够完成的所有驾驶操作，特定环境下系统会向驾驶人提出响应请求，驾驶人可以对系统请求不进行响应。它适用于有车道干扰路段（交叉路口、车流汇入、拥堵区域、人车混杂交通流等市区复杂工况）进行的全部操作。

（5）完全自动驾驶阶段（FA）

无人驾驶系统可以完成驾驶人能够完成的所有道路环境下的操作，不需要驾驶人介入，适用于所有行驶工况下进行的全部操作。

无论怎样分级，从驾驶人对车辆控制权角度来看，可以分为驾驶人拥有车辆全部控制权、驾驶人拥有部分车辆控制权、驾驶人不拥有车辆控制权三种形式。其中驾驶人拥有部分车辆控制权时，根据车辆 ADAS 的配备和技术成熟程度，决定驾驶人拥有车辆控制权的多少，ADAS 装备越多，技术越成熟，驾驶人拥有车辆控制权越少，车辆自动驾驶程度越高。

4. 智能网联系统构成

智能网联汽车系统主要由环境感知层、智能决策层以及控制和执行层组成。

（1）环境感知层

环境感知层的主要功能是通过车载环境感知技术、卫星定位技术、4G/5G 及 V2X 无线通信技术等，实现对车辆自身属性和车辆外在属性（如道路、车辆和行人等）静、动态信息的提取和收集，并向智能决策层输送信息。

（2）智能决策层

智能决策层的主要功能是接收环境感知层的信息并进行融合，对道路、车辆、行人、交通标志和交通信号灯进行识别、决策分析和判断车辆驾驶模式及将要执行的操作，并向控制和执行层输送指令。

（3）控制和执行层

控制和执行层的主要功能是按照智能决策层的指令，对车辆进行操作和协同控制，并为联网汽车提供道路交通信息、安全信息、娱乐信息、救援信息以及商务办公、网上消费等，保障汽车安全行驶和舒适驾驶。

第二节　驾驶辅助系统

1. 盲点辅助系统/主动式盲点辅助系统

（1）工作原理

盲点辅助系统利用雷达技术对车辆侧面及后方 3m 范围内的区域进行监测。该系统会在车速达到 30km/h 时启用，随后外部后视镜中的黄色视觉指示灯熄灭。如果该系统检测到盲点中存在其他车辆，会通过第 1 级警告进行指示，即亮起相应外部后视镜中的红色危险警告三角指示灯。如果驾驶人不顾视觉警告仍然操作转向信号灯，则警告进入第 2 级，即同时发出声音警告，如图 4-2-1 所示。

主动式盲点辅助系统以盲点辅助系统的功能为基础。在车速介于 30~200km/h 之间时，该系统会进入第 3 级警告，即对单侧施加目标制动，以校正车辆的行驶路线，从而有助于防止事故的发生，如图 4-2-2 所示。

图 4-2-1　盲点辅助系统的仪表盘显示

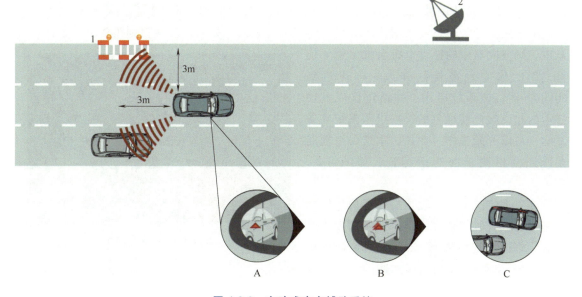

图 4-2-2　主动式盲点辅助系统

1—车辆接近护栏或施工区域内的混凝土侧壁时，可能会发出错误警告
2—车辆在某些无线电设施附近时，系统会通过导航数据自动关闭
A—警告第 1 级
B—警告第 2 级：如果驾驶人不顾警告仍然操作转向信号灯，则仪盘中的红色三角指示灯闪烁，同时还会发出声音警告
C—警告第 3 级：如果检测到侧面碰撞的危险，系统会进行用于路线校正的单侧制动系统干预（仅在装配主动式盲点辅助系统的情况下）

系统局限性：
- 车辆接近护栏或混凝土侧壁时，系统可能会发出错误警告，在某些无线电设施附近，该系统会通过导航数据自动关闭。
- 在车速差不超过 35km/h 的情况下可准确地检测到超车车辆。超车过程中，车速差不超过 12km/h 时，还会发出警告。对于超车时车速差较大的车辆，在某些条件下会延迟检测到或根本检测不到。因此，警告会延迟发出或根本不会发出警告。

（2）组成

盲点辅助系统部件（带辅助控制单元）：

2个近距离传感器（NBR，位于外部后保险杠中）。

1个雷达传感器控制单元（SGR）。

前保险杠中的2个近距离传感器（NBR），后保险杠中的4个近距离传感器（NBR）。

主动式盲点辅助系统部件：

2个近距离传感器（NBR，位于外部后保险杠中）。

1个雷达传感器控制单元（SGR）。

1个远距离雷达。

2. 车道保持辅助系统/主动式车道保持辅助系统

（1）工作原理

1）车道保持辅助系统。车道保持辅助系统能够帮助驾驶人将车辆保持在其行驶的车道中。多功能摄像头通过对比度比照对车道标记进行识别。如果系统检测到车辆意外驶离所在车道，则方向盘中的振动电机会发出触觉信号（3次脉冲）警告驾驶人。车速达到60km/h时，该系统启用，并通过仪表盘中显示的相反颜色或绿色的符号指示系统准备就绪，可以开始工作。此外，车道保持辅助系统还会检测单侧车道标记，如图4-2-3所示。

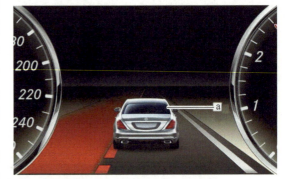

图 4-2-3　仪表盘显示

a—装配该系统的车辆

在以下情况下不会发出警告：操作转向信号灯时、行驶于狭窄弯道时、刚刚发出警告后、车道标记模糊时（黄色/白色施工标记）、动态驾驶时（如大幅加速/制动）、变速器强制降档或车辆快速转向时。有意抄近角时，警告会产生延迟。在弯道外侧和狭窄车道转向时，警告会较早发出。

2）主动式车道保持辅助系统。车辆即将驶过实线车道标记时，主动式车道保持辅助系统也会进行干预。如果驾驶人未对第1级中的触觉警告做出响应，则系统会利用电控车辆稳定行驶系统（ESP），通过执行用于路线校正的单侧制动系统干预，将车辆保持在其所行驶的车道内。

在以下情况下主动式车道保持辅助系统不会进行干预：挂车接合时、电控车辆稳定行驶系统（ESP）关闭时、轮胎低压续跑模式时，或存在单侧车道标记时。

3）系统局限性。仅在能够对车道进行清晰识别时才会发出警告。树叶、积雪等可能会遮盖车道标记，从而使系统的功能受到限制。阳光直射摄像头镜头、暴雨或其他视觉障碍物，如雾气等也可能会对摄像头功能造成影响。如果前车距离太近，其会遮挡车道标记，从而使摄像头无法对标记进行识别。

（2）组成

1个多功能摄像头（图4-2-4）。

1个振动电机（位于方向盘中）。

雷达传感器控制单元（SGR）。

1个前部远距离雷达。

4个近距离雷达（前部和后部各2个）。

1个后部多模式雷达。

图4-2-4　多功能摄像头的安装位置

a—多功能摄像头

3. 限距控制系统/限距控制系统增强版

（1）工作原理

限距控制系统和限距控制系统增强版，能够确保装配该系统的本车与前车之间保持预设的行驶时间间隔。雷达辅助型自动智能巡航控制系统能够保持预设的车速，如图4-2-5所示。如果本车与前车之间的距离缩短，则加速度会减小或系统会启用制动功能（必要时）。

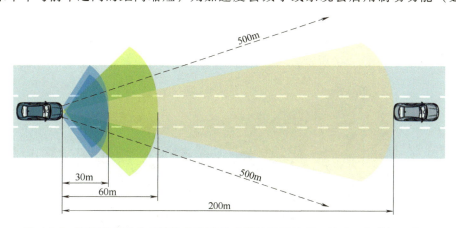

图4-2-5　远距离雷达传感器和近距离传感器的限距控制系统增强版的探测范围

探测角度为80°的近距离　　探测角度为60°的中距离

探测角度为18°的远距离

交通状况恢复时，系统会立即自动加速至之前设定的车速。

可通过定速巡航控制杆在 1~2s 的范围内对行驶时间间隔进行连续调节。系统会自动制动或加速，但却不会对静止的车辆做出反应。车辆的潜在制动效果约限制在最大可能制动力的 30%，装配限距控制系统增强版时约为 40%，装配带转向辅助的限距控制系统增强版时约为 50%，如图 4-2-6 所示。如果限距控制系统或限距控制系统增强版所能施加的制动力不足，则会通过视觉和听觉两方面对驾驶人进行警告。限距控制系统的控制响应由车辆与目标物体之间的距离、车速和转向角决定。

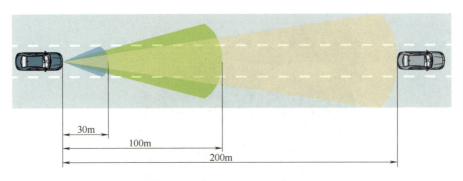

图 4-2-6　带 LRR3 雷达传感器的限距控制系统增强版的探测范围

探测角度为 30°的近距离　　探测角度为 16°的中距离　　探测角度为 12°的远距离

系统局限性：

- 限距控制系统和限距控制系统增强版在特定车速范围内工作。系统不会检测交叉行车情况，对车身窄小的车辆的检测也不完全正确可靠。行驶于两侧下倾的道路时，反向转向会改变感测角度。静止障碍物，如弯道上的警告牌等，可能会触发碰撞警告。检测弯道上的车辆时会受到额外限制，因此可能会意外施加制动或出现制动延迟。此外，可能无法检测到偏侧行驶的车辆，从而造成与前车之间的距离过近。

- 散热器格栅中的传感器护盖上存在大量积雪或冰霜时，由于雷达传感器的安装位置，系统可能会关闭，如图 4-2-7 所示。

图 4-2-7　限距控制系统增强版雷达传感器的安装情况

1—近距离雷达传感器　2—远距离雷达传感器

- 在某些无线电设施附近时，限距控制系统增强版也可能会关闭。

（2）组成

限距控制系统传感器型号：ARS 210 和 ARS 310，带集成式控制单元的远距离雷达传感器，如图 4-2-8 所示。

限距控制系统增强版传感器型号：LRR3，如图 4-2-9 所示。

a) ARS 210传感器　　b) ARS 310传感器

图 4-2-8　传感器

图 4-2-9　传感器 LRR3

4. 带转向辅助的限距控制系统增强版

（1）工作原理

带转向辅助的限距控制系统增强版通过施加目标转向转矩，帮助驾驶人将车辆保持在车道或微弯弯道中央，并通过"停走向导"功能在交通堵塞的情况下更好地跟随前车，如图 4-2-10 所示。

本系统可通过车道或目标引导将车辆保持在车道中央。车道引导的功能要求是车速不超过 200km/h，同时立体探测多功能摄像头能够检测两侧车道标记。车道宽度不得超过 4.2m，且控制操作开始时距车道中央的最大偏移量不得超过 40cm。促动转向信号灯时转向助力会取消。目标引导的附加功能要求是车速不超过 60km/h，且立体探测多

图 4-2-10　仪表盘指示

a—转向辅助图标

功能摄像头能够检测前车的位置。与前车之间的距离必须介于 1.0~40.0m（由车速决定）之间，且控制操作开始时与前车的偏移量不超过 0.35m。

"停走向导"功能在车速不超过 60km/h 的速度范围内工作。如果未检测到车道标记或标记缺失，则会通过目标引导将车辆保持在车道中央。

系统局限性：

- 车道引导功能会中断：车道标记无法清晰识别时（如由于施工路段出现多个标记），标记被遮盖时（如积雪、树叶等），路面对比度过低时，出现暴雨或大雾天气时。如果前车变换车道或与驶过或停驻车辆之间的距离过近时，目标引导功能会中断。

● 在以下情况下，转向辅助功能不会提供辅助：即将与盲点中的车辆发生碰撞时，驾驶人主动变换车道时，操作转向信号灯时，驾驶人长时间未进行转向操作时，或驾驶人的双手从方向盘移开时。

（2）组成（图 4-2-11）

1 个立体探测多功能摄像头。

1 个远距离雷达。

4 个近距离雷达（前部和后部各 2 个）。

雷达传感器控制单元。

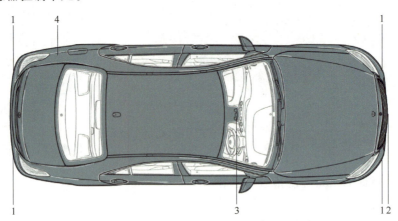

图 4-2-11　带转向辅助的限距控制系统增强版的组成

1—近距离雷达　2—远距离雷达　3—立体探测多功能摄像头　4—雷达传感器控制单元

5. 夜视辅助系统/夜视辅助系统增强版

（1）工作原理

夜视辅助系统和夜视辅助系统增强版为基于红外线光束的摄像头系统，它用于尽早监测障碍物和潜在风险。该系统仅在环境较暗且照明开关设置在"ON"或"Auto"位置时工作。随后，前照灯专用模块会发出红外线光束，然后周围物体会对光束进行反射。反射的红外线光束会由红外线摄像头进行记录，并以灰度级图片的形式进行显示。显示屏上的画面能够使驾驶人看到近光灯范围外的道路情况。

根据轮廓对行人进行检测，道路右侧检测到行人时，右侧远光灯会进行 3 次前照灯提示闪烁或警告闪烁，如图 4-2-12 所示。

利用热成像摄像头，能够对车辆前方 160m 范围内的行人及 100m 范围内的动物（如鹿、牛、马等）进行识别。这样，即使对比度不足时也能看到前方的行人或动物。周围环境较暗

图 4-2-12　周围环境较暗时仪表盘的
显示情况（行人检测）

1—高亮显示系统检测到的行人　2—行人检测启用符号

时，在车速超过 10km/h 时行人检测功能才可用。车辆静止时，行人/动物检测功能不会激活。此外，车辆行驶于无照明的道路时，如果车速达到 60km/h，则自动画面显示及前照灯闪烁指示功能可用。检测到行人或动物时，自动画面显示功能启用，如图 4-2-13 所示。

图 4-2-13　夜视辅助系统的可见范围

近光灯的可见范围　　夜视辅助系统的可见范围

系统局限性：
- 车速超过 10km/h 时红外线照明功能启用，车速低于 5km/h 时该功能停用。如果摄像头检测时透过的风窗玻璃区域脏污，或能见度较低时，如存在积雪、雨水、雾气或水花等，系统的功能会受到限制。此外，在弯道或上坡/下坡行驶时也可能会使功能受到限制。
- 如果行人部分或完全被其他物体遮挡，或其与周围环境之间的对比不明显时，夜视辅助系统的检测能力可能会受到限制。如果行人没有站直，如下蹲、坐着或躺卧等，检测能力也会受到限制。如果夜视辅助系统增强版的显示屏中显示的行人轮廓不完整或画面破碎，如果是由于强光反射，也会对功能产生影响。
- 对于带热成像摄像头的夜视辅助系统增强版，如果车外温度高于 28℃，或如果隔离物体（如背包、功能性衣物等）阻碍了热成像摄像头对物体的检测，则行人检测功能也可能会受到影响。此外，前照灯闪烁提示功能不会朝动物闪烁。

（2）组成

1 个近距离红外线摄像头，如图 4-2-14 所示。

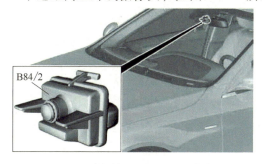
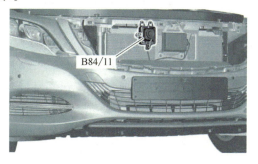

a) 夜视辅助系统红外线摄像头　　b) 夜视辅助系统红外线摄像头(热成像摄像头)

图 4-2-14　红外线摄像头及热成像摄像头

1个热成像摄像头。

1个控制单元。

2个红外线（IR）前照灯。

6. 自适应远光灯辅助系统/自适应远光灯辅助系统增强版

（1）工作原理

自适应远光灯辅助系统能够根据与前方亮灯车辆或来车之间的距离，自动调节近光灯的前照灯光程，从而能够为驾驶人提供300m范围内的最佳前照灯光程。风挡玻璃内侧的多功能摄像头监测车辆前方的交通状况，并通过在不同驾驶状况下进行最佳亮度分配，帮助驾驶人识别路线、行人或潜在危险，如图4-2-15所示。

图 4-2-15　照明系统组成

近光灯范围　　动态近光灯范围　　非近光灯和远光灯范围　　远光灯范围

将照明开关切换至"Auto"位置，并将拉杆移至远光灯位置可启用该系统，且仪表盘中的指示灯会显示其启用情况。正常的远光灯符号会在远光灯启用时进行指示。

远光灯会根据交通状况自动启用或停用，一般无须进行手动干预，从而增加了便利性。多功能摄像头对光源进行检测和评估。如果存在前车或来车或如果道路照明足够亮，则远光灯和动态近光灯可能会变暗。

自适应远光灯辅助系统增强版，使车辆能够在远光灯持续打开的情况下行驶。本车位于其他车辆附近时，可以通过促动LED前照灯模块中的机械活盖使车灯变暗，从而使夜间行车更加安全。

系统自动调节近光灯的前照灯光程。系统对反射的眩光（如由于产生反射的交通标识牌）进行检测，并通过前照灯选择性地变暗来避免眩光，如图4-2-16所示。

系统局限性：

● 道路侧停驻车辆的反射器和会产生严重反射的标识牌，可能会被误认作前方行驶车辆，此时系统会使前照灯变暗。在有路灯或护栏（用于分隔来车）与前照灯等高的道路上行驶时，系统也可能会使前照灯变暗。未检测到前方交叉驶过车辆或行人时或检测结果无效时，系统不会使前照灯变暗。

● 自适应远光灯辅助系统会在车速达到55km/h时启用，并在车速低于45km/h时停用。车速达到40km/h时，系统会对近光灯进行自适应前照灯光程调节。

● 自适应远光灯辅助系统增强版在周围环境较暗且无道路照明的情况下，会在车速达到30km/h时启用，如图4-2-17所示。

（2）组成

1个多功能摄像头。

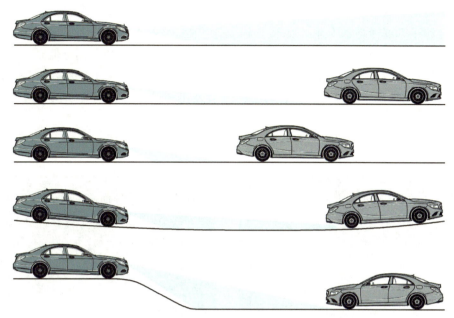

图 4-2-16　自适应远光灯辅助系统增强版效果

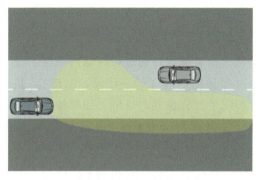 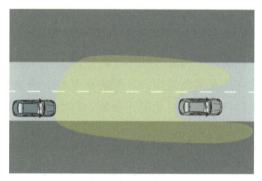

a) 存在来车时的远光灯辅助系统增强版　　　　b) 存在前车时的远光灯辅助系统增强版

图 4-2-17　自适应远光灯辅助系统

智能照明系统（ILS）前照灯。

LED 智能照明系统（ILS）前照灯。

7. 定速巡航控制系统和电子限速系统

（1）工作原理

1）定速巡航控制系统。定速巡航控制系统能够自动调节转矩，从而使车辆保持在设定车速。该系统会自动进行制动、加速和换档（装配自动变速器），如图 4-2-18 所示。

装配无制动系统时，能够在 40~250km/h 的车速范围内通过释放加速踏板降低车速。控制干预由发动机控制单元执行。

在制动系统中，定速巡航控制系统保持 30~250km/h 的设定车速。该系统会自动进行制动或降档，从而进行速度调节。

操作制动踏板或驻车制动器时或车速低于 30km/h 时，定速巡航控制系统会自动关闭。

在电控车辆稳定行驶系统（ESP）执行控制干预或关闭时，该系统也会关闭。

对于装配手动变速器的车辆，如果车辆位于空档的时间超过 6s 或对离合器进行操作，则定速巡航控制系统会自动关闭。在接合的档位过高或发动机转速急剧降低时，也会出现上述情况。如果装配自动变速器的车辆变速杆换入 N 位置，或者越野车的下坡车速控制系统（DSR）开启，则该系统也会关闭。自动关闭时会发出声音警告，而手动关闭时则不会发出确认音。驾驶人执行加速操作时定速巡航控制系统不会关闭。

2）电子限速系统。电子限速系统能够防止车速超过预设速度。驾驶人可对加速方式进行自由选择，如图 4-2-19 所示。

图 4-2-18　定速巡航控制系统的仪表盘显示

图 4-2-19　电子限速系统

在 30~250km/h 的车速范围内工作。工作期间，该系统会自动进行制动或降档，使车速保持在速度限制范围内。限速有可能不断变化也可能是固定的（如冬用轮胎限速）。执行强制降档功能时，电子限速系统会自动关闭。对于装配手动变速器的车辆，如果接合档位过高或发动机转速急剧降低，则该系统也会关闭。启用越野车上的"下坡车速控制系统（DSR）"也会导致该系统关闭。

与定速巡航控制功能相同，该系统手动关闭时不会出现确认音，自动关闭时则会发出声音警告。

3）系统局限性：
- 两种系统均不会将交通状况考虑在内，且不具备距离控制功能。
- 定速巡航控制系统在 30~250km/h 的车速范围内工作。带可变限速装置的电子限速系统在 30~250km/h 的车速范围内工作。长效限速器在 160~240km/h 的车速范围内（如冬用轮胎限速）工作。

（2）组成

电控车辆稳定行驶系统（ESP）控制单元。

发动机控制单元。

带操纵杆的转向柱管开关模块。

8. 下坡车速控制系统

（1）工作原理

装配越野组件的越野车下坡行驶时，下坡车速控制系统会将车速保持在设定值。在特定限速范围内时，可随时通过制动或加速改变车速。随后，系统会恢复至设定车速。下坡时的坡度越大，系统的制动力越强。道路平坦或车辆爬坡时，该系统制动不明显或完全不制动。此系统可通过定速巡航控制杆进行速度设定。

系统局限性：由于车辆行驶时道路状况的不同，系统可能无法准确地保持设定车速。可通过 2~18km/h 之间的变化量对设定车速进行调节。下坡车速控制系统可在 40km/h 的车速范围内开启，在车速超过 45km/h 时，该系统会自动关闭。

（2）组成

电控车辆稳定行驶系统（ESP）控制单元。

定速巡航控制杆。

9. 速度限制辅助系统/交通标志辅助系统

（1）工作原理

能够识别圆形交通标志上的速度限制标记。除通过多功能摄像头进行图像检测外，该系统还会通过导航系统的地图资料对其进行验证。交通标志上指示的最高车速通过仪表盘显示提示驾驶人，如图 4-2-20 所示。

此外，在无交通标志出现的情况下驶过最短距离后，系统会对显示屏进行复位。如果车辆驶过市区边界或道路类型发生变化，如高速公路出口，在出现表示限制解除的标志时，系统也会复位显示屏信息。

系统局限性：由于下雨、起雾、阳光直射镜头、跟车太近或摄像头检测范围受影响等原因，可能无法检测到交通标志或使检测过程延迟。急弯上的标志可能会被错过。

（2）组成

1 个多功能摄像头。

1 个导航装置。

10. 注意力辅助系统

（1）工作原理

注意力辅助系统能够利用传感器分析驾驶人的操作，而且能够根据典型的转向方式和驾驶方式的改变检测到驾驶人注意力分散的情况。车辆长时间行驶于同一类型的道路上时，如高速公路或较长公路等，该系统会为驾驶人提供辅助。该系统可通过仪表盘中的辅助系统菜单开启和关闭，还会在车速处于 60~200km/h 时发出警告，如图 4-2-21 所示。

图 4-2-20 仪表盘显示

图 4-2-21 注意力辅助系统的仪表盘显示

在开启后的前 20min 内，该系统会检测驾驶人具体的转向操作情况。根据驾驶人个人驾驶和转向习惯、时段和驾驶时长、车辆控制及纵向/横向加速情况，该系统会对疲劳或注意力分散的典型标志进行评估，如图 4-2-22 所示。

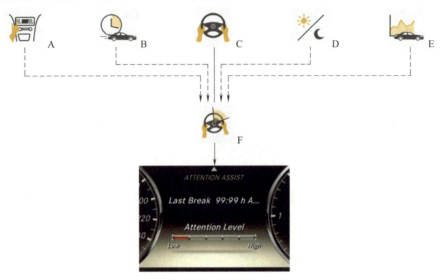

图 4-2-22　仪表盘显示的功能顺序的示意图

A—控制器操作　B—行驶时间　C—当前方向盘状态（与开始时比较）　D—时段
F—当前方向盘转角　—利用运算法则对疲劳情况进行计算　--评估

通过输出视觉和声音警告信息提示驾驶人稍事休息。休息警告发出后，至少间隔 15min 后才会发出新的警告。如果发动机关闭或驾驶人换人，或者座椅安全带锁扣解锁且车门打开，则该系统会重置。

系统局限性：

• 时段和驾驶时间可能会影响系统的灵敏度。采用运动型驾驶方式或驾驶时的车速超出 60~200km/h 的范围时，可能会造成功能损坏并导致警告缺失或延迟。

• 即使处于允许启用的车速范围内，如果出现下述情况，如频繁换道、急速转弯、急剧加速、频繁操作音频装置或驾驶室管理及数据系统控制器、路面起伏崎岖、侧风行驶、短途驾驶或时间设定错误等，也无法对驾驶操作进行评估。

（2）组成

高分辨率方向盘转角传感器。

电控车辆稳定行驶系统（ESP）控制单元。

第三节　驻车系统

1. 驻车定位系统/带驻车引导的驻车定位系统

（1）工作原理

1）驻车定位系统：驻车定位系统在前后保险杠中带有超声波传感器，如图 4-3-1 所示。

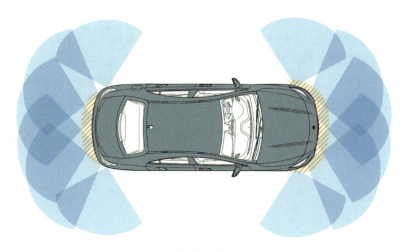

图 4-3-1　超声波传感器的位置

　驻车辅助系统的探测范围　　不会进行扫描的区域

系统利用回声探测原理监测车辆周围的环境,并在进行驻车操作时测量与其他车辆或障碍物之间的距离。从 1~1.2m 的距离开始（具体取决于车型）,系统会发出视觉警告。从约 30cm 的距离开始,系统会发出声音和视觉信号,警告驾驶人可能发生碰撞,如图 4-3-2 所示。

图 4-3-2　超声波传感器的探测范围

　超声波传感器的探测范围

车速较低（小于 16km/h）且点火开关打开,变速杆档位为 D 位、R 位或 N 位,且松开驻车制动器时,系统会启用。

2）带驻车引导的驻车定位系统：使用便利性增强。此系统以驻车定位系统的功能为基础。如果系统检测到足够大小的停车位,则仪表盘的 "P" 标志旁边会出现箭头。

一旦启用了驻车引导功能,就会对需要的转向操作和驾驶路线进行指示。系统会默认扫描乘客侧的停车位,设定转向信号后,会扫描驾驶人侧的停车位。

接合倒档且启用驻车系统时,会显示转向和驾驶提示。在车速小于 35km/h 时才会扫描停车位。车速小于 30km/h 时会显示符号 P。

系统局限性：

● 对反射面积较小的物体（例如窄条、表面相对车辆角度不理想的较窄物体、传感器探测范围上方或下方的物体或受到积雪和其他隔声材料影响的物体）不会发出警告,或会延迟发出警告。

● 用于交通信号灯和自动门的声控信号、高草丛回声，以及相同的 50kHz 频率声波，例如来自其他驻车定位系统（PARKTRONIC）、风镐、电车噪声，或较深地下停车场入口的地板回声，也会引起系统干预。挂车接合时，后端的驻车系统会停用。

● 仅当平行驻车时才能进行驻车引导，且停车位的长度必须至少比车辆长出 1.3m。系统会检测两车之间及车辆与路缘之间的所有空间。交通堵塞时，系统可能会错误地指示车辆之间的停车位。

（2）组成

12 个超声波传感器。

1 个控制单元。

1 个前部警告元件。

1 个后部警告元件。

2. 主动式驻车辅助系统

（1）工作原理

主动式驻车辅助系统的帮助下，车辆自动搜索合适的停车位，在得到驾驶人的确认后，会将车辆自动停到停车位中。当主动式驻车辅助系统自动进行转向挪车操作时，驾驶人需进行加速和制动。驻车辅助系统利用超声波测量原理工作，并包含驻车定位系统功能，如图 4-3-3 和图 4-3-4 所示。

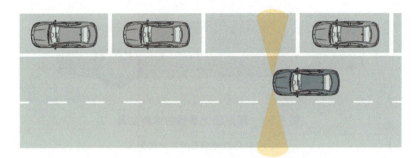

图 4-3-3　系统检测合适的停车位

范围扩展的超声波传感器

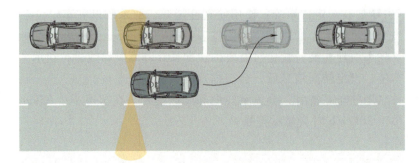

图 4-3-4　半自动驻车

范围扩展的超声波传感器

系统对车辆两侧的停车位进行扫描。找到合适的停车位后，仪表盘上的符号"P"旁边会出现一个箭头，如图 4-3-5 所示。

图 4-3-5　仪表盘上驻车辅助启用的显示

功能启用要求为车速小于 10km/h。车速小于 8km/h 时会发出警告。

系统局限性：

- 仅在停车位与车辆平行时系统才会工作，在有急弯或停车位垂直时不会工作，在车辆驶出停车位时不会提供辅助。系统不会进行自动制动干预，且停车位的长度至少比车辆长度多出 1.3m。

- 主动式驻车辅助系统进行的转向挪车操作，可以由驾驶人通过干预转向或按下"驻车定位系统关闭"（PTS Off）按钮取消。其他取消条件包括车速大于 10km/h 或打开驾驶人座椅安全带锁扣或打开驾驶人车门。电子动力换档（EPS）故障（例如转向系统过热）及电控车辆稳定行驶系统（ESP）控制干预，也会导致转向挪车操作被取消。

（2）组成

10 个超声波传感器。

1 个控制单元。

1 个前部警告元件。

1 个后部警告元件。

3. 后视摄像头

（1）工作原理

变速杆位于倒档时，梅赛德斯-奔驰公司研发的后视摄像头（RBC）会自动开启，并在驾驶室管理及数据系统显示屏中显示车辆后方的情况，以此更好地提供车辆后方环境的视图，为侧方停车和倒库停车提供有效辅助，如图 4-3-6 所示。

系统局限性：摄像头不会检测摄像头探测锥形区域外的任何物体。在阳光直射、大雨、起雾或镜头被遮挡/脏污时，功能会受到限制或不可用。

（2）组成

1 个摄像头。

1 个调制器。

 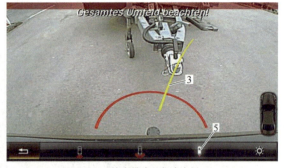

a）倒车模式的仪表盘显示　　　　　　　　　b）挂车模式的仪表盘显示

图 4-3-6　后视摄像头仪表盘显示

1—虚拟转向角（动态、黄色引导线）　2—虚拟车辆宽度（静态、白色引导线）　3—虚拟转向角（黄色引导线）
4—"挪车模式启用"符号　5—"挂车模式启用"符号　c—距离线 0.30m　d—距离线 1.0m　e—距离线 4.0m

1 个控制单元。

4. 360°摄像头系统

（1）工作原理

360°摄像头系统从 4 个摄像头接收图像信息。经图像处理系统处理的图像实时显示在驾驶室管理及数据系统（COMAND）显示屏中，并显示车辆及其周围环境的俯视图。车辆的边角和侧面也会受到监测，以保护外部后视镜和轮辋免受损坏。前部和后部的交叉行车情况显示可以帮助驾驶人安全地驻车、挪车和驶离，如图 4-3-7 所示。

摄像头分别位于散热器格栅、外部后视镜外壳和掀开式尾门拉手嵌条中。系统根据 4 个摄像头的图像、方向盘转角和存储的车辆参数生成模拟图像，并将车辆及其周围环境（前方/后方 3m 及侧面 2.5m）的俯视图，显示在音频/驾驶室管理及数据系统（COMAND）显示屏中（带引导线）。摄像头探测角度在水平方向最大为 180°，在垂直方向最大为 120°，如图 4-3-8 所示。

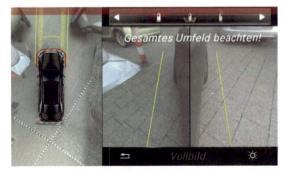 

图 4-3-7　仪表盘视图（一）　　　　　　　　图 4-3-8　仪表盘视图（二）

a—距离线 0.30m　b—距离线 1.00m　c—距离线 4.00m

系统局限性：如果车门打开，则侧面摄像头会关闭。由于高度原因，俯视图中的路缘显示位置可能会偏移。

（2）组成

4 个摄像头。

1个360°摄像头控制单元。
后视摄像头（RVC）控制单元。

第四节　驾驶安全系统

1. 制动辅助系统

（1）工作原理

当有意快速踩下制动踏板时，制动辅助系统能够即刻提供最大制动力，从而有助于避免追尾或降低碰撞速度。

制动辅助系统增强版和自适应制动辅助系统的扩展功能，可在雷达传感器系统的辅助下根据情况提供制动伺服助力，从而提供最优的受控制动，以满足驾驶人要求，如有必要，也可以进行紧急制动。

系统局限性：对于移动的物体，该系统在 30~250km/h 的车速范围内工作，对于静止的物体，该系统则在 30~72km/h 的车速范围内工作。

（2）组成

膜片行程传感器和解锁开关。

制动液压单元中的压力传感器。

1个远距离雷达。

2个近距离雷达传感器。

1个转向角传感器。

1个雷达控制单元。

2. 自适应制动辅助系统

（1）工作原理

自适应制动辅助系统能够在紧急情况下（即将发生事故）提供所需的制动压力，可通过碰撞预防辅助系统或碰撞预防辅助系统增强版的子功能，令雷达系统对紧急情况（即将发生事故）进行识别。

（2）组成

制动液压单元中的压力传感器。

1个远距离雷达。

1个中距离雷达。

3. 带路口辅助的制动辅助系统

（1）工作原理

带路口辅助的制动辅助系统增强版具有与制动辅助系统增强版相同的功能。此外，在交叉行车等可能发生碰撞的情况下，系统还可以提供所需的制动压力。此系统通过远距离和近距离雷达以及立体探测多功能摄像头，检测交叉行车状况。

如果系统检测到某区域中的物体可能引发事故，则会通过仪表盘发出声音和视觉警告。系统能够检测到的物体包括货车、汽车、骑摩托车/自行车的人，如图 4-4-1 所示。

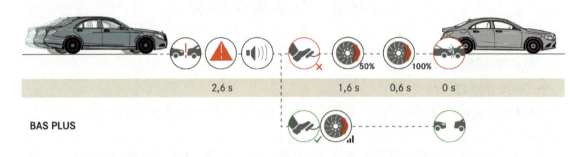

图 4-4-1　预防性安全系统（PRE-SAFE）制动功能（碰撞缓解系统，CMS）和制动辅助系统增强版（BAS PLUS）比较

系统局限性：

● 对于移动和即将停止的物体，带路口辅助的制动辅助系统增强版（BAS PLUS）在 7~250km/h 的车速范围内工作；对于静止和横向移动的物体，该系统则在 72km/h 的车速范围内工作。

● 如果接近的物体被树木、墙壁、停止的车辆等遮挡，则系统可能无法检测交叉行车状况。如果物体高速接近或雷达传感器系统由于大雪或结冰而关闭，也会发生这种情况。如果立体探测多功能摄像头检测区域内的风窗玻璃脏污或起雾，则上述情况也会发生。

（2）组成

制动液压单元中的压力传感器。

1 个远距离雷达。

2 个近距离雷达。

1 个立体探测多功能摄像头。

1 个转向角传感器。

1 个雷达传感器控制单元（SGR）。

4. 预防性安全系统制动功能

（1）工作原理

能够在检测到有追尾危险时，通过视觉和声音信号提示驾驶人采取措施。

为此，本系统采用了与限距控制系统增强版（DISTRONIC PLUS）相同的传感器系统。该系统能够进行自动制动，以使事故影响降至最低。如果系统检测到与前车的距离降至最短距离以下，则会发出视觉车距警告，且至少持续 3s。此后，还会首先发出视觉和声音碰撞警告，驾驶人会在算得的碰撞时间前约 2.6s 接收到警告信息。如果驾驶人未做出响应，则系统随后会以最大制动力的40%进行部分制动，此操作在碰撞前约1.6s进行。同时，激活预防性安全系统（PRE-SAFE）乘员保护措施。驾驶人可通过转向、强制降档和/或制动操作中断部分制动。如果驾驶人未进行干预，则系统还会进行自动紧急制动，此操作在碰撞前约0.6s进行（CMS2）。在此情况下，系统无法避免碰撞，只能最大限度地降低碰撞造成的影响。

除发出警告和进行干预的车速范围向低速扩展外，系统还能够在30km/h的车速范围内，通过自动紧急制动防止碰撞发生

系统局限性：系统在30~250km/h的车速范围内发出警告。对于移动的物体，系统在30~200km/h的车速范围内进行自动部分/紧急制动，对于静止的物体，该系统则在30~72km/h的车速范围内进行自动部分/紧急制动。

（2）组成

制动液压单元中的压力传感器。

1个远距离雷达。

2个近距离雷达。

1个立体探测多功能摄像头。

1个转向角传感器。

1个雷达传感器控制单元（SGR）。

5. 预防性安全系统

（1）工作原理

预防性安全系统增强版（PRE-SAFE PLUS）在有追尾风险时向后车发出警告，并在危急情况下启用预防性安全系统（PRE-SAFE）乘员保护措施。如果车辆发生追尾后静止，则会通过持续制动使车辆固定，从而最大限度地降低乘员受到伤害的风险。此时，后保险杠中的多模式雷达传感器会对车辆后方的交通状况进行监测。

如果存在追尾风险，则预防性安全系统增强版（PRE-SAFE PLUS）会闪亮危险警告灯，在算得的碰撞时间前约1.4s时向后车发出警告。

随后，如果满足以下条件，则系统会进行碰撞准备工作：车辆必须处于静止状态，且必须识别到通过促动制动器或驻车制动器，或启用"保持（HOLD）功能"或挂入P位等进行制动的制动请求。进行碰撞准备工作时，制动压力会提高，以使车辆保持原位。该措施可以降低前进加速度，并最大限度地降低乘员颈椎受到伤害的风险。

然后，乘员保护措施会在算得的碰撞时间前约0.1s通过可逆式安全带紧急收紧器和碰撞响应式颈部保护（NECK-PRO）头枕系统启用。发生碰撞后，会保持制动压力约2s，以使车辆保持原位。将车辆保持原位可降低乘员颈椎受到的伤害，并帮助避免与其他道路使用者发生后续碰撞，如图4-4-2所示。

系统局限性：对后车的警告在速度差低于72km/h时发出。

（2）组成

1个雷达传感器控制单元（SGR）。

1个多模式雷达传感器。

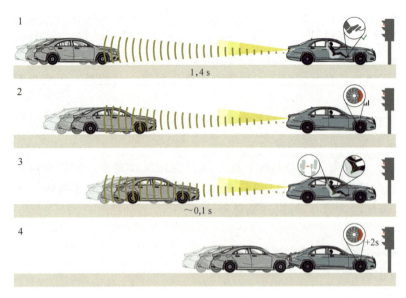

图 4-4-2 预防性安全系统增强版（PRE-SAFE PLUS）功能

发生碰撞前的时间　　多模式雷达传感器　　危险警告灯

6. 碰撞预防辅助系统

（1）工作原理

碰撞预防辅助系统在车辆与前车之间的距离过近时会发出视觉警告。如果车辆以较高的相对速度/加速度接近前车，则会启用动态车距警告。驾驶人制动时，系统会与自适应制动辅助系统一起进行避免碰撞的目标制动，以防止在典型驾驶条件下（城市道路、乡村公路和高速公路）发生追尾。如果系统干预超出临界极限，则也会触发预防性安全系统（PRE-SAFE）功能。碰撞预防辅助系统控制单元（A90）的位置如图 4-4-3 所示。

在有碰撞危险时，除发出视觉和声音警告外，也会以车辆最大制动力的 60%（最大）自动进行部分制动。

系统局限性：对于移动和即将停止的物体，该系统在 30~250km/h 的车速范围内工作，对于静止的物体，该系统则在 30~72km/h 的车速范围内工作。

（2）组成

1 个中距离雷达（MRR）。

1 个带集成式控制单元的远距离雷达。

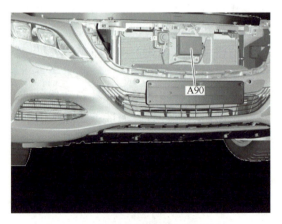

图 4-4-3 碰撞预防辅助系统

A90—碰撞预防辅助系统控制单元

第五章 车身电气系统

第一节 照明与信号系统

1. 照明与信号系统的功能

（1）车外灯

车外灯由以下车灯组成，如图 5-1-1 所示。

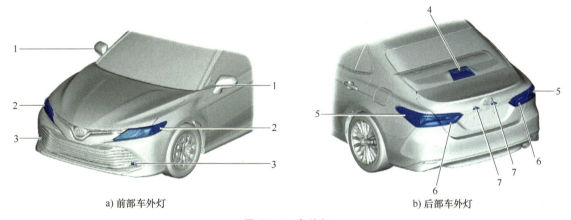

a) 前部车外灯　　　　　　　　　　b) 后部车外灯

图 5-1-1　车外灯

1—侧转向信号灯总成　2—前照灯总成　3—前雾灯　4—中央制动灯总成
5—后组合灯总成　6—尾灯总成　7—后牌照灯总成

（2）日间行车灯系统

日间行车灯系统使用了日间自动亮起发光二极管（LED）灯，以使其他车辆对本车位置产生清楚认知。

（3）车门后视镜迎宾灯系统

车门后视镜迎宾灯系统操作车门后视镜迎宾灯亮灭，以确保在夜间接近或离开车辆时的可视性。

（4）车灯自动熄灭系统

车灯自动熄灭系统用于避免出现驾驶人在前照灯、示廓灯、前位灯、尾灯、后位灯或后牌照灯仍亮起时就离开车辆的情况。

(5) 自动灯光控制系统

灯光控制开关置于 AUTO 位置时,自动灯光控制传感器检测环境光照水平,并相应自动亮起或熄灭前照灯、示廓灯、前位灯、尾灯、后位灯或后牌照灯。

本系统由主车身 ECU(多路网络车身控制 ECU)控制。

(6) 自动前照灯光束水平控制系统

前照灯亮起时,自动前照灯光束水平控制系统根据车辆的移动情况,自动操作前照灯水平控制电机。

(7) 紧急制动信号

在紧急制动的情况下,危急警告灯自动闪烁以提醒后方车辆驾驶人,从而有助于减少追尾事故。

(8) 自动远光系统

自动远光系统检测车辆前方灯光,并自动切换远近光以辅助驾驶人夜间行驶。

(9) 变道闪光系统

转向信号开关移至变道位置时,变道闪光系统闪烁转向信号灯数次。通过采用变道闪光系统,变道时无须再将转向信号开关固定在变道位置。

2. 照明与信号系统的工作原理

(1) 日间行车灯

1)系统控制,如图 5-1-2 所示。满足以下条件时日间行车灯亮起:

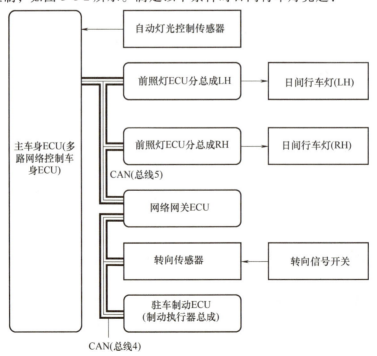

图 5-1-2　日间行车灯系统控制

> 将电源开关转到 ON。
> 灯光控制开关置于 AUTO 位置（且未通过自动灯光控制系统亮起尾灯）。
> 驻车制动操作信号为 OFF。

2) 主要组件的功能见表 5-1-1。

表 5-1-1　主要组件的功能

组　件	功　能
主车身 ECU（多路网络控制车身 ECU）	接收各种信号并传输日间行车灯控制信号
前照灯 ECU 分总成 LH/RH	接收日间行车灯控制信号并亮起日间行车灯
转向信号开关 ● 灯光控制开关	输出灯光控制开关信号
转向传感器	接收来自转向信号开关的灯光控制开关信号，并将其传输至主车身 ECU（多路网络控制车身 ECU）
制动执行器总成 ● 驻车制动 ECU	输出驻车制动操作信号至主车身 ECU（多路网络控制车身 ECU）

（2）车门后视镜迎宾灯控制

1) 系统控制。车门后视镜迎宾灯系统的工作见表 5-1-2 和图 5-1-3。

表 5-1-2　车门后视镜迎宾灯系统的工作

功　能	概　要
执行区域联动	满足以下所有条件时，车门后视镜迎宾灯自动亮起： ● 将电源开关转到 OFF ● 所有车门关闭 ● 在执行区域内可检测到钥匙 满足以下条件时，车门后视镜迎宾灯自动熄灭： ● 在执行区域内未检测到钥匙
车门开锁联动	满足以下所有条件时，车门后视镜迎宾灯自动亮起： ● 将电源开关转到 OFF ● 任一车门开锁 ● 所有车门关闭
车门锁止联动	满足以下任一条件时，车门后视镜迎宾灯自动熄灭： ● 所有车门锁止 ● 所有车门关闭 ● 门锁控制开关输出锁止信号
电源开关联动	满足以下条件时，车门后视镜迎宾灯自动熄灭： ● 发动机开关转到 ON 或 ACC
延迟	满足以下任一条件后经过约 15s 时，车门后视镜迎宾灯熄灭： ● 使用执行区域联动功能 ● 操作车门锁止联动功能 ● 任一前门打开然后关闭

2) 主要组件的功能见表 5-1-3。

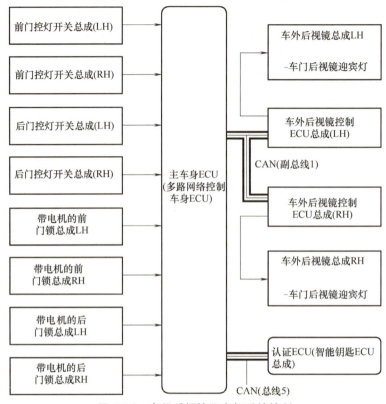

图 5-1-3 车门后视镜迎宾灯系统控制

表 5-1-3 主要组件的功能

组 件	功 能
车外后视镜控制 ECU 总成(LH/RH)	接收请求信号并亮起车门后视镜迎宾灯
认证 ECU(智能钥匙 ECU 总成)	• 接收点火信号并将其传输至主车身 ECU(多路网络控制车身 ECU 总成) • 判断和认证来自车门控制接收器的 ID 代码
主车身 ECU(多路网络控制车身 ECU 总成)	接收各种信号并将请求信号传输至车外后视镜控制 ECU 总成(LH/RH)
前门控灯开关总成(LH/RH)	检测车门是打开还是关闭并将信号传输至主车身 ECU(多路网络控制车身 ECU)
后门控灯开关总成(LH/RH)	
带电机的前门锁总成 LH/RH	检测车门是锁止还是开锁并将信号传输至主车身 ECU(多路网络控制车身 ECU)

（3）车灯自动熄灭控制

1）系统控制。车灯自动熄灭系统的工作见表 5-1-4 和图 5-1-4。

表 5-1-4 车灯自动熄灭系统的工作

功 能	概 要
驾驶人车门联动	满足以下所有条件时,车外灯自动熄灭: • 将电源开关转到 OFF • 灯光控制开关处于 TAIL 位置 • 驾驶人车门关闭然后打开

(续)

功　能	概　要
延迟功能	满足以下所有条件时，车外灯将会在30s后自动熄灭： • 将电源开关转到OFF • 近光前照灯亮起（灯光控制开关置于HEAD或AUTO位置） • 任一车门打开后，所有车门关闭
钥匙联动功能	延迟功能激活且满足以下条件时，车外灯立即熄灭： • 所有车门锁止后，按下钥匙的锁止按钮

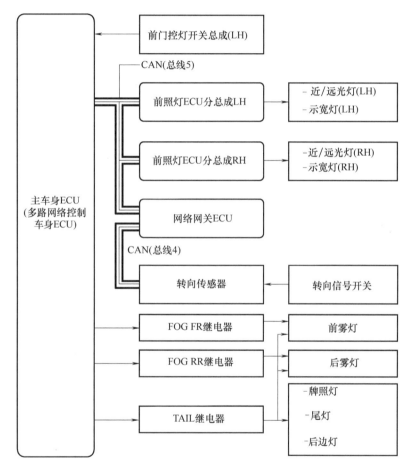

图 5-1-4　车灯自动熄灭系统

2）主要组件的功能见表5-1-5。

表 5-1-5　主要组件的功能

组　件	功　能
主车身ECU（多路网络控制车身ECU）	接收各种信号并传输车外灯控制信号
前照灯ECU分总成LH/RH	切断至前照灯和示廓灯的电源
发动机舱1号继电器盒和1号接线盒总成 • FOG FR继电器	切断至前雾灯的电源

(续)

组　件	功　能
仪表板接线盒总成 ● TAIL 继电器 ● FOG RR 继电器	切断至尾灯、后位灯、后雾灯和后牌照灯的电源
转向信号开关 ● 灯光控制开关	输出灯光控制开关信号
前门控灯开关总成(LH)	检测驾驶人车门是打开还是关闭并将信号传输至主车身 ECU(多路网络控制车身 ECU)
转向传感器	接收来自转向信号开关的灯光控制开关信号并将其传输至主车身 ECU(多路网络控制车身 ECU)

(4) 自动灯光控制

1) 系统控制。自动灯光控制系统工作见表 5-1-6 和图 5-1-5。

表 5-1-6　自动灯光控制系统的工作

功　能	概　要
前照灯和尾灯亮起	满足以下所有条件时,前照灯、示廓灯、尾灯、后位灯和后牌照灯自动亮起: ● 环境光照变暗或瞬间变亮 ● 将电源开关转到 ON ● 灯光控制开关处于 AUTO 位置
前照灯和尾灯熄灭	环境光照明亮时,车外灯自动熄灭

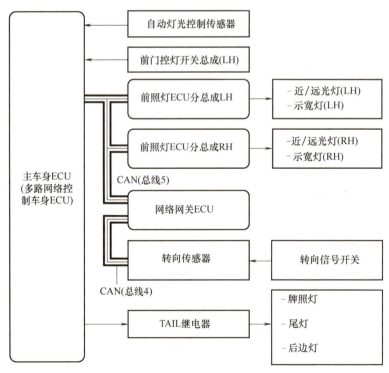

图 5-1-5　自动灯光控制系统

2) 主要组件的功能见表 5-1-7。

表 5-1-7　主要组件的功能

组　件	功　能
主车身 ECU（多路网络控制车身 ECU）	接收各种信号并传输车外灯控制信号
前门控灯开关总成（LH）	检测驾驶人车门是打开还是关闭并将信号传输至主车身 ECU（多路网络控制车身 ECU）
自动灯光控制传感器	检测环境照明水平
前照灯 ECU 分总成 LH/RH	接收灯光控制信号并亮起前照灯和示廓灯
仪表板接线盒总成 • TAIL 继电器	向尾灯、后位灯和后牌照灯供电
转向信号开关 • 灯光控制开关	输出灯光控制开关信号
转向传感器	接收来自转向信号开关的灯光控制开关信号并将其传输至主车身 ECU（多路网络控制车身 ECU）

（5）紧急制动信号

1）系统控制。紧急制动信号的激活和禁用条件，见表 5-1-8，系统控制见图 5-1-6。

表 5-1-8　紧急制动信号的激活和禁用条件

状　态	详　细　信　息
紧急制动信号工作条件	满足以下所有条件时，紧急制动信号开始工作： • 车速高于 55km/h • 驾驶人踩下制动踏板 • 通过车辆减速度检测到紧急制动
紧急制动信号结束条件	满足以下任一条件时，紧急制动信号停止工作： • 驾驶人松开制动踏板 • 不再从车辆减速度检测到紧急制动 • 驾驶人操作危急警告开关

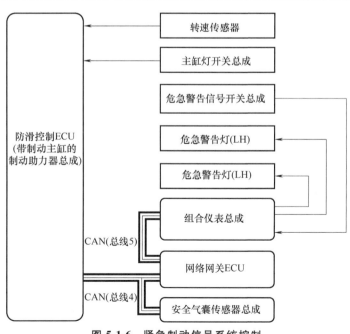

图 5-1-6　紧急制动信号系统控制

2）主要组件的功能见表 5-1-9。

表 5-1-9　主要组件的功能

组　　件	功　　能
带制动主缸的制动助力器总成 • 防滑控制 ECU	接收多个信号并输出紧急制动信号至组合仪表总成
转速传感器	检测 4 个车轮的车轮转速
安全气囊 ECU 总成	输出加速信息
制动灯开关总成	检测踩下制动踏板的时间
组合仪表总成	接收紧急制动信号并亮起危急警告灯
危急警告开关	传输危急警告开关打开信号至组合仪表总成

（6）自动远光

1）自动远光系统控制见表 5-1-10 和图 5-1-7。

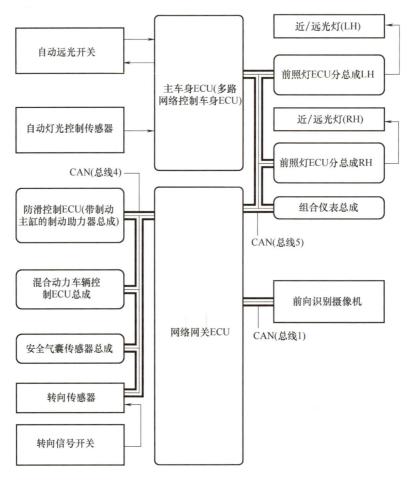

图 5-1-7　自动远光系统控制

表 5-1-10　自动远光系统控制

功　　能	工　作　条　件
激活	满足以下所有条件时，激活自动远光系统且自动远光指示灯亮起： • 将电源开关转到 ON • 灯光控制开关置于 AUTO 或 HEAD 位置且近光前照灯亮起 • 前照灯变光器开关置于远光位置 • 自动远光开关打开 • 变速杆置于 R 位以外的任何位置
远光打开	满足以下所有条件时，短暂延迟后自动远光系统打开远光： • 车速约高于 30km/h • 车辆前方区域光线暗淡 • 迎面车辆前照灯未亮起 • 前方车辆尾灯未亮起 • 前方街道沿路路灯稀少
远光熄灭	满足以下任一条件时，短暂延迟后自动远光系统关闭远光： • 车速约低于 25km/h • 车辆前方区域光线不暗淡 • 检测到前照灯亮起的迎面车辆 • 检测到尾灯亮起的前方车辆 • 前方街道沿路有多盏路灯

2）主要组件的功能见表 5-1-11。

表 5-1-11　主要组件的功能

组　　件	功　　能
前向识别摄像机	识别迎面车辆、前方车辆的灯光和来自摄像机传感器图片信息的其他灯光后，确定何时打开和关闭远光。然后，传感器发送远光请求信号至主车身 ECU（多路网络控制车身 ECU）
主车身 ECU（多路网络控制车身 ECU）	• 接收来自自动远光开关的开关打开信号 • 接收来自转向传感器的 AUTO 或 HEAD 位置信号和远光位置信号 • 接收来自前向识别摄像机的远光请求信号并将信号传输至前照灯 ECU 分总成 LH
前照灯 ECU 分总成 LH/RH	接收来自主车身（多路网络控制车身 ECU）的前照灯控制信号并在远光和近光之间切换
混合动力车辆控制 ECU 总成	输出信号以指示变速杆置于 R 位。根据该信号，前向识别摄像机确定车辆移动方向
带制动主缸的制动助力器总成 • 防滑控制 ECU	输出关于驱动轮平均速度的信息。前向识别摄像机使用该信息控制自动远光系统远光和近光的切换
组合仪表总成	• 激活自动远光系统时自动远光指示灯亮起以通知驾驶人 • 远光打开时远光指示灯亮起以通知驾驶人 • 检测到自动远光系统内故障时显示警告信息
安全气囊传感器总成	输出横摆率信息
自动灯光控制传感器	检测环境光照水平并将信号传输至主车身 ECU（多路网络车身 ECU）
自动远光开关	输出开关打开信号至主车身 ECU（多路网络车身 ECU）
转向信号开关 • 灯光控制开关 • 前照灯变光器开关	输出灯光控制开关和前照灯变光器开关信号
转向传感器	接收来自转向信号开关的灯光控制开关信号和前照灯变光器开关信号并将其传输至主车身 ECU（多路网络车身 ECU）

第二节 空调制冷与加热系统

1. 空调制冷系统与加热系统的组成

(1) 空调制冷系统的组成 如图 5-2-1 所示。

图 5-2-1 空调制冷系统的组成

1) 电动空调压缩机 V470 如图 5-2-2 所示。电动空调压缩机以低压吸入低温气态制冷剂。制冷剂在压缩机中被压缩,压力提高,同时制冷剂的温度也上升。压缩后的高温高压气

图 5-2-2 电动空调压缩机 V470

态制冷剂从空调压缩机流入阀体，然后根据运行状态流动，制冷运行模式时：流向冷凝器；热泵运行模式时：流向用于热泵运行的热交换器。

2) 制冷剂断流阀 N640、N641、N642 和 N643 布置在一个紧凑的阀体内，通过 LIN 总线受控制器 J1024 促动，如图 5-2-3 所示。

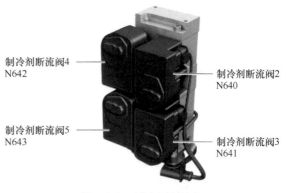

图 5-2-3 制冷剂断流阀

断流阀开关的位置决定了系统的运行。此外，系统还包含以下阀门：

➤ 电子膨胀阀 N636（热管理系统控制器 J1024 通过 LIN 总线促动）。

➤ 用于截流蒸发器的制冷剂断流阀 V424。

3) 止回阀。止回阀可以保证制冷剂在不同运行模式下沿正确方向流动，如图 5-2-4 所示。

4) 混合动力蓄电池热交换器（冷却器）。混合动力蓄电池热交换器是一台板式热交换器，制冷剂在其中被蒸发。该部件用于冷却动力蓄电池回路，并在热泵运行时吸收来自低温回路的热量，如图 5-2-5 所示。

图 5-2-4 止回阀

图 5-2-5 混合动力蓄电池热交换器（冷却器）

5) 制冷剂压力和温度传感器。制冷剂压力传感器和制冷剂温度传感器 G395、G826 和 G827 用于控制冷却系统或热泵系统。这组传感器用于分析制冷剂回路中的压力和温度，如图 5-2-6 所示。

6) 热管理系统控制器 J1024 如图 5-2-7 所示。控制器 J1024 可以协调由热泵新加入的部件的请求，协调子系统的请求，并尝试将系统调节到最节能的工作点。它安装在右侧翼子板下方。控制器通过混合动力 CAN 数据总线与数据总线诊断接口 J533 相连。

为了划定功能故障可能原因的所在位置，在控制器 J1024 的基本设置中设置了各种不同例行程序，包括以下故障诊断功能：

➤ 空调器制冷

图 5-2-6 制冷剂压力和温度传感器

➢ 热泵
➢ 冷却高电压系统部件
➢ 引导型故障查询

热管理系统控制器 J1024 与以下所列控制器进行通信。

➢ 蓄电池调节控制器 J840
➢ 电驱动系统控制器 J841
➢ 前部空调器操作与显示单元 E87
➢ 发动机控制器 J623

根据请求，控制器 J1024 从 200 多个可能的开关状态中选出最佳的状态。此外，热管理系统控制器 J1024 读取来自温度和压力传感器的信号，以控制促动泵和阀。

图 5-2-7 热管理系统控制器 J1024

7）冷凝器、储液干燥器。从空调压缩机出来的高温高压制冷剂蒸气流入冷凝器，冷凝器由能进行快速热传递的铝管和冷却翅片制成，冷却翅片通过散热，把高温高压的制冷剂蒸气凝结成中温高压的液体。储液干燥器位于冷凝器的右侧，与冷凝器焊接成一体。储液干燥器内部结构设计可以保证中温高压的气液混合制冷剂进入，而从储液干燥器出来的是中温高压的液态制冷剂。储液干燥器内部有吸附制冷系统水分的干燥剂，干燥剂不能重复使用。

8）室外温度传感器。室外温度传感器影响车内空气温度的自动控制：这些传感器都是对温度敏感的热敏元件，传感器的电阻和温度呈反比对应关系。空调控制模块根据传感器信息设置内外循环电机、冷暖温度风向电机、鼓风机调速模块等来控制空调温度。室外温度传感器位于车辆前保险杠下面的前格栅区域，空调控制模块使用这个传感器来获知周围空气温度信息，使用该空调控制模块的信息可以在仪表上显示外部温度。

9）环境光及阳光传感器。环境光及阳光传感器位于仪表板上部装饰衬垫的左边。环境光及阳光传感器属于光照能量传感器，该传感器可测量阳光照射到车辆上所产生的热量，为空调控制模块提供更多的补偿参数。空调控制模块根据车外光照强度的状态和车内空调工况需求，实时自动调整空调风量和冷/热风混合比例，让所有乘员均能获得最舒适的感觉。

10）蒸发器。蒸发器位于空调主机的左侧。空调主机安装在车上时，需要对主机进行拆卸，才能拆卸和安装蒸发器与膨胀阀。拆卸时，蒸发器的制冷剂管路必须完全泄放。维修时，配备独立制冷剂管路的蒸发器必须已经是安装好的。膨胀阀与蒸发器相连，安装于蒸发器的一端，位于蒸发器进口，膨胀阀的一侧连接着空调压缩机的进、排气管，一侧连接着蒸发器的进、排气管，在液体管路内对高压液体制冷剂形成限制，使制冷剂流向蒸发器时成为低压液体。

11）膨胀阀。膨胀阀根据空调压力下限、空调压力上限从大到小改变位置。蒸发器在空气进入乘员舱之前对其进行冷却和除湿。蒸发器内制冷剂蒸发，从而吸收通过蒸发器的气流中的热量。空气中的热量传给蒸发器芯的时候，空气中的水分会凝结在蒸发器芯的外表面上形成水流出。

蒸发器上配备有温度传感器以防止其结冰。该传感器对蒸发器上散热片的表面温度进行测量，若其温度大约低于 0℃，则压缩机就不会继续工作。若该温度升高至 4℃ 以上，压缩机便重新开始工作。

12) 空调高压管、空调低压管、空调压力开关。车辆采用空调高压管与低压管（空调硬管和/或软管）将空调制冷系统连接成一个密闭的系统，制冷剂与冷冻油在这个密闭系统里流动，完成制冷剂的工作循环过程。空调硬管由铝管和相应接头组成，空调软管由橡胶软管和相应的接头组成。

空调压力开关属于三态压力开关，根据空调制冷循环制冷剂压力值，打开或关断压力开关，传送空调系统压力信号，实现空调系统的压力保护。

制冷管路电磁阀属于开关阀，根据需要在只有动力蓄电池需要冷却时，关闭进入乘员舱的制冷剂回路。

(2) 车内空间加热系统的组成如图 5-2-8 所示。

图 5-2-8　车内空间加热系统的组成

1) 热交换器。带有制冷剂收集器的用于热泵运行的热交换器，如图 5-2-9 所示。

混合动力车辆上动力蓄电池的热交换器是一台板式热交换器，制冷剂在其中被蒸发。该部件用于冷却动力蓄电池回路，并在热泵运行时吸收来自低温回路的热量。用于热泵运行的热交换器，将来自制冷剂回路和冷却回路的热量传递给加热回路，高温气态制冷剂在板式热交换器中冷凝，同时将热量散发至加热回路。

2) 高电压加热装置（PTC）Z115

图 5-2-9　热交换器

会加热车内空间的暖风热交换器中的冷却液。这是在以纯电动状态行驶和温度预调节时进行的。高电压加热装置安装在排水槽中。

只有当热泵的加热功率不足以加热车内空间时，高电压加热装置（PTC）Z115才会投入工作，如图5-2-10所示。

2. 空调制冷系统的工作原理

压缩机电机受高电压驱动，带动压缩机工作，压缩机吸入从蒸发器出来的低温低压的气态制冷剂，经压缩，制冷剂的温度和压力升高，并被送入冷凝器。在冷凝器内，高温高压的气态制冷剂把热量传递给经过冷凝器的车外空气而液化，变

图 5-2-10　高电压加热装置（PTC）Z115

成液态制冷剂。液态制冷剂流经膨胀阀时，温度和压力降低，并进入蒸发器。在蒸发器内，低温低压的液态制冷剂吸收经过蒸发器的车内空气的热量而蒸发，变成气态制冷剂。气态制冷剂又被压缩机吸入进行下一轮循环。这样，通过制冷剂在系统内的循环，不断吸收车内空气的热量并排到车外空气中，使车内空气的温度逐渐下降，如图5-2-11所示。

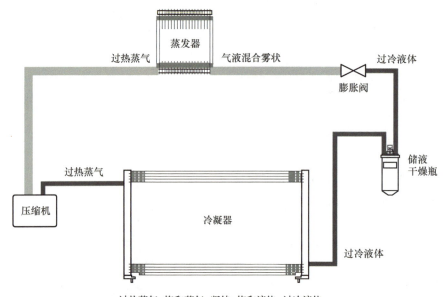

图 5-2-11　空调制冷系统的工作原理

3. 空调加热系统的工作原理

制热系统包括鼓风机和电加热器（PTC）、加热器水泵、加热器芯体等组成。

当自动空调系统处于加热模式时，加热器在高压电的作用下对冷却液进行加热，高温冷

却液被加热器水泵抽入加热器芯。同时，冷暖温度控制电机旋转至采暖位置，气流在鼓风机的作用下流过加热器芯，产生热量传递。外部空气在进入乘员舱前，与加热后的空气混合，吹出舒适的暖风，如图 5-2-12 所示。

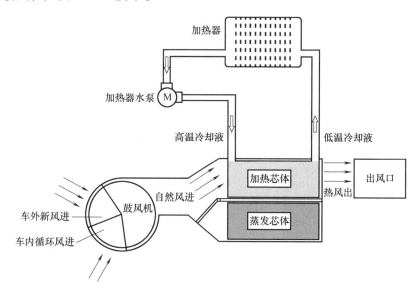

图 5-2-12　空调加热系统的工作原理

4. 通风控制系统的工作原理

通风控制系统上的各种位置，可使模式阀门通过风道混合气流，或引入冷风、热风和外部空气通过空调系统，气流由风道系统和出风口将空气输送到乘员舱。

在"AUTO（自动）"模式中会自动选择相应的模式状态，使用"MODE（模式）"按钮可更改车辆的送风模式。如果当前显示一个送风模式，则按"MODE（模式）"按钮可选择下一送风模式，如图 5-2-13 所示。

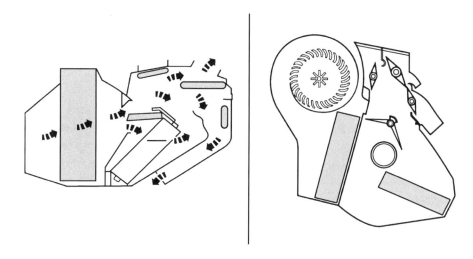

图 5-2-13　通风控制系统的工作原理

第三节 电动车窗

1. 电动车窗的组成

电动车窗控制系统使用电动车窗升降器电机总成来控制电动车窗的操作，如图 5-3-1 所示。

该系统的主要控制装置是多路网络主开关总成和电动车窗升降器开关总成。操作车窗开关后，相应的电动车窗升降器电机总成随即通电。

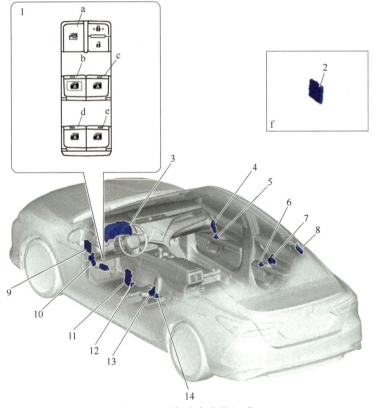

图 5-3-1　电动车窗的组成

1—多路网络主开关总成　2—认证 ECU（智能钥匙 ECU 总成）　3—组合仪表总成　4—电动车窗升降器电机总成（前排乘客侧）　5—电动车窗升降器开关总成（前排乘客侧）　6—后电动车窗升降器开关总成（RH）　7—电动车窗升降器电机总成（右后）　8—电子钥匙和 TPMS 接收器总成　9—主车身 ECU（多路网络控制车身 ECU）　10—电动车窗升降器电机总成（驾驶人侧）　11—带电机的前门锁总成 LH　12—前门控灯开关总成（LH）　13—电动车窗升降器电机总成（左后）　14—后电动车窗升降器开关总成（LH）　a—车窗锁止开关　b—电动车窗开关（驾驶人）　c—前遥控开关（乘客侧）　d—后遥控开关 LH　e—后遥控开关 RH　f—有关部件的安装位置，可参阅生产商服务公告

2. 电动车窗的工作原理

（1）电动车窗控制系统

电动车窗控制系统功能见表5-3-1。控制系统示意图如图5-3-2所示。

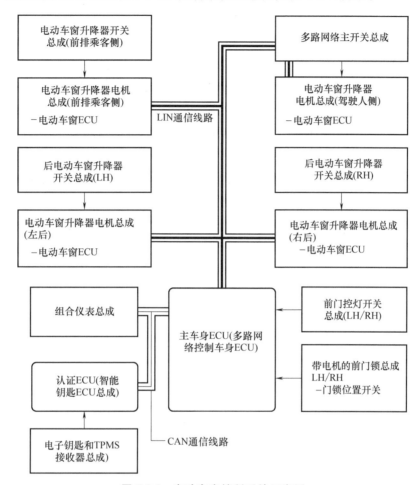

图5-3-2　电动车窗控制系统示意图

表5-3-1　电动车窗控制系统功能

功　能	概　要
电动上升和下降	部分拉起或部分推下多路网络主开关总成、电动车窗升降器开关总成或后电动车窗升降器开关总成时,该功能可使车窗打开或关闭。松开开关,车窗立即停止移动
单触式自动上升和下降	只要一触摸多路网络主开关总成、电动车窗升降器开关总成或后电动车窗升降器开关总成,单触式自动上升和下降功能即可使车窗全开或全关
防夹	单触式自动上升操作或电动上升操作过程中,如果有异物夹在车窗内,防夹功能将使电动车窗自动停止并使其向下移动
防卡	单触式自动下降操作或电动下降操作过程中,如果有异物夹在车窗中,则防卡功能自动停止电动车窗
遥控	多路网络主开关总成可控制车窗的上升和下降操作
车窗锁止	• 车窗锁止开关打开时,使用各电动车窗升降器开关总成禁用3个乘客车窗的操作 • 即使车窗锁止开关打开,使用多路网络主开关总成可操作3个乘客车窗

(续)

功 能	概 要
Key-Off 操作	• 将点火开关转到 OFF 后,如果任一前门未打开,则可使电动车窗运行约 45s • 如果车窗锁止开关关闭,则可使用电动车窗升降器开关总成或任一后电动车窗升降器开关总成操作车窗。如果车窗锁止开关打开,则仅可使用多路网络主开关总成操作车窗
钥匙联动上升和下降	电子钥匙发射器分总成不在车内检测区域、驾驶人车门锁止,且转动驾驶人车门上的机械钥匙并保持在锁止方向 1.5s 或更长时间时,主车身 ECU(多路网络控制车身 ECU)激活电动车窗电机,以在转动机械钥匙时使所有门窗上升。同样,驾驶人车门开锁时,将驾驶人车门锁芯旋至开锁方向并保持 1.5s 或更长时间,可使所有门窗降低
发射器联动下降	认证 ECU(智能钥匙 ECU 总成)接收到来自发射器的开锁信号超过 3s 时,主车身 ECU(多路网络控制车身 ECU)根据信号控制电动车窗电机以打开车窗。同样,认证 ECU(智能钥匙 ECU 总成)接收到来自发射器的锁止信号超过 3s 时,主车身 ECU(多路网络控制车身 ECU)根据信号控制电动车窗电机以关闭车窗
电动车窗玻璃开启警告	电动车窗玻璃开启的情况下,将点火开关从 ON 转到 OFF 且驾驶人车门打开,则组合仪表总成中的多功能蜂鸣器会鸣响一次。然后,多信息显示屏上出现警告信息且主警告灯闪烁

(2) 防夹功能

单触式自动上升操作和电动上升操作过程中,如果有异物夹在门窗玻璃内,防夹功能将使电动窗自动停止并使其向下移动。

防夹功能的工作情况见表 5-3-2。

表 5-3-2 防夹功能工作情况

操 作	功 能
自动上升操作期间(除遥控操作外)	下降 135mm 或持续下降 2.5s
手动上升操作期间	下降 25mm 或持续下降 2.5s

(3) 防卡功能

单触式自动下降操作和电动下降操作过程中,如果有异物卡在门窗中,则防卡功能自动停止电动车窗。

(4) 电动车窗升降器电机总成

本系统采用电动车窗升降器电机总成内的磁铁和霍尔集成电路,以启用电动车窗防夹功能,如图 5-3-3 所示。

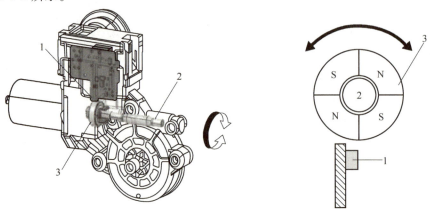

图 5-3-3 电动车窗升降器电机总成

1—霍尔集成电路 2—蜗杆 3—磁铁

霍尔集成电路将磁铁旋转过程中发生的磁通量变化转换为脉冲信号,并将信号输出至内置于电动车窗升降器电机总成的电动车窗 ECU,如图 5-3-4 所示。

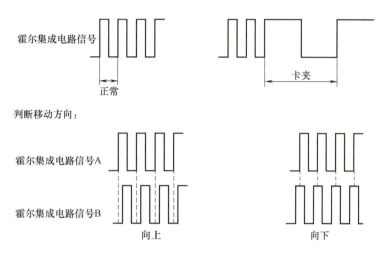

图 5-3-4 判断移动量和卡夹的情况

为了控制防夹功能,ECU 根据来自霍尔集成电路的脉冲信号 A 来判断门窗玻璃的移动量和卡夹情况;并根据霍尔集成电路信号 A 和 B 脉冲之间的相位差,来判断车窗玻璃移动的方向。

第四节 电动后视镜

1. 电动后视镜的组成

电动后视镜的背后装有两套。驱动电机和驱动器,可操纵后视镜上下及左右转动。通常上下方向的转动用一个驱动电机控制,左右方向的转动用另一个驱动电机控制,如图 5-4-1 所示。

2. 电动后视镜的工作原理

(1) 后视镜加热器系统

后视镜加热器系统在各后视镜内使用加热器滤芯,以去除后视镜内的霜和露水。后视镜加热器由空调放大器总成控制。

后视镜加热器与后窗除雾器系统同时工作。电源开关转到 ON 并按下后除雾器开关时,激活后视镜加热器系统。空调放大器总成会使后视镜加热器持续运行约 15min,如图 5-4-2 所示。

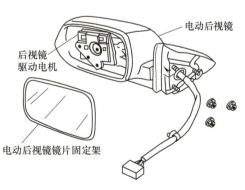

图 5-4-1 电动后视镜的组成

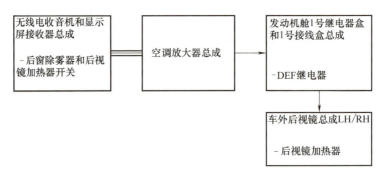

图 5-4-2 后视镜加热器控制系统
═══ CAN 通信线路

（2）后视镜控制系统

电动后视镜的背后装有两套驱动电机和驱动器，可操纵后视镜上下及左右转动。通过改变电机的电流方向，即可完成后视镜的上下及左右调整。每个电动后视镜都有一个独立控制开关，开关杆可多方向移动，可仅使一个电机工作或两个电机同时工作，如图 5-4-3 所示。

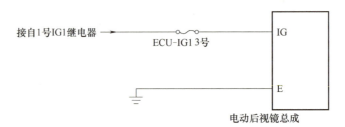

图 5-4-3 电动后视镜电路

第五节 天　　窗

1. 天窗的组成

天窗系统由天窗控制模块、天窗开关、带压力传感器和限位传感器的天窗电机、天窗、天窗遮阳板组成，如图 5-5-1 所示。

2. 天窗的工作原理

（1）手动操作

电动天窗由位于前顶灯区域的天窗开关操作。当把天窗开关按至某一位置时，将发送信息至天窗控制模块，指示模块将控制电机执行相应运转，以将天窗玻璃滑至请求的位置。维持按键时间在 40~500ms 之间，玻璃将一直移动，直到按键释放，如图 5-5-2 所示。

（2）快速操作

快速操作模式允许天窗自动开启或关闭，而不需要一直保持开关按下，此功能在开关信号超过 500ms 时激活，并且此模式在滑动和翻转操作中都可以用。

a) 天窗的位置

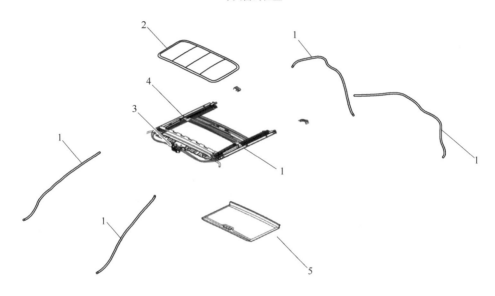

b) 天窗的组成

图 5-5-1　天窗系统

1—天窗导水管　2—天窗玻璃　3—电机　4—骨架　5—遮阳板

（3）软停止

当玻璃滑动打开时，将停在位于完全打开位置之前的一个预设位置，此预设位置是用来减少风噪的。当玻璃停在此位置时，使用者可以继续通过天窗开关操纵天窗至完全打开位置。

（4）防夹功能

当关闭天窗时受到阻碍，天窗将返回距离正常关闭位置 200mm 处，此功能在快速滑动关闭和翻转功能时才有效。

（5）睡眠模式

当天窗电机停止转动30s后,并且没有打开或关闭操作时,天窗将进入休眠模式以减少电能的消耗。当按下打开或关闭天窗开关时,天窗将自动被唤醒。

(6) 初始化

当天窗的初始位置失效时,可以通过初始化设置来执行。在完全翻转位置时,按住翻转开关超过5s,天窗将执行初始化操作。

(7) 工作原理

翻转开关和滑动开关都为接地信号,当开关按下时,信号电路将为低电压。

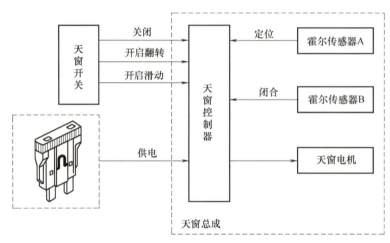

图 5-5-2　天窗控制原理示意图

第六节　刮水器/洗涤器系统

1. 刮水器/洗涤器系统的组成

刮水器/洗涤器系统由以下部分组成:
1) 车身控制模块(BCM)。
2) 刮水器/洗涤器开关。
3) 洗涤液储液罐。
4) 前刮水器电机及连杆装置。
5) 洗涤液泵。
6) 前刮水臂。
7) 洗涤器喷嘴。

刮水器/洗涤器能够实现高速、低速、间隙、点动四种控制模式,刮水器开关设在转向柱右侧的操纵杆上。

(1) 前刮水器/洗涤器系统

前刮水器/洗涤器系统由刮水器/洗涤器开关、刮水器电机、连杆、刮水臂及刮水片组成。前刮水器电路中有一个自停装置,该装置由一个蜗杆齿轮和一个凸轮盘组成,目的是在刮水器/洗涤器开关断开后还能短暂保持电路完整，直到刮水器臂完全回到初始位置时才断开电路。刮水器系统由永磁电机驱动，刮水器电机安装在前围板上，与前刮水器连杆直接相连。刮水器/洗涤器开关是刮水器/洗涤器系统的组成部分，如图 5-6-1 所示。

a) 刮水器/洗涤器系统的位置

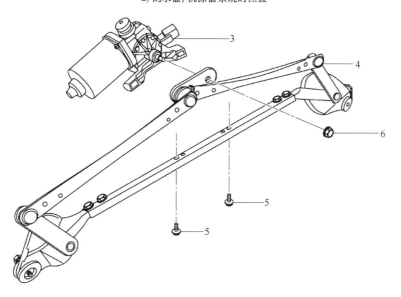

b) 刮水器的组成

图 5-6-1　刮水器/洗涤器系统

1—洗涤器系统　2—刮水器　3—刮水器电动机　4—刮水器连杆　5—螺栓　6—螺母

（2）前风窗玻璃洗涤器系统

前风窗玻璃洗涤器系统由玻璃洗涤液，储液罐、洗涤液泵、软管、喷嘴和刮水器/洗涤器开关组成，前风窗玻璃洗涤液储液罐安装在右前照灯总成下，右前翼子板衬板前部。洗涤液泵固定在洗涤液储液罐上，洗涤液泵使洗涤液通过软管输送至两个喷嘴。洗涤器开关也是刮水器/洗涤器开关的组成部分。

2. 刮水器/洗涤器系统的工作原理

前刮水器是由刮水器开关提供信号给车身控制模块（BCM），BCM 接收到刮水器开关接地信号后，驱动前刮水器电机转动；当刮水器开关处于低档时，电流从电机低速电刷流入电枢绕组，产生大的反电动势，结果是电机以低速旋转；当刮水器开关处于高档时，电流从电机的高速电刷流入电枢绕组，产生小的反电动势，结果是电机以高速旋转；当起动刮水器/洗涤器开关，此时洗涤液泵处于工作状态；连续操作洗涤器开关 1s 后，刮水器电机也开始起动低档转动。当关闭刮水器开关后，刮水器电机在电枢的惯性作用下，电机不会立即停止并且继续转一会，同时电枢产生反电动势，对刮水器电机产生电力制动，电机立即停在固定位置，如图 5-6-2 所示。

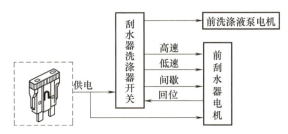

图 5-6-2 刮水器/洗涤器系统的工作原理框图

第七节 电动座椅

1. 电动座椅的组成

电动座椅由电动座椅、座垫、电动座椅靠背、电动座椅调节开关、电动座椅前后调节电机、电动座椅高度调节电机、电动座椅靠背调节电机组成，如图 5-7-1 所示。

通过电动座椅调节开关可以对座椅前后、座垫上下和靠背的前后倾斜进行电动调整。

2. 电动座椅的工作原理

（1）电动座椅调节器开关

座椅调节器开关为所选座椅电机提供电源和接地电路，对驱动电机进行调节，如图 5-7-2 所示。

（2）座椅调节电机

所有的座椅电机独立工作。每个电机都包括一个电子断路器（PTC）。该断路器在电路过载情况下断开，而且仅在电路电压切断后才会复位。共有三个座椅调节电机。它们是前后调节电机、高度调节电机和靠背调节电机。前后调节电机使整个座椅向前和向后移动。高度调节电机可以使整个座垫向上或者向下移动。靠背调节电机使座椅靠背前倾或者后倾。

（3）前后位置调节

当操作座椅调节开关使整个座椅向前移动时，蓄电池正极电压通过开关触点和前后调节

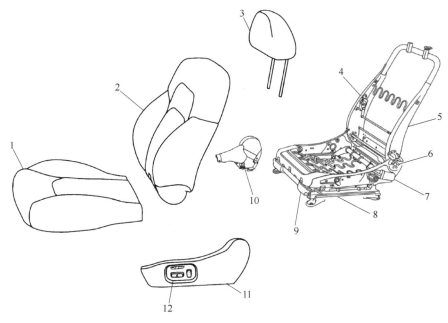

图 5-7-1　电动座椅的组成

1—座垫　2—靠背　3—头枕　4—腰部支撑旋钮　5—支架　6—靠背调节电机　7—高度调节电机　8—下滑轨总成
9—前后调节电机　10—右侧饰板　11—左侧饰板　12—调节开关

电机向前控制电路施加至电机。电机通过前后调节电机向后开关触点和前后调节电机向后控制电路接地，电机运行以驱动整个座椅向前移动，直到开关松开。向后移动整个座椅和向前移动整个座椅的操作过程类似，不同的是，蓄电池正极电压和接地通过相反的电路施加在电机上，从而使电机反向运转。

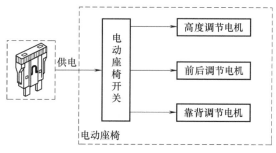

图 5-7-2　电动座椅工作原理框图

（4）高度调节

当操作座椅开关使整个座垫向上移动时，蓄电池正极电压通过高度调节电机向上开关触点以及高度调节电机向上控制电路，施加在高度调节电机上。高度调节电机驱动整个座椅向上移动，直到开关松开。向下移动整个座椅和向上移动整个座椅的操作过程类似，不同的是蓄电池正极电压和接地通过相反的电路施加在电机上，从而使电机反向运转。

（5）靠背调节

当操作座椅靠背调节开关使座椅靠背向前倾斜时，蓄电池正极电压通过开关触点和靠背调节电机向前控制电路施加到电机上。电机通过向后开关触点和靠背调节电机向后控制电路接地，电机运行，使座椅靠背向前移动，直到开关松开。向后移动座椅靠背和向前移动座椅靠背的操作过程类似，不同的是蓄电池正极电压和接地通过相反的电路施加在电机上，从而使电机反向运转。

第八节 中控门锁

1. 中控门锁的组成

中控门锁系统一般包括钥匙操纵开关、门锁控制开关、门锁总成、行李舱开启器及门锁控制器等，如图 5-8-1 所示。

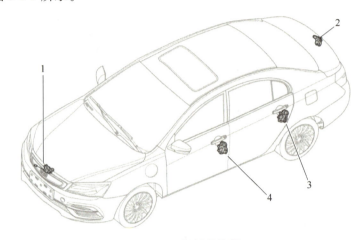

图 5-8-1 门锁的位置

1—机舱盖锁 2—行李舱锁 3—后门锁 4—前门锁

2. 中控门锁的工作原理

（1）门锁

门锁主要由电机、微动开关、壳体、拉杆等组成。

乘客侧门锁内有一个电机，一个微动开关。电机工作电压为 9~16V，工作电流≤2A，堵转电流为 3A。微动开关反映车门是否开启，如图 5-8-2 所示。

驾驶人侧门锁在乘客侧门锁基础上增加两个微动开关，一个反映左前门锁状态信号，一个反映机械锁芯状态信号（如图 5-8-2 中虚线框内所示）。

中控门锁系统设有两个门锁开关，一个设置在左前锁内，另一个位于左前门中控开关内。两个门锁开关的上锁信号共同输入到 BCM 同一个输入端子，但解锁信号却是分别输入的。驾驶人车门钥匙锁芯只能单独解锁车门，但可以锁止所有车门。

（2）上锁操作

当 BCM 接收到开关上锁输入信号或者满足自动落锁条件时，从 BCM 的上锁输出

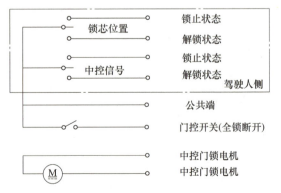

图 5-8-2 中控门锁原理图

端输出电源,控制五个车门的门锁电机执行上锁操作,如图 5-8-3 所示。

(3) 解锁操作

当 BCM 接收到开关解锁输入信号或者满足自动解锁条件时,从 BCM 的解锁输出端输出电源,控制四个车门外加行李舱门的门锁电机执行解锁操作。行李舱门可通过操作行李舱门开关并通过无钥匙进入模块与 BCM 信号控制,以进行单独开启。

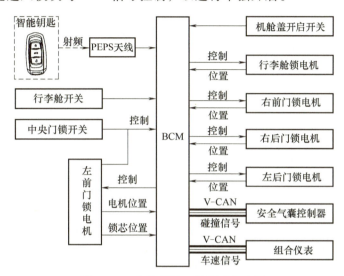

图 5-8-3 中控门锁工作原理示意图

第九节 防盗报警系统

1. 防盗报警系统的组成

遥控防盗系统是一个辅助的车辆警报装置,警报系统在出现强行侵入时触发。该系统与中控门锁系统配合使用。无线电频率干扰或电池电量用完都可能使该系统失效。

遥控防盗系统包含如下主要部件,如图 5-9-1 所示。

1) 车身控制模块(BCM)。
2) 转向柱电子锁(ESCL)。
3) 智能钥匙。
4) 无钥匙进入+无钥匙闭锁传感器。
5) 车内钥匙搜索天线。
6) 起动开关。

2. 防盗报警系统的工作原理

当按下发射器上的按钮时,发射器向 BCM 发出信号。然后,BCM 执行相应功能。驾驶人在无钥匙进入+无钥匙闭锁传感器(左前、右前门把手)1.5m 范围内执行车门(前门或行李舱门)开启动作,车身控制模块(BCM)检测遥控钥匙(FOB)有效性,并发送信号

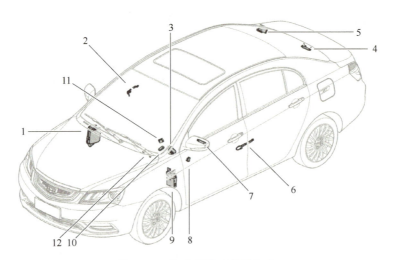

图 5-9-1 防盗报警系统的组成

1—PEPS 2—乘客侧门把手传感器 3—转向柱电子锁 4—无钥匙进入天线（行李舱） 5—防盗喇叭 6—驾驶人侧门把手传感器 7—无钥匙进入天线（副仪表板） 8—防盗指示灯 9—车身控制模块（BCM） 10—智能钥匙 11—起动开关 12—无钥匙进入天线（仪表板）

使 BCM 执行相应功能，如图 5-9-2 所示。

遥控防盗系统的设计是为了在有人强行打开车门时发出警报。在警报系统下，防盗喇叭将发出间歇警报声，同时转向信号灯也一起闪烁。30s 后喇叭停止工作，但左右闪光灯将继续闪烁 5min。

当所有车门都关闭后，防盗喇叭器将继续鸣响 30s。30s 过后，喇叭和车灯停止报警，并且车门锁定，系统返回启用状态。遥控防盗系统不会影响车辆的起动或正常运行。

(1) 前机舱罩微动开关

在机舱罩下设置有一接触开关，当机舱罩关闭时此开关断开；一旦机舱罩被打开，此开关闭合，并向 BCM 传送接地信号，BCM 根据此信号通过 CAN 总线向仪表发送点亮"前机舱罩未关闭警告灯"的信息。

(2) 行李舱接触开关

在行李舱处设置有一接触开关，当行李舱关闭时此开关断开；一旦行李舱被打开，此开关闭合，并向 BCM 传送接地信号，BCM 根据此信号通过 CAN 总线向仪表发送点亮"行李舱（背门）未关闭警告灯"的信息。

(3) 门接触开关

在每个门锁机构总成内设置有一接触开关，当车门关闭时这些开关断开；一旦有某个车门被打开，该门内的接触开关闭合，并向 BCM 传送接地信号，BCM 根据此信号通过 CAN 总线向仪表发送"门打开"的信息。

(4) 防盗指示灯

防盗指示灯为一 LED 灯，电源来自线路系统。当系统进入防盗状态后，BCM 给提供接地电路，控制其闪烁。

(5) 防盗喇叭

防盗喇叭设置在行李舱左侧内饰板后,自身有接地电路。当系统进入防盗触发状态后,BCM 给提供接地电源,控制其鸣响。

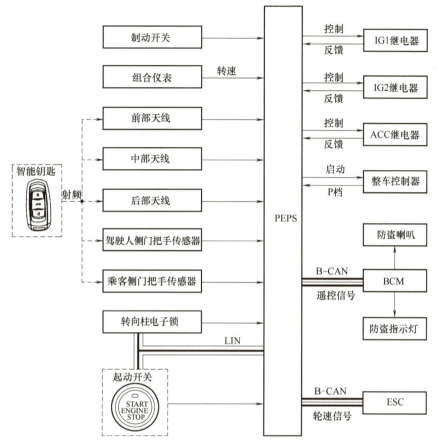

图 5-9-2　防盗报警系统工作原理框图

第十节　数据通信系统

1. 数据通信系统的组成

数据通信系统的组成如图 5-10-1 所示。

(1) 常见的三种数据通信方式

1) CAN。

2) K-LINE。

3) K-LINE(诊断)。

(2) 系统优点

1) 减少了控制电路导线的数量。

2) 极大地减小了线束的重量。

3）控制装置的插头芯针数少。

4）提高了可靠性和耐用性。

(3) 功能概述

CAN 是 Controller Area Network 的缩写，全称是控制器局域网络总线，即控制设备相互连接，进行数据交换。是国际上应用最广泛的现场总线之一。它被设计为汽车环境中的微控制器通信总线，在各电子控制单元之间交换信息，形成汽车电子控制网络。

LIN 是用于汽车分布式电控系统的一种新型低成本串行通信系统，主要用于智能传感器和执行器的串行通信。

故障诊断接口（DLC）是世界各汽车生产商之间协商和调节的结果。用故障诊断仪与车辆通信，以及用故障诊断仪给车辆所用的通信系统编程时必须用该连接器。

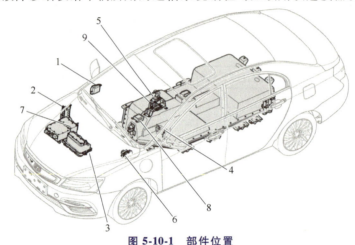

图 5-10-1　部件位置

1—热管理控制模块　2—整车控制器（VCU）　3—电机控制器　4—中央集控器（BCM）　5—电子换档器
6—ESC　7—车载充电机　8—安全气囊控制模块　9—EPB

2. 数据通信系统的工作原理

(1) CAN 总线工作原理

CAN 总线的通信介质是双绞线，其中高速 CAN 总线的通信速率为 500kbit/s。双绞线终端为两只 120Ω 的电阻。

高速 CAN 总线是差分总线。高速 CAN 总线串行数据总线（H）和高速 CAN 总线串行数据总线（L）从静止或闲置电平驱动到相反的极限。大约为 2.5V 的闲置电平被认为是隐性传输数据并解释为逻辑 1。将线路驱动至极限时，高速 CAN 总线串行数据总线（H）将升高 1V 而高速 CAN 总线串行数据总线（L）将降低 1V。极限电压差 2V 被认为是显性传输数据并解释为逻辑 0，如图 5-10-2 所示。

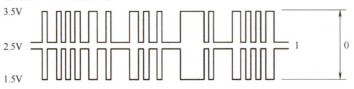

图 5-10-2　高速 CAN 总线电压

发送 CAN 信号时，电流从控制器的发送端流到 CAN-H 线，经过终端电阻流入 CAN-L 线，再返回控制器的接收端。如果通信信号丢失，程序将针对各控制模块设置失去通信故障码。该故障码可被故障诊断仪读取。

（2）CAN 总线应用

电动汽车 CAN 总线网络由以下部件/系统组成：BCM、诊断接口（DLC）、ACU（安全气囊模块）、ABS/ESC、HCU（整车控制器）、TCU、BMS（电池控制单元）、TEM、PEU（电机控制器）、组合仪表、空调控制器、EPB（电子驻车模块）、转向角传感器、电动压缩机、DVD、EPS（电动助力转向系统）等，如图 5-10-3 所示。

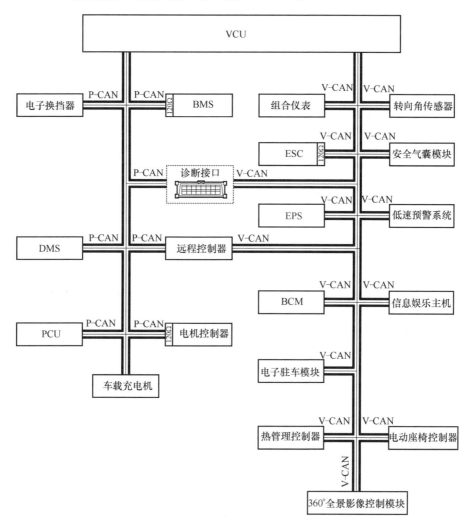

图 5-10-3　CAN 总线网络的组成

（3）LIN 总线应用

BCM 使用 LIN 总线与起动开关、转向柱电子锁中的防盗基站进行数据通信，以验证遥控钥匙的有效性。BCM 使用 LIN 总线与前、后、左、右 4 个车门的电动窗升降电机及诊断接口进行数据通信。

空调控制面板使用 LIN 总线与电加热器（PTC）、加热器水泵进行数据通信，如图 5-10-4 所示。

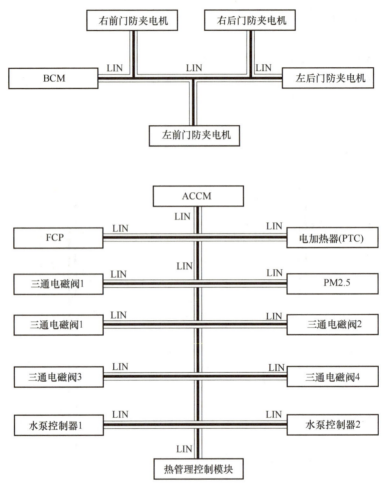

图 5-10-4　LIN 总线的连接

（4）K 总线工作原理

K 线用于外部测试设备和车载诊断接口之间的诊断通信。传输速率 10.47kbps。传输信号时其电压在 0V 和 12V 之间切换：12V，逻辑"1"；0V，逻辑"0"。

（5）K 总线应用

使用外部测试设备可通过车载诊断接口之间的 K 总线访问 ABS/ESC、组合仪表、空调控制器、TPMS 等模块的诊断数据。

第十一节　安全保护装置

1. 安全保护装置的组成

安全气囊系统由下列部件组成，如图 5-11-1 所示。

1) 安全气囊警告灯。
2) 组合仪表总成。
3) 安全气囊电子控制单元（ACU）。
4) 驾驶人侧正面碰撞传感器。
5) 乘员侧正面碰撞传感器。
6) 驾驶人侧侧面碰撞传感器。
7) 乘员侧侧面碰撞传感器。
8) 乘员识别传感器。
9) 驾驶人侧安全气囊。
10) 乘员侧安全气囊。
11) 驾驶人安全带预紧器。
12) 乘员安全带预紧器。
13) 前排左侧侧安全气囊。
14) 前排右侧侧安全气囊。
15) 左侧安全气帘。
16) 右侧安全气帘。
17) 螺旋电缆。
18) 安全气囊系统线束。
19) 转向盘和转向柱。

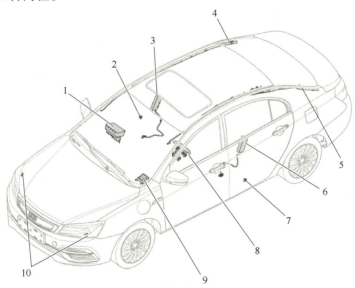

图 5-11-1　安全气囊系统的组成

1—前排乘员侧安全气囊　2—乘员侧侧面碰撞传感器　3—前排右侧侧安全气囊（位于座椅靠背内）　4—右侧安全气帘　5—左侧安全气帘　6—前排左侧侧安全气囊（位于座椅靠背内）　7—驾驶人侧侧面碰撞传感器　8—驾驶人侧安全气囊及螺旋电缆　9—安全气囊电子控制单元　10—正面碰撞传感器

2. 安全保护装置的工作原理

安全气囊系统为乘员提供了除安全带之外的辅助保护，是一种被动安全系统。安全气囊系统具有多个充气保护模块，分布在车辆的不同位置上，包括转向盘、仪表台、前排座椅靠背、车顶纵梁上。除了充气保护模块之外，车辆还可配备安全带预紧器，在车辆发生碰撞的时候，它会张紧安全带，从而在充气模块展开的同时增大乘员与安全气囊之间的距离。每个充气模块都有一个引爆回路，该回路由安全气囊控制模块进行控制。当安全气囊电子控制单元检测到碰撞的冲击力足够大时控制气囊展开。安全气囊控制模块对安全气囊系统的电气部件进行连续诊断监测。当检测到电路故障时，安全气囊控制模块就设置一个故障码，并启亮安全气囊警告灯，以通知驾驶人。转向柱采用了吸能式设计，在发生正面碰撞时，可以溃缩，降低了驾驶人的受伤概率，如图 5-11-2 所示。

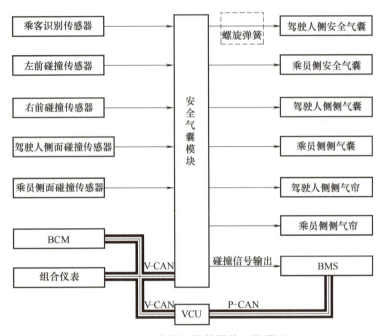

图 5-11-2　安全保护装置的工作原理

安全气囊电子控制单元接收传感器的信号，用以判断碰撞的严重程度。当信号值大于存储器中的设定值时，安全气囊电子控制单元发出点火指令，从而展开安全气囊系统相应的充气模块。

当遇到冲击力足够大的正面碰撞，正面气囊和安全带预紧器就会展开；当遇到冲击力足够大的侧面碰撞，前排侧气囊、安全气帘以及安全带预紧器就会展开。

安全气囊电子控制单元（ACU）确认碰撞信号后，会在 20ms 内向总线发送"碰撞解锁和断电"信号，20ms 为一个周期，共发送 3s。BCM 和 EMS 连续收到 3 个以上的信号，就会分别执行解锁和断电功能。

第二篇
维护与保养篇

第六章 高压系统的认知

第一节 高压系统

1. 高压系统基本组成

除了驱动装置外,混合动力车辆高压系统还包括以下主要组件(图 6-1-1):

➢ 高电压蓄能器。
➢ 高电压导线。
➢ 大功率电子系统和电子控制系统。
➢ 电机/发电机。

所有高电压组件都通过安全标识标记出来。

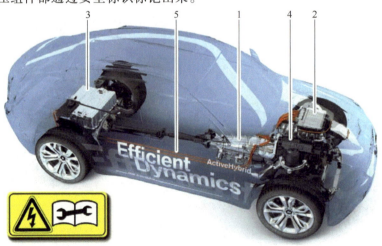

图 6-1-1 高压系统基本认知
1—混合动力车辆带有电机/发电机的变速器　2—大功率电子系统和电子控制系统
3—动力蓄电池　4—发动机　5—高电压导线

高压系统警告标识的底色为黄色，边框和箭头为黑色，如图 6-1-2 所示。当移开遮拦或外壳可以露出 B 级电压带电部分时，遮拦和外壳上也应有同样的符号清晰可见。

a) 警告标志：危险电压警告

b) 高电压组件警告提示牌，规格1

c) 高电压组件警告提示牌，规格2

图 6-1-2　高压系统警告标识

2. 高压线束颜色和标识

（1）高压连接器互锁装置

高压互锁是指通过检测高压系统连接位置的连接状态，识别异常情况，然后断开动力蓄电池的高压电源，防止人员受到电击伤害的措施。在纯电动汽车高压回路中，高压连接器是实现高压互锁功能的主要元件，如图 6-1-3 所示。

图 6-1-3　高压连接器互锁装置

（2）高压线束

高压线束是纯电动汽车上的连接器和线缆在整个汽车运行当中非常关键的连接件，影响高压线束的隐患主要是过热或燃烧，恶劣环境对线束的影响还有屏蔽性能、进水和进尘的风险等。不同于传统汽车的 12V 线束，高压线束还需要考虑与整车电气系统的电磁兼容性问题。在实际使用中，纯电动汽车受到的电磁干扰是传统内燃机汽车的近百倍。纯电动汽车的高压线束是高效的电磁干扰发射天线和接收天线，是导致纯电动汽车出现电磁兼容故障，以及辐射干扰超过法规要求的最重要原因。

高压线束产生的电磁干扰会影响到汽车信号线路中数据传输的完整性和准确性，严重时会影响到整车的操控性和安全性。所以，在高压线束外边常常采用注胶、包裹屏蔽线等方式来减少对整车的电磁干扰。

纯电动汽车上的所有高压线束都使用橙色线束，用于与低压系统的黑色线束区分，如图 6-1-4 所示。高压线束的插座一般也采用橙色。

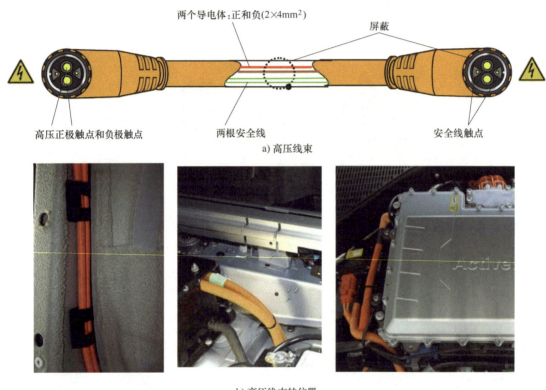

图 6-1-4　高压线束

第二节　高压系统维修安全防护

1. 高压电对人体的危害

25V 以上的交流电和 60V 以上的直流电就对人构成威胁，最高的安全接触电压分别是：交流电 50V，直流电 120V。

流过人体的电流超过约 5mA，就被称为"触电"。触电电流在 5mA 左右时，触点者会感到有些发麻，但仍然能够摆脱电流导体。

流过人体的电流超过约 10mA，就超过了所谓的"摆脱阈值"，它会触发身体痉挛。这时人无法摆脱电源！电流的作用时长因此会显著延长。

当 30～50mA 交流电较长时间对人体作用时，就会引发呼吸停顿和心室纤维颤动。

流过人体的电流超过 80mA 时，被称为"死亡阈值"。

交流电压引发人体内的交流电流，而该电流会触发肌肉和心脏颤动。

交流电会非常早地引发心室纤维颤动，如不能及时急救伤者，就会有生命危险。

在靠近运行的电机或者高压系统的地方逗留时，可能会对电子生命辅助系统造成负面影响，如图 6-2-1 所示。具体包括以下几类。

1）体内的镇痛泵。
2）植入的除颤器。
3）心脏起搏器。
4）大脑起搏器。
5）胰岛素泵。
6）助听器。

（1）影响因素

人体细胞在有限范围内具有导电性。细胞内液体比例较高是导电的主要原因。如果接触带电部件，则电流可能流过人体。在此，电流以最短路径流过身体，伤害取决于在体内所经过的路径上可能会遇到的不同器官，如图 6-2-2 所示。

图 6-2-1 禁止标志：禁止带心脏起搏器的人士接近

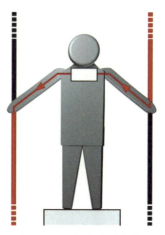

图 6-2-2 电流流过人体

也可以针对人体内电流经过的不同路径给出对应电阻值。人体电阻的大小取决于以下影响因素：

1）衣服。
2）皮肤湿度。
3）人体内电流路径的长度和类型。

有电流流过的身体部位处衣服越厚、越干，电阻值越大。如果皮肤上有水或雪，那么身体电阻就会下降。

如果身体内电流经过的路径较短，那么电阻比电流流过较长路径时小。表 6-2-1 为人体电阻的近似值，这些数值可能受上述影响因素的影响。

表 6-2-1　人体电阻的近似值

身体内电流的路径	人体电阻（近似值）/Ω	身体内电流的路径	人体电阻（近似值）/Ω
从一只手到另一只手	1000	从双手到双脚	500
从一只手到双脚	750	从双手到躯干	250

人体电流仅取决于施加在身体上的电压和人体电阻：$I=U/R$，如表 6-2-2 所示。

表 6-2-2　通过人体电流的计算

情　况	施加的电压 U/V	人体电阻/Ω	人体内的电流 I/mA
用一只手接触 12V 蓄电池的正极，另一只手接触接地导电体	12	1000	12
用一只手接触 420V 蓄电池的正极，另一只手接触接地导电体	420	1000	420
用一只手接触 230V 蓄电池的正极，另一只手接触接地导电体	230	750	307

（2）摆脱阈值

摆脱阈值如图 6-2-3 所示。

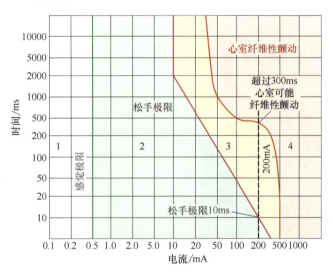

图 6-2-3　摆脱阈值

1—强度范围 1　2—强度范围 2　3—强度范围 3　4—强度范围 4

1）强度范围 1：不论作用多长时间都无不良影响。

2）强度范围 2：

① 0.5~2mA：能感觉到电流。

② 3~5mA：开始有痛感。

③ 10~20mA：松手极限值。

一般说来，流经身体不会有什么危险。

3）强度范围 3：

① 肌肉痉挛。

② 呼吸困难。

③ 心律不齐。

一般不会导致器官受伤。

4）强度范围4：

① 心室纤维性颤动。

② 心脏停搏。

③ 呼吸停止。

有生命危险。

2. 高压连接器

（1）高压连接器介绍

高压连接器是一种借助于电信号或机械力的作用使电路接通、断开的功能性元件，由固定端电连接器，自由端电连接器组成。

高压连接器结构一般包括：接触对、密封圈、对接锁止机构、支架、外壳、定位机构、高压互锁机构、屏蔽机构、绝缘结构等。一般的端接方式有焊接、压接、过孔连接、螺钉连接等。

高压连接器的使用性能，与低压连接器有较大不同，高压连接器在电性能、机械性能和环境性能上都有较高的要求，主要包括以下方面。

1）电性能。电气性能包括工作电压、额定电流、内导体和外导体的接触电阻、特性阻抗、电压驻波比、屏蔽性能及抗干扰性能等。

2）机械性能。机械性能主要包括振动冲击、机械寿命、单孔分离力和总分离力等。

3）环境性能。环境性能包括温度、湿度、振动、冲击、盐雾、灰尘及密封性能（包括水压、淋雨）等。

（2）电动汽车高压连接器动作原理

电动汽车高压连接器做重连运行时，两个连接器慢慢靠近，在羊角端子的导向作用下，使各自的导电半圆环（静触头）准确地插入对方的叉形件（动触头）中，接通两侧的高压电路。同时叉形件上的拉力弹簧紧紧地把半环扣住，由于两台连接器的相对位移由张力弹簧、复位弹簧来吸收调整，因而能保持叉形件与半圆环的接触压力恒定不变，从而能够保证较好的电气性能。

（3）电动汽车高压连接器特点

1）在连接状态下，触头的接触压力只与触头弹簧有关，不受电动汽车运行状态的影响，故触头的接触压力基本上恒定不变，避免了触头的磨耗和电蚀。

2）导电触头为叉环结构，是典型的线接触方式，工作状态稳定可靠，接触电阻小，散热性能好。

3）连接器不带灭弧装置，因而必须在无电状态下进行连接或分离操作。

4）高压连接器必须成对使用。从产品的通用性和互换性上来考虑，每台高压连接器的结构完全相同，具有良好的互换性，没有前后之分。为了满足不同的运行要求，可以任意组合。

（4）拆装高压连接器

1）脱开高压连接器。

① 将锁止件 a 沿箭头方向移动至极限位置，如图 6-2-4 所示。

② 压下锁止件 a，如图 6-2-5 所示。

图 6-2-4 向前推出锁止件

图 6-2-5 压下锁止件

③ 完全翻开锁止件 1，并拔下插头 2，如图 6-2-6 所示。

2）连接高压连接器。

① 插上插头 1 至极限位置，并锁上锁止件 2，如图 6-2-7 所示。

注意：

- 必须听到锁止件 2 嵌入的声音。
- 锁止件 3 的锁止凸耳必须完全位于锁止件 2 下方。

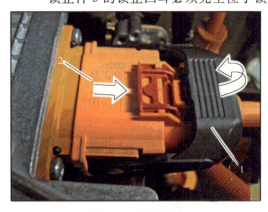

图 6-2-6 拔下插头

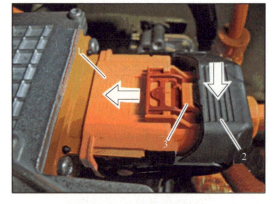

图 6-2-7 连接高压连接器

② 将锁止件 a 沿箭头方向推至极限位置，如图 6-2-8 所示。

3. 高压断电安全设计原理

（1）高压断电设计原理

进行高电压组件方面的工作时，售后服务人员可能接触高电压导线的接口等部件。行驶期间这些工作部件带有危险电压。为了在工作期间不会给售后服务人员的健康带来危险，售后服务时高电压组件上不允许带危险电压。

最简单的断电方法是关闭能源（无电压），即断开动力蓄电池，如图 6-2-9、图 6-2-10 所示。

拉起一个插头即可断开串联动力蓄电池组的连接。因此，可从外面接触到的动力蓄电池上不再有电压。可用于断开连接的插头称为"高电压安全插头"或"售后服务时断开连接插头"。

除了断开串联动力蓄电池组外，目前还使用另一种工作原理的高电压安全插头。在此，高电压安全插头是控制单元的一个控制输入端，只要识别到拉起高电压安全插头，控制单元就会立即中断接触器的供电。随后接触器触点自动打开。其作用与断开串联动力蓄电池组时相同：拉起高电压安全插头后，动力蓄电池的电极上不再有危险电压。

图 6-2-8　将锁止件安装到位

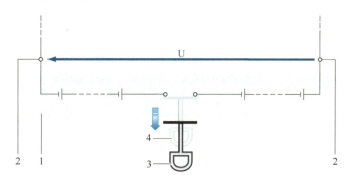

图 6-2-9　断开高压电方法（一）

1—动力蓄电池壳体　2—动力蓄电池的外部接口　3—处于拉起状态的高电压安全插头
4—处于插上状态的高电压安全插头

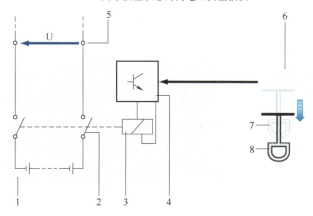

图 6-2-10　断开高压电方法（二）

1—动力蓄电池壳体　2—两个接触器触点　3—接触器电磁铁　4—分析高电压安全插头状态并相应控制接触器的控制单元　5—动力蓄电池的高电压接口　6—高电压安全插头的独立壳体　7—处于插上状态的高电压安全插头　8—处于拉起状态的高电压安全插头

拉起高电压安全插头时，高电压系统内多个过程并行自动执行。因此，可确保动力蓄电池的电极上、电子组件上和电机上没有危险电压。

1）断开串联动力蓄电池组和/或打开动力蓄电池内的接触器。

2）其他高电压组件内的电容器放电。

3）电机绕组短路。

（2）电动汽车安全断电操作流程

操作流程如表 6-2-3 所示。

表 6-2-3　电动汽车安全断电操作流程

序号	操作流程	操作标准
1	操作前准备工作	● 维修人员应铺设开佩戴好有效的防护用具 ● 观察车辆状态，开仔细阅读有关维修说明
2	断电操作	● 关掉点火开关（如果有的话，拔掉充电插头） ● 切断 12V 辅助蓄电池的负极搭铁线 ● 按规定的方法拆除动力蓄电池组上的橙色维护开关。注意：在拔下维修开关的同时，按规定操作维修开关的解锁机关，以免造成损坏
3	高压部件管理	● 将智能钥匙移至控制的探测范围以外，并且由相关负责人管理好 ● 拆下的维修塞要由相关负责人进行管理 ● 用绝缘胶带包裹被断开的高压线路及连接器
4	验电操作	● 等待 10min 或更长时间后再进行下一步操作，以便让功率变换器总成内的高压电容器充分放完所存储的电荷，一些车自带主动放电功能，时间会短一些，以原厂维修手册推荐的时间为准 ● 测量电动汽车上的变频器输入和输出线端子的电压，确认无电压后方可接触电路元器件
5	确认断电及工作区域安全隔离	● 确认车辆无有害电压，相关高压触头已经做好保护，相关锁具、钥匙已经保管妥当 ● 在车辆顶部或者明显部位安放警示标识，表明车辆状态 ● 将车辆的维修区域用护栏围起来，无资质或无关人员不得进入维修区域

4. 触电急救常识

发生电气事故时第一步——判断，这非常重要，因为后续步骤在很大程度上取决于判断。通过什么能够判断是电气事故？以下特征表明可能发生了电气事故，如图 6-2-11 所示。

1）触电者仍与发生事故的电路接触。他无法移动，因为电流流过身体时造成肌肉抽搐。

2）一个（或多个）人躺在地上失去知觉：通过身体的电流较大时心脏会停止跳动，血液循环中断，其结果是失去知觉。

3）触电者身体上带有点状烧伤。一般是始终有电流进入身体的一个部位和流出身体的一个部位。

4）触电者可能处于休克状态。

第二步应思考按哪个顺序做。尤其是发生电气事故时，自我保护是第一位的。如果救助人自身处于危险中或受伤，则无法为触电者提供救助，如图 6-2-12 所示。

图 6-2-11　判断事故原因

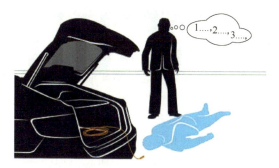

图 6-2-12　思考按哪个顺序做

只有清楚措施顺序，才能迅速且目标明确地行动。如果有其他人在现场，也应当分派具体任务。通过这种方式提供救助可能比每个人单独行动更有效且更迅速，如图 6-2-13 所示。

所有救助行动的总目标，是在不危害健康的情况下尽可能保证遇事故人活下来。即使救助人没有经验，此时也需要尽快救助。但是，还需要由受过医疗培训的人采取后续行动，以便触电伤员能够痊愈。必须执行所有具体步骤（按正确顺序），只有这样所谓的救助链才完整无缺，如图 6-2-14 所示。

图 6-2-13　合作行动

（1）紧急措施

电流流过人体时可能造成受重伤。电流越大，电流持续时间越长，受伤越严重。因此，作为救助遇事故人的首要措施是必须断开事故电路，如图 6-2-15 所示。

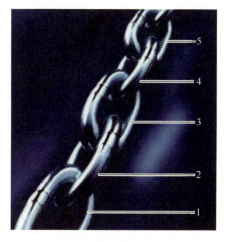

图 6-2-14　救助链

1—紧急措施　2—拨打紧急电话　3—急救措施
4—通过救援服务机构救援　5—后期医疗护理

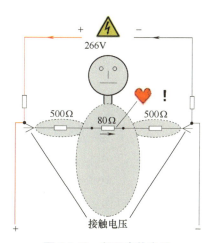

图 6-2-15　断开事故电路

每个救助人的自然反应是抓住遇事故人并将其从带电部件上拉下来。但是救助人会因此将自身置于危险中，可能造成电流流过两个人的身体并造成救助人受伤。因此，开始时救助人必须正确估计当前情况，并首先考虑自我保护。

可采用以下几种方式关闭混合动力车辆上事故电路的电源：

1）拉起高电压安全插头。

2）断开12V供电（例如通过断开12V蓄电池线路）。

3）拔下熔丝（如果存在）。

如果救助人不能在无危险的情况下关闭电源，则必须以其他方式断开事故电路。为此救助人需使用绝缘用品，最好是绝缘防护手套。只有这样，才允许救助人尝试将遇事故人与带电部件分开。在特殊情况下也可以用位于附近的塑料部件或干木材将遇事故人与电路分开。只有使用这类用品，才能减小或排除电气事故给救助人带来的危险。

（2）拨打紧急电话

每次发生电流引起的事故时，都必须请专业医生实施救助。为此必须用固定电话或移动电话拨打紧急电话。即使发生其他类型的事故时也应拨打紧急电话，尤其是遇事故人失去知觉或明显受重伤时，如图6-2-16所示。

拨打紧急电话时必须向急救服务机构的通话人说明以下信息：

1）事故发生在何处？

2）发生了什么？

3）多少人受伤？

4）事故或受伤类型？

（3）急救措施

如果遇事故人失去知觉和/或不再呼吸，则需要采取急救措施。这些措施用于维持生死攸关的机能，直至急救服务机构到达事故现场。护理受伤的人也属于急救措施范畴。

图6-2-16 拨打紧急电话

必须将失去知觉、但是还能呼吸的遇事故人置于侧卧状态，如图6-2-17所示。

图6-2-17 使遇事故人侧卧

遇事故人失去知觉且不再呼吸，必须立即开始心肺复苏措施，如图6-2-18所示。

心肺复苏措施包括交替按压胸腔和人工呼吸。必须持续执行抢救措施，直至遇事故人恢复呼吸能力或救援服务人员到来。

发生带电流的事故时会出现心室颤动。此后心脏不再以大节奏运动方式跳动，而是以微小的高频运动方式跳动。这种状态与战栗类似，不再输送血液。这也会带来严重的生命危

a) 胸腔按压

b) 人工呼吸

图 6-2-18 心肺复苏措施

险。救助人可以从外表感觉到呼吸和心跳停止。心室颤动可以通过所谓的除颤器结束，因此可提高遇事故人苏醒的机会。救援服务机构也使用这类设备。在此也可以使用自动工作的除颤器，没有经验的人也可以操作这种除颤器。实际上排除了操作错误，设备自动决定是否需要除颤，如图 6-2-19 所示。

烧伤时必须用流动的冷水冷却，直至疼痛减轻。然后用无菌纱布盖住。如果烧伤的同时神志不清且血液循环有问题，则优先采取心肺复苏措施。

（4）通过救援服务和后期医疗护理提供帮助

采取急救措施后立即进行救援服务工作。通过继续执行心肺复苏措施、使用除颤器和/或药品进一步稳定或改善遇事故人的健康状态。在此救助链还未结束。

图 6-2-19 除颤器
1—用于表示除颤器存放箱或运输袋的符号　2—自动除颤器

每次发生带电流的事故时，都必须到医院检查，其原因是：电流不仅有短期危害健康的作用，而且影响可能在几个小时、几天或几个星期后才出现。例如，电流流过人体时会产生特定蛋白质，这些蛋白质必须通过肾脏排出。如果蛋白质降解量过大，则发生事故几天后可能导致肾衰竭。

这些都取决于事故的严重程度，遇事故人必须到门诊检查、在医院观察或复查。只有这样才能避免出现并发症和造成永久性健康损害。

5. 维修作业安全防护

（1）常用工具设备

1）绝缘维修工具。纯电动汽车的高压系统可以达到几百伏，在维修操作时，必须注意安全，要严格按照安全操作规范执行。绝缘维修工具需要进行出厂前试验，并进行外观检查：应无油污、潮湿、松动、裂纹、露金属、断裂、损伤。绝缘工具必须独立存放，不准与其他物品混放。必须避免与金属锐利物接触，以防破坏绝缘层，如图 6-2-20 所示。

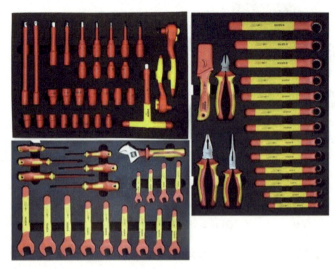

图 6-2-20　绝缘维修工具

2）万用表。万用表是用于测量电压、电流、电阻等参数的测量仪表，对于检测车辆电子电气零部件的状态与性能十分重要。很多万用表也可以自带测量电容、二极管、晶体管等功能。常见的有指针式万用表和数字式万用表，如图 6-2-21 所示。

3）绝缘测试仪（兆欧表）。图 6-2-22 显示了两种绝缘测试仪（兆欧表），它的刻度是以兆欧（MΩ）为单位的。兆欧表由中大规模集成电路组成。兆欧表输出功率大，短路电流值高，输出电压等级多（每种机型有四个电压等级）。

　　a) 指针式　　　　　b) 数字式

图 6-2-21　指针式万用表和数字式万用表　　　图 6-2-22　两种绝缘测试仪（兆欧表）

测量绝缘电阻必须在测量端施加一高压，此高压值在绝缘测试仪国标中规定为 50V、100V、250V、500V、1000V、2500V、5000V 共 7 级。

4）新能源汽车故障诊断仪。汽车故障诊断仪是汽车维修中非常重要的工具，它能够有效地检测出汽车故障原因。它的主要的功能有：读取故障码、清除故障码、读取发动机动态数据流、示波器功能、元件动作测试、匹配、设定和编码，以及其他辅助功能，如图 6-2-23 所示。

5) 钳形电流表。钳形电流表也称电流钳，是由电流互感器和电流表组合而成的，如图 6-2-24 所示。当捏紧钳头扳手时，电流互感器的钳头张开；当放开钳头扳手时，钳头闭合。钳形电流表可以在不断开电路的情况下测量线路电流，使用前必须先检查其是否能正常工作。

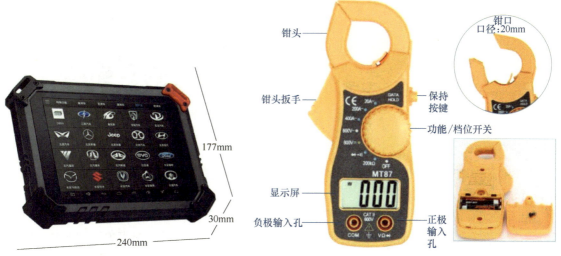

图 6-2-23　新能源汽车故障诊断仪　　　　　图 6-2-24　钳形电流表

6) 高压放电仪。纯电动汽车动力蓄电池和一些高压部件都带有电容，断开电源后电容仍然会存储部分电量，为了避免发生触电事故，需要用高压放电仪对纯电动汽车的高压端口进行放电，如图 6-2-25 所示。

（2）安全防护用具

1) 绝缘手套通常有效期为两年，绝缘等级应在 1000V/300A 以上，需要进行出厂前试验，外观检查应无油污、潮湿、进水、粘连、裂纹、漏气。每半年进行一次工频耐压试验，不合格即报废。它应存放在密闭的橱内，应与其他工具、仪表分别存放，如图 6-2-26 所示。

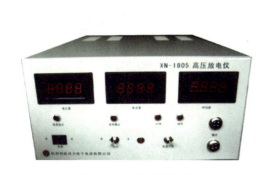

图 6-2-25　高压放电仪　　　　　图 6-2-26　绝缘手套

检查绝缘手套：使用绝缘手套前，务必执行以下程序，检查其是否破裂、磨破或存在其他类型的损坏，如图 6-2-27 所示。

① 将手套侧放。
② 将开口向上卷 2 或 3 次。
③ 对折开口以将其封死。
④ 确保没有空气泄漏。

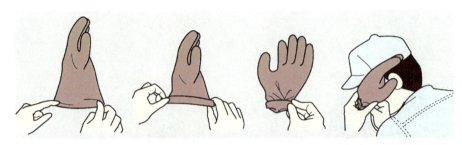

图 6-2-27　检查绝缘手套

2）电工绝缘鞋通常有效期为两年，需要进行出厂前试验。外观检查：应无油污、潮湿、进水、外伤，裂纹、孔洞、毛刺、断底、断帮等，如图 6-2-28 所示。

电工绝缘鞋的内侧会或鞋底上应有标准号、电绝缘字样（或英文缩写 EH）、闪电标记、耐电压数值等。绝缘鞋应放在干燥、通风处，不能随意乱放，并且必须避免接触高温、尖锐物品和酸碱油类物质。

3）防护眼镜通常没有有效期，需要进行出厂前试验。外观检查：镜片应无裂痕或严重磨损，镜带无老化，镜架、镜带连接可靠，如图 6-2-29 所示。

在维修与检修纯电动汽车时，要佩戴防护眼镜。防护眼镜主要用于防御电器拉弧产生的电火花对眼睛造成损伤。使用前需要对防护眼镜进行检查，看镜片是否有裂痕和损坏。

图 6-2-28　电工绝缘鞋

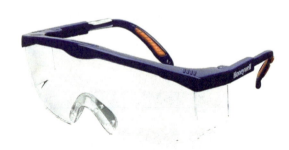

图 6-2-29　防护眼镜

4）绝缘帽通常有效期为两年半，需要进行出厂前试验。外观检查帽壳无龟裂、凹陷、裂痕或严重磨损。帽箍、顶衬、帽带、后扣（或帽箍扣）等组件应完好无损，如图 6-2-30 所示。

5）绝缘服是操作人员带电作业时需要穿戴的，可以对身体进行防护。绝缘服具备阻燃、绝缘性能，可防高压电，如图 6-2-31 所示。

（3）安全防护要求

图 6-2-30　绝缘帽

图 6-2-31　绝缘服

1）维修人员对电动汽车/混动汽车高压系统进行检查维修时，必须做好以下安全防护：

① 维修人员必须佩戴必要的安全防护用品，如绝缘鞋、绝缘手套、绝缘垫、防护眼镜等，其耐压等级必须大于 1000V。

② 使用前必须检查绝缘手套、绝缘鞋等防护用品是否有破损、破洞或裂纹等，必须完好无损，以确保安全。

③ 使用前必须检查绝缘手套、绝缘鞋等防护用品，不能带水进行操作，必须保证内外表面洁净、干燥，以确保安全。

④ 维护和保养电动汽车/混动汽车部分所需工具：万用表、钳形电流表（含直流及交流）、具有绝缘手柄的操作工具（含扭力扳手、快速扳手、螺丝刀等）。检测用仪器需要先检查功能及附件均工作正常后方可使用，操作工具应提前使用绝缘胶带包裹除去与标准件接触点以外的裸露金属部分，避免因仪器故障或操作工具裸露金属部分误触带电部件，导致高压事故。

⑤ 维修纯电动汽车高压系统时，必须设置专职监护人一名，监护人工作职责为监督维修的全过程。

ⓐ 监督维修人员资质、工具使用、防护用品佩戴、备件安全保护、维修安全警示牌等是否符合要求。

ⓑ 对维修过程中的安全维修操作规程进行检查，应按安全维修操作规程指挥操作，维修人员在做完一个操作后告知监护人，监护人在作业流程单上做标记。

ⓒ 监护人及维修人员必须具备国家认可的《特种作业操作证（电工）》与《初级（含）以上电工证》。

ⓓ 监护人及维修人员必须经过专业的电动车型/混动车型维修培训，并通过考核。

⑥ 严禁不按章操作。

2）严禁未经培训的人员进行高压部分检修，禁止一切带有侥幸心理的危险操作，避免发生安全事故。

3）维修人员对电动汽车/混动汽车检查维修时，必须注意以下事项：

① 电气电路的维护必须由持电工证的合格电工执行，并严格遵守电工安全操作规程进行。

② 高压操作区域应张贴警示标志和隔离带，以防非预期人员进入或操作。

③ 高压操作区域应配备绝缘垫、消防设施和救援设施。

④ 操作工具不得随意摆放，不可放在口袋里，更不能放在高压零部件上，使用后需放置在指定位置。

⑤ 操作前，检查安全设施或工具是否完好，确认完好后再操作。

⑥ 操作前，应检查车辆情况，尤其是高压部件的情况，确认完好后再进行操作。车辆熄火，断开高压维修断开装置或高压输出连接器。

⑦ 高压零部件识别：橙色线缆以及所连接部分和带高压标志的都是高压零部件。非专业人士不能对高压线路、高压元件进行切割或打开。

⑧ 拔掉后的高压维修断开装置、连接器或接口必须做绝缘处理。

⑨ 禁止高压正负极同时操作。

⑩ 在进行维护作业时应严格防止高压线束的绝缘层破损漏电。

⑪ 高压操作时，保证至少两人在场；一人操作，一人保持一定距离观察，起到安全提醒作用。

⑫ 在清洗车辆时，请避开高、低压元件，严禁用水直接冲洗高、低压元件。

⑬ 制订高压作业指导书，操作人员需根据作业指导书进行操作。

⑭ 各螺栓连接处的力矩要严格按照螺栓力矩要求来执行。

（4）维修区域配置标准

维修区域仅允许具备足够资质和知识的人员对车辆高压电气系统进行操作。仅允许在单独的房间或试验室，或者有分割开标识的独立区域进行工作，如图 6-2-32 所示。

图 6-2-32　维修区域

1）隔离栅。它用于设置安全作业区域，隔离危险区域，防止作业人员超越安全作业区、误入危险区域的工器具，如图 6-2-33 所示。

2）警示牌。在地面或车辆附近明显位置放置，如图 6-2-34 所示。

3）绝缘垫。它是辅助安全用具，用于隔离电动汽车和地面的接触，防止作业人员触电。

图 6-2-33　隔离栅

图 6-2-34　警示牌

第三节　高压系统维修断电

本节以吉利帝豪混合动力车型为例进行讲解。

高压维修开关位于中央扶手箱下部，打开中央扶手箱即可操作高压维修开关。在高压零部件检查和维护前，断开高压维修开关可以确保切断高压，以保证人员安全。

1. 拆装高压维修开关

（1）高压维修开关拆卸

1）打开前机舱盖。

2）断开动力蓄电池负极电缆。

3）打开副仪表储物盒盖板，如图 6-3-1 所示。

4）拆卸副仪表板储物盒，如图 6-3-2 所示。

5）拇指按住高压维修开关把手卡扣，其余手指按住把手，当把手由水平位置到垂直位置时，向上垂直拔出高压维修开关插头，如图 6-3-3 所示。

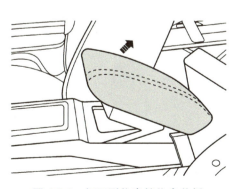

图 6-3-1　打开副仪表储物盒盖板

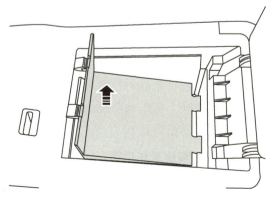

图 6-3-2　拆卸副仪表板储物盒

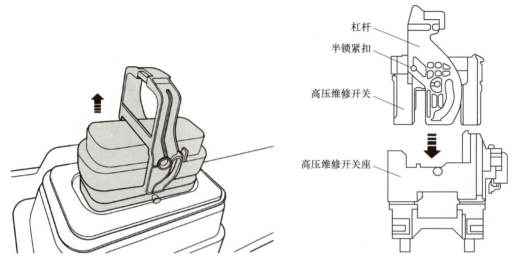

图 6-3-3 拔出高压维修开关插头

6)关闭副仪表储物盒盖板,如图 6-3-4 所示。

注意:防止异物落入高压维修开关插座造成高压维修开关短路。

(2)安装高压维修开关

1)打开副仪表储物盒盖板。

2)连接高压维修开关,高压维修开关插头垂直对准插座轻按,如受到阻力应侧向旋转插头 180°再轻向下按,然后使把手卡口卡到位或听到轻微"咔嚓"声,如图 6-3-5 所示。

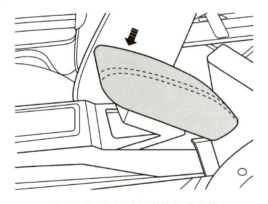

图 6-3-4 关闭副仪表储物盒盖板

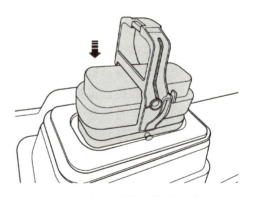

图 6-3-5 连接高压维修开关

3)安装副仪表板储物盒。

4)关闭副仪表储物盒盖板。

5)连接动力蓄电池负极。

6)关闭前机舱盖。

2. 检测高压系统电压

1)检修高压系统前应使用万用表测量整车高压回路,确保无电,方法如下:拔出高压维修开关 5min 后,测量动力蓄电池和车身之间的电压来初步判断是否漏电。若检测到电压大于等于 50V，应立即停止操作，检查判断漏电部位。

2）使用万用表测量高压时，需注意选择正确量程，检测用万用表精度不低于 0.5 级，要求具有直流电压测量档位，量程范围大于等于 500V。

3）使用万用表测量高压时，需遵守"单手操作"原则。所使用的万用表一根表笔线上配备绝缘鳄鱼夹（要求耐压为 3kV，过流能力大于 5A），测量时先把鳄鱼夹夹到电路的一个端子，然后用另一支表笔接到需测量端子测量读数，每次测量时只能用一只手握住表笔。

4）使用万用表测量高压时，严禁触摸表笔金属部分。

第七章 保养周期

注意事项：
- 保养要求因国家而异。
- 检查对应车型用户手册中的保养计划。
- 必须遵守此保养计划。
- 根据行驶里程或经过的时间（月数）来决定车辆保养的合适时间，以先达到者为准。
- 不对各车辆部件进行检查会导致发动机性能下降，并增加废气污染物排放量。

一、车辆外侧检查

1. 轮胎

用计量表检查轮胎充气压力。必要时进行调整。检查轮胎表面是否有开口、损坏或过度磨损。

2. 车轮螺母

检查螺母是否松动或缺失。必要时拧紧螺母。

3. 轮胎换位

对以正常公路速度行驶时出现的转向盘或座椅振动应保持警惕，这种情况说明可能有某个车轮需要平衡。此外，在平直路面上行驶时左右跑偏表明可能需要调整轮胎气压或进行轮胎换位，如图 7-1 所示。

4. 风窗玻璃刮水器片

如果刮水器片不能将风窗玻璃清洁干净时，应检查刮水器片是否磨损或破裂。必要时进行更换。

5. 油液泄漏

检查车下是否有泄漏的燃油、机油、冷却液或其他液体。
注意：
如果闻到燃油味或发现任何泄漏，都必须找出原因并维修。

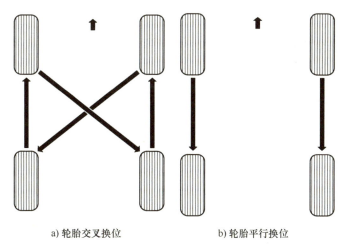

a) 轮胎交叉换位　　　　b) 轮胎平行换位

图 7-1　轮胎换位

6. 车门和发动机舱盖

1）检查并确认所有车门和发动机舱盖均能操作顺畅，且所有锁栓均能牢固锁止。

2）松开主锁栓时，检查并确认发动机舱盖副锁栓能够防止发动机舱盖打开。

二、车辆内部检查

1. 车灯

1）检查并确认前照灯、制动灯、尾灯、转向信号灯和其他灯正确亮起或闪烁。同时检查其亮度是否足够。

2）检查并确认前照灯对光准确。

2. 警告灯和蜂鸣器

检查并确认所有警告灯和蜂鸣器都工作。

3. 喇叭

检查喇叭是否正确工作。

4. 风窗玻璃

检查是否有划痕、凹痕或磨损。

5. 风窗玻璃刮水器和洗涤器

1）检查并确认洗涤器在其适当范围内工作。此外，检查并确认洗涤液是喷射到各风窗玻璃刮水器工作范围中心的。

2）检查刮水器是否有划痕。必要时进行更换。

6. 风窗玻璃除霜器

空调处于除霜器设置位置时，检查并确认热空气从除霜器出口吹出。

7. 后视镜

检查并确认后视镜安装牢固。

8. 遮阳板

检查并确认遮阳板能自由移动并安装牢固。

9. 方向盘

检查并确认方向盘的自由行程适当。同时检查是否转向困难并发出异常噪声,如图7-2所示。

检查方法如下:

1)起动发动机,并确保车辆处于动力转向系统可工作的状态。

2)停止车辆并使前轮对准正前方。

3)向左和向右轻轻转动方向盘,并检查方向盘的自由行程。

最大自由行程:30mm

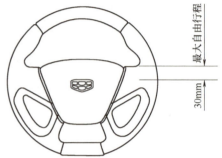

图7-2 检查方向盘自由行程

10. 座椅

1)检查并确认座椅调节器、靠背倾角调节器和其他座椅控制器平稳工作,如图7-3所示。

2)检查并确认所有位置的锁栓都牢固锁定。

3)检查并确认所有位置的锁均牢固锁止。

4)检查并确认头枕能上下平稳移动,且所有锁栓位置的锁均牢固锁止。

5)检查带记忆功能的前座椅的基本功能。操作电动座椅开关,检查并确认下列座椅功能正常工作:

① 滑动功能。
② 倾斜功能。
③ 升降功能。
④ 前垂直功能。
⑤ 腰部支撑调节功能。

11. 座椅安全带

1)检查并确认座椅安全带组件,如搭扣、卷收器和固定件工作正常且顺畅。

2)检查并确认安全带没有切口、磨损或损坏。

12. 加速踏板

检查并确认加速踏板操作顺畅。检查并确认加速踏板的阻力均匀,且加速踏板不会在特定位置卡住。

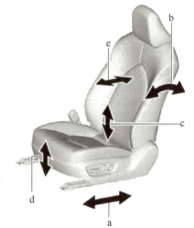

图7-3 检查座椅
a—滑动功能 b—倾斜功能 c—升降功能 d—前垂直功能 e—腰部支撑调节功能

13. 制动踏板

1）检查并确认制动踏板操作顺畅。

2）检查并确认制动踏板具有正确的行程余量和自由行程。

3）将电源开关转到 ON（READY）并检查制动助力器功能。

4）将电源开关转到 ON（READY）并检查制动助力器指示灯。

14. 制动器

在安全场所检查并确认施加制动时车辆不向某侧跑偏。

15. 驻车制动器

在一个缓坡上，检查并确认仅用驻车制动器就能将车辆保持在原地。

16. 混合动力传动桥"驻车"机构

1）检查变速杆的锁止解除按钮是否能正常平稳地工作。

2）检查变速杆是否能正常平稳地工作。

3）在坡度较小的斜坡上，变速杆置于 P 位且解除所有制动时，检查并确认车辆稳定。

17. 地板垫

检查并确认使用了正确的地板垫，且其安装正确。

三、车辆油液检查

1. 风窗玻璃洗涤液

检查并确认储液罐中有足够的洗涤液。

2. 发动机冷却液液位

检查并确认冷却液液位在透明储液罐的"FULL"刻度线和"LOW"刻度线之间。

3. 逆变器冷却液液位

检查并确认储液罐中有足够的冷却液。

4. 散热器和软管

1）检查并确认散热器前部干净，且未被树叶、灰尘或昆虫堵塞。

2）检查散热器和软管是否存在以下问题：

① 损坏。

② 破裂。

③ 扭结。

④ 腐蚀。

⑤ 腐烂。

⑥ 堵塞。

⑦ 泄漏。

5. 制动液液位

检查并确认制动液液位接近透明储液罐的上液位线。

6. 发动机机油油位

电源开关转到 OFF 的情况下，检查并确认发动机机油油位处于油位计的 FULL 刻度线和 LOW 刻度线标记之间。

7. 混合动力传动桥油油位

检查混合动力传动桥油油位的方法如下：

1）用 10mm 六角套筒扳手，从混合动力车辆传动桥总成上拆下加注塞和垫片。

2）检查并确认混合动力传动桥油油位在加注塞开口下唇 0~10mm 处。

3）如果混合动力传动桥油油位过低，则检查是否泄漏。如果混合动力传动桥油泄漏，且混合动力传动桥油油位低，则修理并加注混合动力传动桥油。

4）用 10mm 六角套筒扳手，将加注塞和新垫片安装到混合动力车辆传动桥总成上。

四、发动机的检查

1. 检查冷却和加热器系统

检查并确认散热器和冷凝器未被树叶、灰尘或昆虫堵塞，并在必要时进行清除。同时检查软管和管路的安装情况和连接部位是否腐蚀等。

2. 检查辅助蓄电池

（1）检查辅助蓄电池状况

1）检查并确认辅助蓄电池电缆连接在正确的端子上，如果没有，则正确将其连接。

2）检查辅助蓄电池是否损坏和变形。如果发现严重损坏、变形或泄漏，则更换辅助蓄电池。

（2）检查辅助蓄电池电压

将电源开关转到 OFF，并打开远光灯 30s。这样可以去除辅助蓄电池上的表面电荷。

参照表 7-1 中的值测量辅助蓄电池电压。

表 7-1 测量辅助蓄电池电压

检测仪连接	条件	规定状态	结　果
辅助蓄电池正极（+）端子 辅助蓄电池负极（-）端子	20℃（68°F），电源开关转到 OFF	12.0V 或更大	辅助蓄电池正常
		12.0V 或更小	对辅助蓄电池再充电

3. 检查空气滤清器滤芯

1）拆下空气滤清器滤芯。

2）检查并确认空气滤清器滤芯未严重脏污。

3）如果空气滤清器滤芯严重脏污，则更换空气滤清器滤芯。
4）用压缩空气清洁空气滤清器滤芯，如图 7-4 所示。
5）重新安装空气滤清器滤芯。

4. 检查排气管和安装件

目视检查管路、吊架和连接部位是否严重腐蚀、泄漏或损坏。

5. 检查燃油箱盖垫片

1）目视检查并确认燃油箱盖总成和垫片未变形或损坏，如图 7-5 所示。
2）如果结果不符合规定，则更换燃油箱盖总成。

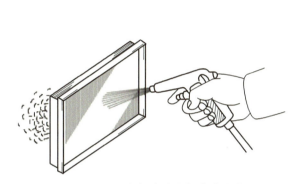

图 7-4　用压缩空气清洁空气滤清器滤芯

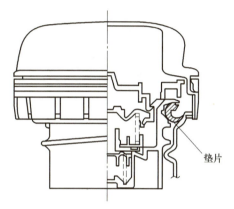

图 7-5　检查燃油箱盖垫片

6. 检查燃油管路、连接处、燃油箱蒸气通风系统软管和燃油箱带

1）目视检查燃油管路和软管是否破裂、泄漏、连接松动或变形。
2）检查燃油箱带是否松动或变形。

7. 检查碳罐

（1）目视检查碳罐（燃油吸入盘分总成）
1）目视检查碳罐（燃油吸入盘分总成）是否破裂或损坏。
2）如果发现破裂或损坏，则更换碳罐（燃油吸入盘分总成）。

（2）检查碳罐通风（燃油吸入盘分总成）
1）将压缩空气施加至端口 A，检查并确认空气从端口 B 流出，如图 7-6 所示。空气应从端口 B 流出。
2）关闭端口 A，将压缩空气施加至端口 B，如图 7-7 所示。开始时空气应不流动。通过逐渐升高压力，端口压力达到特定值时空气应流动。
3）在端口 A 关闭的情况下，使用真空泵将真空度施加至端口 B，如图 7-8 所示。应首先保持真空，随后逐渐增加真空度，真空度达到一定水平后空气流动，且真空度降低。

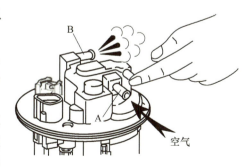

图 7-6　检查碳罐通风（一）

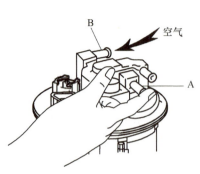

图 7-7 检查碳罐通风（二）

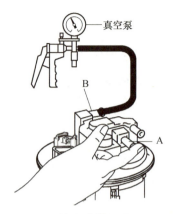

图 7-8 检查碳罐通风（三）

五、制动器的检查

1. 检查制动管路和软管

1) 使用镜子，检查制动管路和软管的长度及整个圆周表面是否存在：
① 损坏。
② 磨损。
③ 变形。
④ 破裂。
⑤ 扭结。
⑥ 腐蚀。
⑦ 泄漏。
⑧ 扭曲。
2) 检查所有夹箍是否紧固和连接部位是否泄漏。
3) 检查并确认软管和管路未靠近尖锐部位、运动部件或排气系统。
4) 检查并确认管路正确安装且穿过密封垫中心。

2. 检查制动踏板

测量制动踏板衬块表面和地板之间的最短距离。制动踏板距离地板的高度：149.5～159.5mm。

3. 检查驻车制动器

检查驻车制动器是否正常锁止车轮、手动机械式驻车制动行程是否正常，完全解锁后是否有拖滞。

4. 检查后制动衬块和制动盘

1) 用钢直尺测量盘式制动衬块衬层厚度，最小厚度需查阅相关车型的原厂维修手册。
2) 用千分尺测量制动盘厚度，最小厚度需查阅相关车型的原厂维修手册。

六、底盘的检查

1. 检查转向传动机构和转向机壳

（1）检查方向盘自由行程
1）起动发动机，并确保车辆处于动力转向可工作的状态。
2）停止车辆并使前轮对准正前方。
3）向左和向右轻轻转动方向盘，并检查方向盘的自由行程。最大自由行程：30mm。
（2）检查转向传动机构有无松动或损坏
1）检查并确认横拉杆端头无任何间隙。
2）检查并确认防尘密封和防尘套未损坏。
3）检查并确认防尘套夹箍未松动。
4）检查并确认转向机壳未损坏。

2. 检查球节和防尘罩

（1）检查球节是否过于松动
1）用千斤顶顶起车辆前部，并在前轮胎下放置高度为180～200mm的木块。
2）降低车辆，直至前螺旋弹簧的负载为其正常负载的一半。为安全起见，在车下放置支架。
3）检查并确认前轮朝向正前方。4个车轮均使用车轮止动楔固定。
4）使用撬棒撬起下臂端部，检查间隙量。最大球节垂直间隙：0mm。
5）如果有任何间隙，则更换球节。
（2）检查防尘罩是否损坏
检查防尘罩是否损坏、润滑脂是否有泄漏

3. 检查驱动轴防尘套

检查驱动轴防尘套是否有夹箍松动、破裂、润滑脂泄漏、扭曲或损坏。

4. 检查混合动力传动桥

目视检查传动桥是否泄漏油液。如果油液泄漏，则查明原因并进行维修。

5. 检查混合动力传动桥油冷却器软管和连接情况

检查混合动力传动桥油冷却器软管有无破裂、泄漏、连接松动和变形。

6. 检查前悬架和后悬架

检查前悬架和后悬架是否有变形、损坏。

第八章　车辆举升

第一节　车辆举升技术要求

在车架边梁或者其他指定的举升点举升车辆时，要确保千斤顶垫块未碰到制动油管或者高压线。如果碰到了上述部位，会造成车辆损坏或车辆性能下降。开始任何举升程序前，应确保车辆位于清洁、坚硬、水平的表面上。

确保所有提升装置都符合重量标准，且处于良好的工作状态。确保所有的车辆负载平均分布并且固定不动。如果只是从车架纵梁支撑车辆，应确保提升装置未在车架纵梁上施加过大的力或存在损坏车架纵梁的风险，如图 8-1-1 所示。

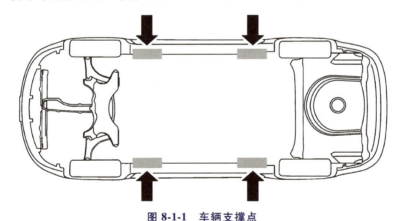

图 8-1-1　车辆支撑点

第二节　车辆举升注意事项

1. 顶起车辆时的注意事项

1）顶起车辆前必须卸载车辆负荷。切勿顶起或举升装载重物的车辆。

2）拆卸发动机和传动桥等较重的零件时，车辆重心会移动。请放置一块平衡配重以避免车辆摇摆，或使用变速器千斤顶进行支撑。

2. 使用4柱式举升机的注意事项

1）请遵照说明书操作以保证安全。
2）请勿使自由轮横梁损坏轮胎或车轮。
3）请使用车轮挡块固定车辆。

3. 使用千斤顶和安全底座的注意事项

1）在平地上操作时请务必使用车轮挡块。
2）如图8-2-1所示，请使用带橡胶附加支撑块的安全底座。
3）正确使用千斤顶和安全底座支撑规定位置。
4）在顶起前轮时，应松开驻车制动器，并且仅需在后轮后方放置车轮挡块。而在顶起后轮时，则仅需在前轮前方放置车轮挡块。
5）请勿仅用千斤顶来支撑车辆或进行操作。请确保使用安全底座来支撑车辆。
6）当仅顶起前轮或后轮时，请在接触地面的车轮的两侧放置车轮挡块。

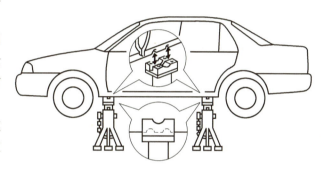

图8-2-1 使用带橡胶附加支撑块的安全底座

7）在使用千斤顶降下前轮被顶起的车辆时，应松开驻车制动器并且仅需在后轮前方放置车轮挡块。而在使用千斤顶降下后轮被顶起的车辆时，则仅需在前轮后方放置车轮挡块。

4. 使用摇臂式举升机的注意事项

1）请遵照举升机说明书操作以保证安全。
2）如图8-2-2、图8-2-3所示，请使用带橡胶附加支撑块的支架。
3）调整车辆以使得车辆重心尽可能靠近举升机的中心。
4）调整支架的高度使车辆保持水平，并准确对齐支架凹槽与安全底座支撑位置。
5）请确保在操作期间锁止摇臂。
6）举升车辆直至轮胎悬空，晃动车辆以确保车辆平稳。

5. 使用平板式举升机的注意事项

1）请遵照举升机说明书操作以保证安全。

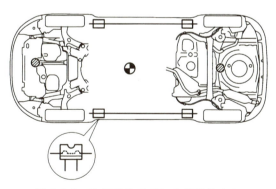

图8-2-2 使用带橡胶附加支撑块的支架

◎：顶起位置
□：支撑位置，菱形架式千斤顶位置
⬤：车辆重心（空载状态）

2）使用平板式举升机附加支撑块，如图 8-2-4 所示。
3）确保将车辆固定在规定位置。
4）举升车辆直至轮胎稍微悬空，晃动车辆以确保车辆平稳。

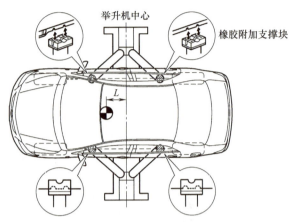

图 8-2-3　摇臂式举升机的使用

：车辆重心（空载状态）

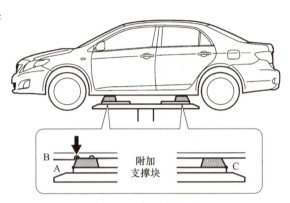

图 8-2-4　平板式举升机

第九章 车辆维护保养检查

第一节 检查车辆电气系统

1）检查前组合灯、后雾灯、日间行车灯、转向信号灯、后组合灯（固定部分）、后组合灯（活动部分）、高位制动灯和后牌照灯的亮度和工作状况。
2）检查车内照明灯的工作状况。
3）检查蜂鸣器、控制单元、仪表板中所有开关及喇叭的工作状况。
4）检查电动车窗、电动外后视镜、中控门锁的工作状况。
5）检查大屏播放器总成的接收状况和抗干扰性，并检查扬声器。

第二节 检 查 轮 胎

1. 检查轮胎花纹

胎面花纹深度应大于 1.6cm。如果经常在湿滑的路面上行驶，需要保证花纹深度是上述数值的两倍，如图 9-2-1 所示。

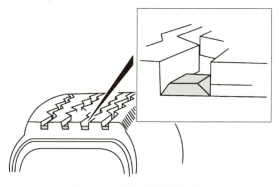

图 9-2-1 检查轮胎花纹深度

2. 检查胎面磨损情况

轮胎胎面磨损异常和过早磨损有许多原因，其中包括充气压力不正确，没有定期换位，驾驶习惯不良或车轮定位不正确。胎面异常磨损的情况如图9-2-2所示。

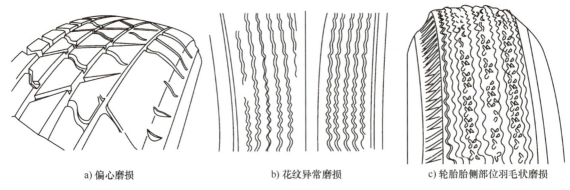

a) 偏心磨损　　　　　　b) 花纹异常磨损　　　　　　c) 轮胎胎侧部位羽毛状磨损

图 9-2-2　胎面异常磨损情况

3. 检查轮胎侧壁

通过观察轮胎侧壁上可见的裂纹和切口，表明轮胎将来可能会有漏气裂纹，在最坏的情况下可能导致轮胎爆裂，如图9-2-3所示。

4. 轮胎鼓包

轮胎鼓包多出现在胎壁，因为胎壁比较薄。出现轮胎鼓包时必须及时更换轮胎，如图9-2-4所示。

图 9-2-3　轮胎侧壁破损

图 9-2-4　轮胎鼓包

第三节　检查安全带

1. 检查安全带卷收器

1）用力快速往下拉动安全带，检查安全带卷收器是否锁止灵敏，若不能快速锁止则必须更换。

2) 拉出安全带检查安全带是否可以顺利收回。

2. 检查安全带锁扣、锁舌

1) 检查锁扣外壳是否变形、脱落和开裂，如有损坏则必须更换。

2) 检查锁舌是否变形、开裂，如有损坏则必须更换。

3) 将锁舌插入锁扣，检查锁舌能否被锁止，经过5次以上的反复检查，锁舌只要有1次未能锁止在锁扣内，则必须更换。

3. 检查安全带

1) 从安全带自动回卷装置中完全拉出安全带。

2) 检查安全带是否脏污，必要时用中性肥皂液清洗。

3) 检查安全带是否有以下损坏，若有则必须更换：安全带断裂、扯破或擦伤；安全带带边织物线圈撕裂；有被香烟等烫过的痕迹；安全带带边一面变形或安全带边缘呈波浪状。

第四节　检查蓄电池

1. 检查蓄电池壳体是否损坏

壳体损坏会导致蓄电池电解液流出，流出的电解液会造成车辆严重损坏，应迅速用电解液稀释剂或肥皂液处理被电解液所接触的汽车零件，如图9-4-1所示。

2. 检查蓄电池接线端是否受损

如果蓄电池接线端损坏，将无法保证良好接触。如果蓄电池接线端未正确连接和拧紧，可能导致线路过载失火，或者因此导致严重的电气设备功能故障，从而无法确保汽车安全运行，如图9-4-2所示。

图9-4-1　蓄电池壳体检查

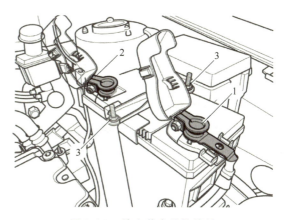

图9-4-2　检查蓄电池接线端

1—蓄电池负极电缆　2—蓄电池正极电缆　3—固定螺母

3. 检查蓄电池电缆是否腐蚀或断裂

如果电缆腐蚀或断裂则必须更换。

4. 晃动蓄电池电缆，检查其是否安装牢固

若蓄电池正极电缆未固定牢固，则先将蓄电池负极电缆断开，再紧固蓄电池正极电缆，然后重新安装并紧固蓄电池负极电缆螺母。

5. 使用万用表检查蓄电池电压

静态下蓄电池电压应为 11.5~12.5V。

第五节　检查安全气囊

1. 检查驾驶人安全气囊

1）安全气囊识别标记是方向盘垫板上的"AIRBAG"。
2）目视检查安全气囊塑料外壳是否损坏，必要时更换。

2. 检查前排乘客安全气囊

1）安全气囊识别标记是仪表板右侧杂物箱上方的"AIRBAG"。
2）目视检查安全气囊塑料外壳是否损坏，必要时更换。

3. 检查侧安全气囊

1）安全气囊识别标记是车门侧座椅旁边的"AIRBAG"。
2）目视检查标记位置处是否有损坏，如有则更换。

4. 检查安全气囊故障指示灯

检查仪表的安全气囊故障指示灯是否亮起，如点亮则必须检查安全气囊系统。

第六节　检查冷却液

1. 检查冷却液液位

1）查看储液罐液面，液面位置应该保持在 MAX 和 MIN 之间，如图 9-6-1 所示。
2）拧开加注口盖，查看冷却液颜色是否浑浊。

注意：如果冷却液液面不在规定范围内，应该添加。如果冷却液颜色浑浊，则应更换。

2. 检查冷却液冰点

使用吸管将冷却液滴在折射计玻璃上，观测冷却液冰点数值，如图 9-6-2 所示。

注意：缓慢旋开加注口盖，很热时切勿揭开，以免烫伤。

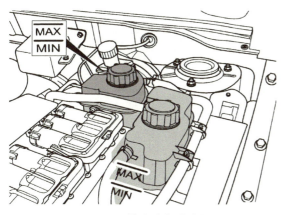

图 9-6-1　检查冷却液液位

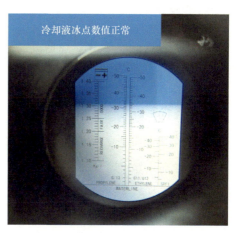

图 9-6-2　检查冷却液冰点

第七节　检查洗涤液

打开加注口盖，将洗涤液加至加注口弯曲处下方可视区域，切勿加注过多。

第八节　检查制动液

1）查看储液罐液面，液面位置应该保持在 MAX 和 MIN 之间，如图 9-8-1 所示。
2）拧开加注口盖，查看制动液颜色是否浑浊。
注意：如果制动液液面不在规定范围内，应该添加；如果制动液颜色浑浊，则应更换。
3）检查制动液含水率。制动液快速检测笔上有 3 个 LED 灯，分别是绿色、黄色和红色。将制动液吸入管内，根据笔上 LED 灯的显示，即可快速定性判断制动液的含水量。绿灯表示制动液含水量低，制动液合格；黄色 LED 灯表示制动液含水量一般，可以继续使用，但 6 个月后需要再次检测；红色 LED 灯表示制动液含水量高，不能再用，需要及时更换，如图 9-8-2 所示。

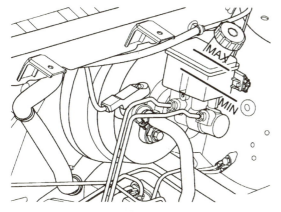

图 9-8-1　检查制动液液面

图 9-8-2　检查制动液含水率

第九节　检查车身辅助设备

1. 检查行车喇叭

按压行车喇叭开关，检查行车喇叭是否鸣响。

2. 检查刮水器

1）清洁风窗玻璃表面，清洁刮水器电机胶条，加注洗涤液，操作刮水器开关洗涤档位，检查是否能把玻璃洗涤干净。

2）检查刮水器片胶条是否有裂痕、割伤、变形和磨损，必要时可更换。

3. 检查电动天窗

1）目视检查天窗的密封和腐蚀损伤情况。

2）检查天窗的开启和关闭功能是否正常。

3）清洁滑动天窗的导轨，必要时用润滑脂润滑导轨。

第十节　检查动力合成箱油位

注意：如果动力合成箱油温过高，执行本检查程序时可能会造成烫伤。

1）将车辆水平放置，并让动力合成箱内部的油冷却，拆卸加注孔塞（图 9-10-1）并检查油位。

2）动力合成箱油面应该与加注孔下缘齐平。

注意：如果液面过低，通过加注孔塞添加专用的动力合成箱油，直到油液开始流出。

3）重新安装并紧固加注孔塞。拧紧力矩：20N·m。

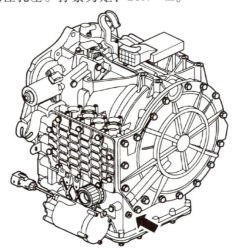

图 9-10-1　加注孔塞

第十一节 检查制动系统

1. 检查制动摩擦片

1)检测内外制动摩擦片的厚度,如图 9-11-1 所示。

2)检查摩擦片表面是否开裂、破裂或损坏。

3)标准参数。前制动摩擦片标准厚度:12mm;后制动摩擦片标准厚度:11mm;前制动摩擦片磨损极限厚度:2mm;后制动摩擦片磨损极限厚度:2mm。

2. 检查制动盘

1)用工业乙醇或类似的制动器清洗剂清洗制动盘摩擦面。

2)用千分尺测量并记录沿制动盘圆周均匀分布的 4 个或 4 个以上位置点的最小厚度,务必确保仅在制动衬块衬面接触区域内进行测量,且每次测量时千分尺与制动盘外边缘的距离必须相等,如图 9-11-2 所示。

3)如果制动盘厚度超过规格,则需要进行制动盘表面修整或更换制动盘,具体的数据可参考相关车型原厂维修手册。

注意:对制动盘需要进行表面修整或更换后,制动衬块也要进行更换。

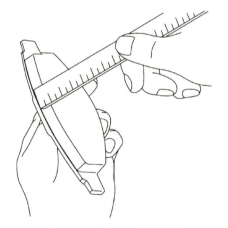
图 9-11-1 检查制动摩擦片

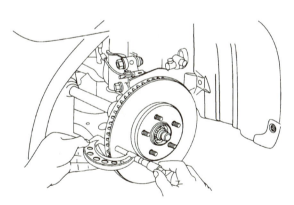
图 9-11-2 检查制动盘

3. 制动盘轴向圆跳动量的测量

注意:当将制动盘从轮毂/车桥法兰拆离时,应清除轮毂/车桥法兰和制动盘配合面上的铁锈或污物,否则,可能会导致制动盘装配后轴向圆跳动量过大,从而导致制动器振动。

1)用工业乙醇或类似的制动器清洗剂清洗制动盘摩擦面。

2)将制动盘安装至轮毂/车桥法兰上。

3)用手安装螺母并用扳手紧固螺母。

4)将百分表底座安装至转向节,并布置好百分表测量头,使其与制动盘摩擦面接触成 90°,且距离制动盘外边缘 13mm。

5）转动制动盘，直到百分表读数达到最小，然后将百分表归零。

6）转动制动盘，直到百分表上读数达到最大。

7）标记并记录轴向圆跳动量。

8）将制动盘装配后轴向圆跳动量与规范值相比较。规范值：0.005mm。

9）如果制动盘装配后轴向圆跳动量超过规范，应检查轴承轴向间隙和车桥轮毂的轴向圆跳动，若轴承轴向间隙和车桥轮毂轴向圆跳动正常，制动盘厚度在规定的范围内，则应对制动盘进行表面修整以确保正确的平整度，如图9-11-3所示。

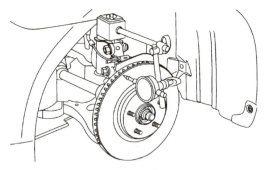

图9-11-3　制动盘轴向圆跳动量的测量

4. 制动钳的检查

1）检查制动钳壳体是否开裂、严重磨损和损坏，如果出现上述状况，则需要更换制动钳。

2）检查制动钳活塞防尘罩密封圈是否开裂、破裂、有缺口、老化，或者没有在制动钳体内正确安装，如果出现任何上述状况，则更换制动钳。

3）检查制动钳活塞防尘罩密封圈周围和盘式制动衬块上是否有制动液泄漏，如果出现制动液泄漏迹象，则应更换制动钳。

4）检查制动钳活塞是否能顺畅进入制动钳缸内且行程完整，制动钳缸内制动钳活塞的运动应顺畅且均匀，如果制动钳活塞卡滞或者难以到达底部，则需要更换制动钳。

5. 制动衬块导向片的检查

1）检查制动衬块导向片是否存在缺失、严重腐蚀、安装凸舌弯曲状况。

2）如果发现上述任何情况，则需要更换盘式制动衬块导向片。确保制动衬块在盘式制动衬块导向片上滑动顺畅，没有阻滞现象。

6. 制动钳浮动销的检查

1）检查制动钳浮动销是否存在以下情况：

① 卡滞。

② 卡死。

③ 护套开裂或破损。

④ 护套缺失。

2）如果发现上述任何情况，则需要更换制动钳和防尘罩密封圈。

7. 检查制动踏板

1）关闭点火开关，连续踩制动踏板数次，直到真空助力器中没有真空度，松开踏板，用手推制动踏板至踏板变沉，测量制动踏板自由间隙。制动踏板自由间隙≤11mm。

2）松开制动踏板，掀开驾驶人侧地毯，测量制动踏板距地板的高度。

8. 检查驻车制动器

在制动器正常的情况下,将车辆行驶到坡度约为20%的斜坡上,踩下制动踏板并开启驻车制动,使车辆停在斜坡上,缓慢抬起制动踏板,车辆应最少保持5min不溜车,若车辆溜车则说明驻车制动有故障,应进行检修。

第十二节 检查混合动力系统

1. 检查高压系统

1)断开动力蓄电池负极。
2)断开手动维护开关。
3)检查高压插接件、低压插接件外观,以及是否可靠安装,检查插接件是否有损坏,是否安装到位。
4)检查集成电力驱动总成的可靠情况。检查高压线束的连接是否牢靠,检查固定支架是否松动,读取故障码。
5)检查动力蓄电池的可靠性。检查与电池箱相连接的高压线束,以及手动维护开关连接是否牢靠,用专用工具检测电芯工作状态,读取故障码。
6)检查集成电源系统的可靠情况。检查高压插接件和低压插接件连接是否完好,检查低压12V正、负极线束连接是否可靠,检查安装螺栓是否紧固牢靠,读取故障码。
7)检查特殊部位的高压线束。底盘下的高压线束及高压线束护板是否有损坏,与电机连接部位是否牢靠、完好,行李舱内高压线束连接是否牢靠、完好。
8)检查防爆阀。举升车辆,检查电池总成防爆阀是否脱落或损坏。

2. 检查发动机电控系统及机油

1)检查发动机线束各个固定卡扣、插接器没有损坏或松动。
2)检查发动机机油,油标尺上有上限和下限这两个刻度标记,机油液面应位于上下两个刻度的中间。

第十章 保养时的更换调整作业

第一节 制动液的排放和加注

1. 检查制动液

1）查看储液罐液面，液面位置应该保持在 MAX 和 MIN 之间。
2）拧开加注口盖，查看制动液颜色是否浑浊。

2. 更换制动液

注意：制动液更换的同时，必须执行液压制动系统排气程序。

3. 液压制动系统排气程序

1）保持电源关闭状态，踩下制动踏板数次，直到完全消除助力器中的压力。
2）加注制动液至储液罐中，在排气操作中储液罐液面要保持在至少一半，如图 10-1-1 所示。
3）缓缓踩下制动踏板到底，并保持住。
4）松开主缸上的一根制动油管，待制动液从端口流出，紧固制动油管接头，如图 10-1-2 所示。拧紧力矩：16N·m。

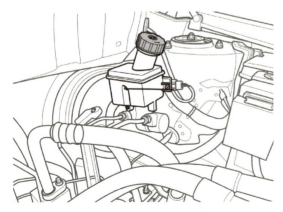

图 10-1-1　储液罐液面

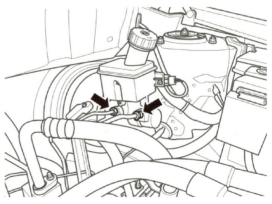

图 10-1-2　松开制动油管

5）松开主缸上的另一根制动油管，待制动液从端口流出，紧固制动油管接头。拧紧力矩：16N·m

6）反复操作第2）步至第5）步3~4遍。

7）拆下放气螺钉防尘罩，将一根透明管连接到右后制动钳上的后放气螺钉上，使管子浸入透明容器中的制动液内，如图10-1-3所示。

8）按下述步骤排出右后制动钳中的空气。缓慢踩住制动踏板，不可急踩制动踏板，如图10-1-4所示。

图10-1-3 排出制动液　　　　　　　图10-1-4 缓慢踩住制动踏板

9）在踩下制动踏板的同时，松开放气螺钉，排出制动钳中的空气。

10）在气泡逸出到制动液容器中后，稍微紧固后放气螺钉。

11）慢松开制动踏板。

12）等候20s后，重复步骤6）~9），直到排出所有空气。

13）松开放气螺钉时，如果容器中不再出现气泡，则表明空气已全部排出。

14）紧固放气螺钉。拧紧力矩：11.5N·m。

15）按左前、左后、右前顺序排放其余制动钳中的空气，按步骤5）~12）中的程序操作。

16）在排出所有制动钳中的空气后，检查制动踏板是否绵软，如果踏板绵软，重复整个排气程序，直至正常。

第二节　变速器油的更换

本节以吉利帝豪混合动力车辆为例讲解。

1. 排空变速器油

1）举升车辆。

2）拆卸变速箱放油螺塞，用回收容器接收放出的变速器油，如图10-2-1所示。

注意：必须集中回收处理旧变速器油，等待报废或再生利用，不要将旧变速器油排入下水管道，以保护环境。

3）待变速箱油排空后，再安装放油螺塞。拧紧力矩：12N·m

2. 加注变速器油

1）从加注孔添加专用的变速器油，直到油液开始流出。参考用量：(3.5±0.1)L。

2）重新安装并紧固加注孔螺塞。拧紧力矩：20N·m

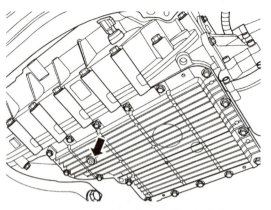

图10-2-1　拆卸变速器放油螺塞

第三节　发动机冷却液的更换

本节以吉利帝豪混合动力车辆为例讲解。

1. 排空冷却液

1）打开冷却液膨胀罐总成盖，如图10-3-1所示。

2）拆下放水螺塞，用容器接住冷却液，如图10-3-2所示。

3）待冷却液排空后，安装放水螺塞。

2. 加注冷却液

1）缓慢加注冷却液，直至膨胀罐内冷却液量达到80%左右，且液位不再下降，如图10-3-3所示。

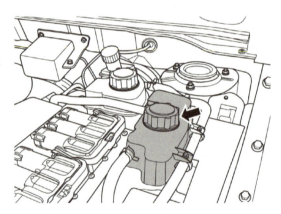

图10-3-1　打开冷却液膨胀罐总成盖

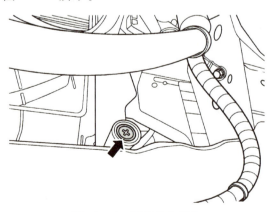

图10-3-2　拆下放水螺塞

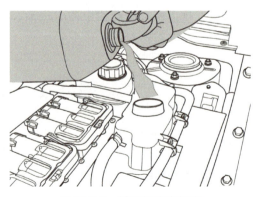

图10-3-3　缓慢加注冷却液

2)起动发动机,直到节温器打开,当两条散热器进出水管都感觉烫手时,可认定节温器已打开。

3)关闭发动机,确认发动机冷却液放水阀门和放气阀门无渗漏。重复上述步骤直到排出的液体无气泡冒出。

4)观察膨胀罐通气口,待膨胀罐通气口有持续冷却液流出,且膨胀罐内冷却液液位不再下降,拧紧膨胀罐盖,至此冷却液加注完成。

第四节　电机控制器冷却液的更换

1. 排空冷却液

1)打开冷却液膨胀罐总成盖,如图10-4-1所示。

2)拆卸散热器出水管与驱动电机控制器冷凝器连接卡箍,如图10-4-2所示。用容器接住冷却液。

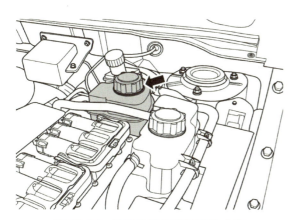

图10-4-1　打开冷却液膨胀罐总成盖

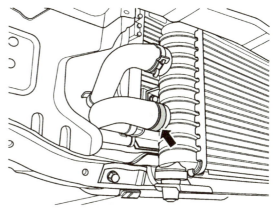

图10-4-2　拆卸卡箍

注意:必须集中回收处理旧驱动电机控制器冷却液,等待报废或再生利用,不要将旧驱动电机控制器冷却液排入下水管道,以保护环境。

3)安装散热器出水管与驱动电机控制器冷凝器连接卡箍。

2. 加注冷却液

1)缓慢加注冷却液(图10-4-3),直至膨胀罐内冷却液量达到80%左右,且液位不再下降。

2)车辆上高压,打开暖风系统,通过电动水泵运行排除系统剩余空气,挤压散热器出水软管可加速排空。

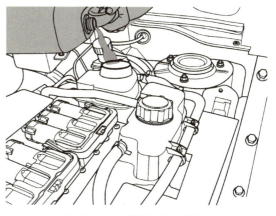

图10-4-3　缓慢加注冷却液

注意：风扇随时可能运行，小心打伤。如果冷却液液位持续不变，且膨胀罐通气口无冷却液流出，需要重新上高压，并挤压散热器出水软管强制排空。

3）观察膨胀罐内冷却液下降，及时补充冷却液，保持冷却液液位处于 MAX 线和 MIN 线之间。

4）观察膨胀罐通气口，待膨胀罐通气口有持续冷却液流出，且膨胀罐内冷却液液位不再下降，拧紧膨胀罐盖，至此冷却液加注完成。

第五节　空调滤清器的更换

1. 拆卸空调滤清器

1）打开前机舱盖。
2）拆卸仪表板杂物箱。
3）拆卸空调滤芯安装壳，如图 10-5-1 所示。
4）从空调滤芯安装壳上分离空调滤芯，如图 10-5-2 所示。

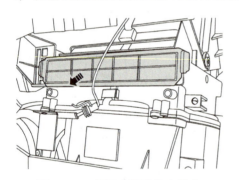

图 10-5-1　拆卸空调滤芯安装壳

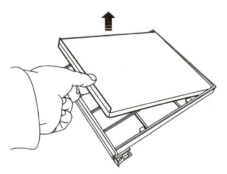

图 10-5-2　抽出空调滤芯

2. 安装空调滤清器

1）将空调滤芯组装到空调滤芯安装壳上，如图 10-5-3 所示。
2）安装空调滤芯安装壳，如图 10-5-4 所示。

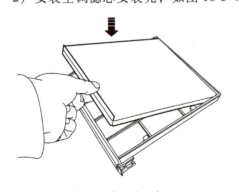

图 10-5-3　插入空调滤芯

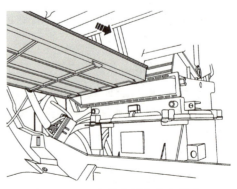

图 10-5-4　安装空调滤芯安装壳

3）安装仪表板杂物箱。
4）关闭前机舱盖。

第六节　前照灯的调整

1. 调整前准备

1）工具：十字螺丝刀或内六角扳手；卷尺或激光测距仪（电子尺）。
2）场地。暗环境场地应当水平且平整，大小应能保证车辆驶入，前照灯基准中心与屏幕至少相距 10m。
3）测试屏幕。厚白纸或白墙（为便于观察光形，测试屏幕的宽度应比车宽≥2m）。
4）准备车辆。
① 胎压应按照整车技术条件规定的满载压力充气。
② 车辆补足油液，备齐测试车辆所有的附件和工具（备胎、工具等）。
③ 在驾驶人座上放置 75kg 载荷。
④ 在测量之前，车辆应处于自然静止状态，车辆先向后行驶至少一个车轮圆周距离，然后向前行驶同样距离。
⑤ 保证车灯外面罩干净。
⑥ 起动车辆发动机。

2. 灯光测量

1）将车辆停放位置如图 10-6-1 所示，前照灯基准中心与屏幕相距 L 为 10m。

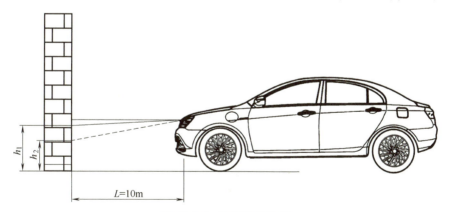

图 10-6-1　车辆停放位置

2）对于手动调节灯光高度的车辆，应将高度调节开关打到"O"档位。
3）屏幕画出 O 线，A 线、A1 线、A2 线，B 线、B1 线、B2 线，如图 10-6-2、图 10-6-3 所示。

O 线：在测试屏幕中心画一根与车辆中心对齐的垂直线。
A 线：在 O 线左侧画一根与其平行的线，与 O 线的距离 673.3mm（近光）/514.25mm（远光）（红色实线）。

A1线：在A线左侧画一根与其平行的线，与A线的距离170mm（红色虚线）。

A2线：在A线右侧画一根与其平行的线，与A线的距离350mm（红色虚线）。

B线（近光）：在O线右侧画一根与其平行的线，与O线的距离673.3mm（近光）/514.25mm（远光）（红色实线）。

B1线：在B线左侧画一根与其平行的线，与B线的距离170mm（红色虚线）。

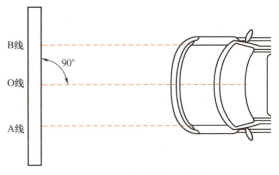

图10-6-2　测试屏幕（俯视）

B2线：在B线右侧画一根与其平行的线，与B线的距离350mm（红色虚线）。

4）屏幕上画h1线、h2线。

h1线：画出与地面平行的水平线，与地面距离679mm（近光）/820mm（远光）。

h2线：画出与地面平行的水平线，与地面距离429mm（近光）/576mm（远光）。

5）完成所有线后，形成如图10-6-3所示的绿框。

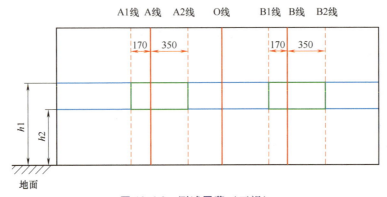

图10-6-3　测试屏幕（正视）

3. 灯光调整

1）近光灯的调整。打开近光灯。

左侧灯光：将十字螺丝刀或内六角扳手插入近光调光口，旋转前组合灯调光手柄1对前照灯（近光灯）进行水平（左右）方向的调节；旋转前组合灯调光手柄2对前照灯（近光灯）进行垂直（上下）方向的调节，如图10-6-4所示。

注意：右侧灯光与左侧灯光的调整方法一致。

2）要求近光灯光源明暗截止线转折点位于绿框内，调光完成，如图10-6-5所示。

注意：调试完成后，左右侧灯光高度应当保持一致。

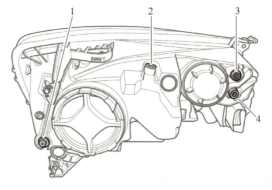

图10-6-4　前照灯调整位置
1—近光灯调光手柄1　2—近光灯调光手柄2
3—远光灯调光手柄1　4—远光灯调光手柄2

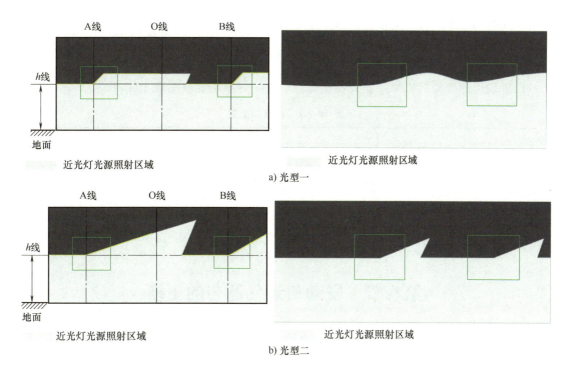

图 10-6-5　调整后的光型

第七节　发动机机油的更换

本节以丰田凯美瑞混合动力车型为例讲解。

1. 排空发动机机油

1）举升车辆。

2）拆下 4 个螺钉和发动机中央下盖，如图 10-7-1 中的箭头所示。

3）拆下机油加注口盖分总成。

4）拆下油底壳排放塞和垫片，并将发动机机油排放到容器中。

5）清洁油底壳排放塞。

6）将新垫片安装到油底壳排放塞上。

7）安装油底壳排放塞。拧紧力矩：40N·m

8）拆卸机油滤清器。

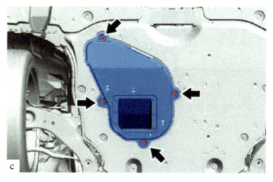

图 10-7-1　拆下发动机中央下盖

2. 加注发动机机油

1）检查并清洁机油滤清器安装表面。

2）在新的机油滤清器垫片上涂抹干净的发动机机油。

3）用手轻轻转动机油滤清器到指定位置。紧固机油滤清器直到其垫片接触到底座。拧紧力矩：17.5N·m。

4）添加新的发动机机油并安装机油加注口盖，标准加油量见表10-7-1。

表 10-7-1　标准加油量

项目	标准加油量/L
排空并重新加注（更换机油滤清器）	4.5
排空并重新加注（不更换机油滤清器）	4.2
净加注	5.4

5）起动发动机。检查并确保发动机机油不会从排放塞和机油滤清器泄漏。

6）安装发动机中央下盖。

第八节　发动机进气滤芯的更换

1. 拆卸进气滤芯

1）脱开空气滤清器盖夹箍，如图10-8-1所示。

2）脱开两个导销，以从空气滤清器壳上分离空气滤清器盖。

3）从空气滤清器壳上拆下空气滤清器滤芯，如图10-8-2所示。

注意：不要让异物进入空气滤清器盖和空气滤清器壳。

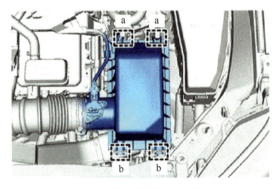

图 10-8-1　脱开空气滤清器盖夹箍
a、b—导销

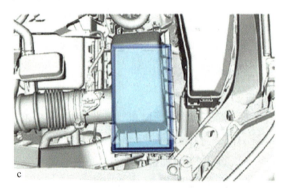

图 10-8-2　拆下空气滤清器滤芯

2. 安装进气滤芯

1）检查并确认空气滤清器壳和空气滤清器盖内侧没有脏污或沉积物，如果有，必须进行清洁。

2）将空气滤清器滤芯安装到空气滤清器壳上。

3）接合两个导销，以将空气滤清器盖安装到空气滤清器壳上。

4）接合两个空气滤清器盖夹箍。

第三篇

拆装与检测篇

第十一章 动力驱动系统及控制系统

第一节 动力驱动系统及控制系统拆卸与安装

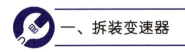 一、拆装变速器

下面以吉利帝豪混合动力车型为例讲解。

1. 拆卸变速器

1）打开行李舱盖。

2）断开蓄电池负极电缆。

3）拆卸维修开关。

4）拆卸发动机装饰罩谐振腔总成。

5）拆卸左、右前轮轮胎。

6）拆卸发动机舱左、右下护板。

7）拆卸纵梁。

8）排放动力合成箱润滑油。

9）拆卸左、右驱动轴。

10）拆卸副车架。

11）拆卸膨胀罐（发动机）。

12）拆卸膨胀罐（PEU）。

13）拆卸驱动电机控制器。

14）拆卸驻车电机。

15）拆卸转速传感器。

16）拆卸位置传感器。

17）拆卸驻车电机控制器。

18）拆卸驱动电机连接电缆。

19）拆卸动力合成箱总成。

① 使用吊臂和铁链将发动机吊起，如图 11-1-1 所示。

注意：务必确保发动机平稳固定，防止发动机悬置受力过大导致损坏。

② 使用举升平台托起动力合成箱底部。

注意：在支撑前，举升平台与动力合成箱之间放置垫块，以免动力合成箱滑动。

③ 拆卸动力合成箱进/出油管两个固定螺栓 1，脱开油管，如图 11-1-2 所示。

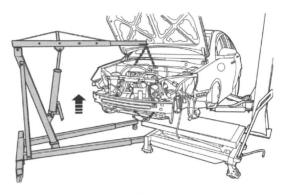

图 11-1-1 将发动机吊起

注意：管路拆解后须用专用胶塞将进、出油口堵住，以防止漏油。

④ 拆卸动力合成箱线束连接器 2，如图 11-1-2 所示。拧紧力矩：9N·m。

⑤ 拆卸动力合成箱前部三个固定螺栓，如图 11-1-3 中的箭头所示，拧紧力矩：53N·m。

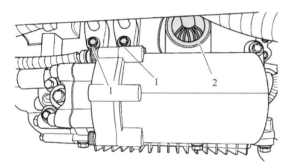

图 11-1-2 拆卸动力合成箱线束连接器

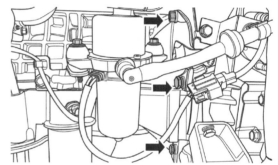

图 11-1-3 拆卸动力合成箱前部固定螺栓

⑥ 拆卸动力合成箱后部三个固定螺栓，如图 11-1-4 中的箭头所示，拧紧力矩：53N·m。

⑦ 拆卸动力合成箱上部两个固定螺栓，如图 11-1-5 中的箭头所示，拧紧力矩：80N·m。

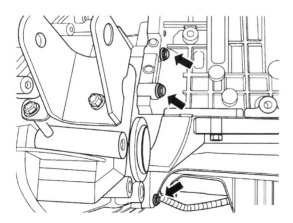

图 11-1-4 拆卸动力合成箱后部固定螺栓

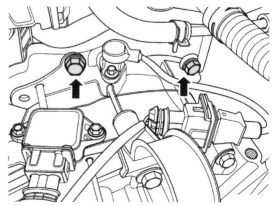

图 11-1-5 拆卸动力合成箱上部固定螺栓

⑧ 拆卸节气门支架固定螺栓。
⑨ 拆卸发动机左减振座与动力合成箱固定螺母，如图 11-1-6 中的箭头所示，拧紧力矩：140N·m。
⑩ 用合适的工具轻撬动力合成箱与发动机接合处，抽出动力合成箱，如图 11-1-7 所示。
⑪ 缓慢举升车辆的同时举升吊臂，移出举升平台，取下动力合成箱，如图 11-1-8 所示。

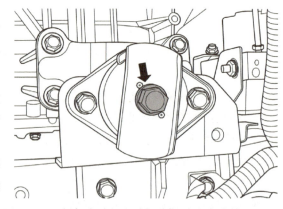

图 11-1-6　拆卸发动机左减振座与动力合成箱固定螺母

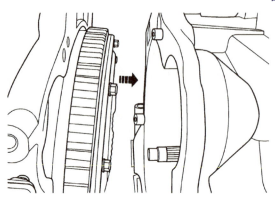

图 11-1-7　用合适的工具轻撬动力合成箱与发动机接合处

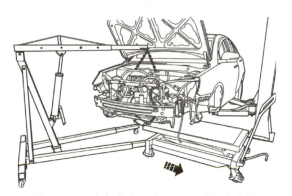

图 11-1-8　移出举升平台，取下动力合成箱

2. 安装变速器

按拆卸相反的顺序进行安装。

二、拆装位置传感器

1. 拆卸位置传感器

1）打开行李舱盖。
2）断开蓄电池负极电缆。
3）拆卸位置传感器。
① 断开位置传感器线束连接器 1，如图 11-1-9 所示。
② 拆卸位置传感器两个固定螺栓 2，如图 11-1-9 所示。
③ 取下位置传感器。

2. 安装位置传感器

1）放置位置传感器，如图 11-1-10 所示。
注意：安装时，位置传感器上的轴要套入动力合成箱上的轴内。

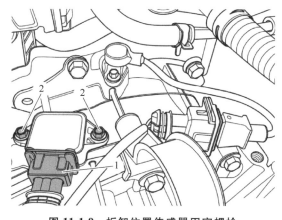

图 11-1-9　拆卸位置传感器固定螺栓

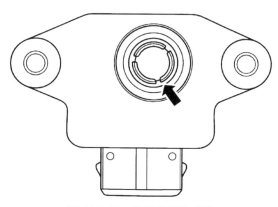

图 11-1-10　放置位置传感器

2）紧固位置传感器的两个固定螺栓，拧紧力矩：7N·m。

3）连接位置传感器线束连接器。

注意：插接时注意"一插、二响、三确认"。

 三、拆装驻车电机

1. 拆卸驻车电机

1）打开行李舱盖。

2）断开蓄电池负极电缆。

3）拆卸发动机装饰罩谐振腔总成。

4）拆卸驻车电机。

① 断开驻车电机线束连接器 1，如图 11-1-11 所示。

② 拆卸驻车电机两个固定螺栓 2，如图 11-1-11 所示，拧紧力矩：25N·m。

③ 取出驻车电机。

注意：取出驻车电机时，必须防止电机端部的密封垫脱落，如图 11-1-12 所示。

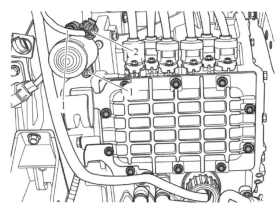

图 11-1-11　拆卸驻车电机固定螺栓

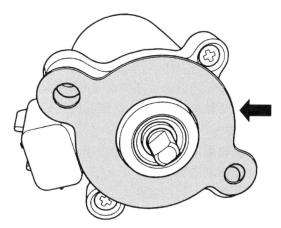

图 11-1-12　检查驻车电机密封垫是否脱落

2. 安装驻车电机

安装按拆卸的相反顺序进行。

四、拆装电机控制器

1. 拆卸电机控制器

1）打开行李舱盖。
2）断开蓄电池负极电缆。
3）拆卸维修开关。
4）打开发动机舱盖。
5）拆卸膨胀罐（发动机）。
6）拆卸膨胀罐（PEU）。
7）拆卸电机控制器。

① 拆卸膨胀罐（PEU）安装支架两个安装螺栓，取下膨胀罐（PEU）安装支架，如图 11-1-13 中的箭头所示，拧紧力矩：35N·m。

② 拆卸 PEU 线束上安装板两个固定螺栓，取下 PEU 线束上安装板，如图 11-1-14 中的箭头所示，拧紧力矩：9N·m。

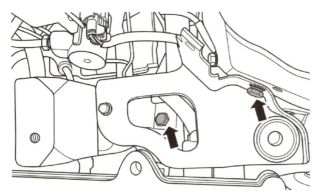

图 11-1-13 拆卸膨胀罐（PEU）安装支架螺栓

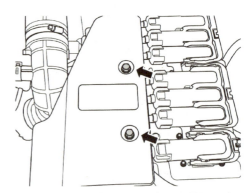

图 11-1-14 拆卸 PEU 线束上安装板两个固定螺栓

③ 断开 DC/DC 线束连接器 1，如图 11-1-15 所示。
④ 断开两组驱动电机线束连接器 2，如图 11-1-15 所示。
⑤ 拆卸 PEU 线束下安装板固定螺栓 3，取下 PEU 线束下安装板，如图 11-1-15 所示。拧紧力矩：9N·m。
⑥ 拆卸电机控制器进水管固定环箍 1，脱开水管，如图 11-1-16 所示。
⑦ 拆卸散热器进水管（PEU）固定环箍 2，脱开水管，如图 11-1-16 所示。
⑧ 拆卸电机控制器 4 个固定螺栓 3，如图 11-1-16 所示，拧紧力矩：24N·m。
⑨ 拆卸电机控制器搭铁线固定螺母，脱开线束，如图 11-1-17 中的箭头所示，拧紧力矩：9N·m。

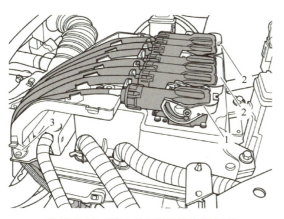

图 11-1-15　断开 DC/DC 线束连接器

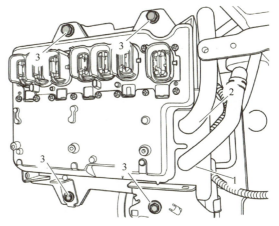

图 11-1-16　拆卸电机控制器固定螺栓

⑩ 断开电机控制器两个低压线束连接器 1，如图 11-1-18 所示。

⑪ 断开电机控制器高压线束连接器 2，取下电机控制器，如图 11-1-18 所示。

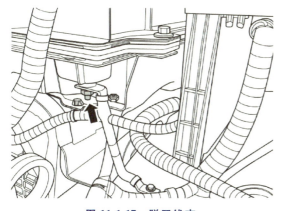

图 11-1-17　脱开线束

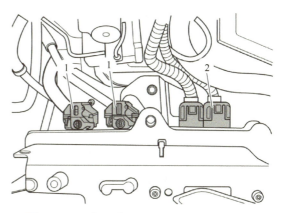

图 11-1-18　断开电机控制器低压线束连接器

2. 安装电机控制器

安装按拆卸的相反顺序进行。

第二节　动力驱动系统及控制系统的检测

 一、检查 BMS 高压互锁

1. 检查 BMS 高压互锁故障

1）操作起动开关使电源模式至 OFF 状态。

2）检查动力蓄电池维修开关是否松动。

3）断开维修开关。
4）检查动力蓄电池正负极接插件是否松动。
① 是，修理或更换线束。
② 否，检查 PEU 高压互锁故障。

2. 检查 PEU 高压互锁故障

1）操作起动开关使电源模式至 OFF 状态。
2）断开维修开关。
3）检查电机控制器正负极接插件是否松动。
① 是，修理或更换线束。
② 否，检查电动压缩机高压互锁故障。

3. 检查电动压缩机高压互锁故障

1）操作起动开关使电源模式至 OFF 状态。
2）断开维修开关。
3）检查电动压缩机正负极接插件是否松动或互锁线路断路。
① 是，修理或更换线束。
② 否，检查冷却油泵控制器高压互锁故障。

4. 检查冷却油泵控制器高压互锁故障

1）操作起动开关使电源模式至 OFF 状态。
2）断开维修开关。
3）检查冷却油泵正负极接插件是否松动或互锁线路断路。
① 是，修理或更换线束。
② 否，更换互锁开关。

5. 更换互锁开关

1）操作起动开关使电源模式至 OFF 状态。
2）断开蓄电池负极电缆。
3）更换互锁开关。
4）确认故障是否排除。

二、电机旋变传感器信号故障检测

1. 检测电机旋变的正弦、余弦、励磁电阻值

电机旋变的正弦、余弦、励磁电阻正常值：
余弦：$(14.5±1.5)\Omega$。
正弦：$(13.5±1.5)\Omega$。
励磁：$(9.5±1.5)\Omega$。

2. 检查电机控制器的接地线路

1）操作起动开关使电源模式至 OFF 状态。

2）用万用表测量电机控制器自身搭铁线与车身可靠接地之间的电阻。电阻标准值：<1Ω。

3）确认测量值是否符合标准。

① 是，修理或更换线束。

② 否，检测动力合成箱与 PEU 之间的线路。

3. 检测动力合成箱与 PEU 之间的线路

1）查阅电路图，如图 11-2-1 所示。

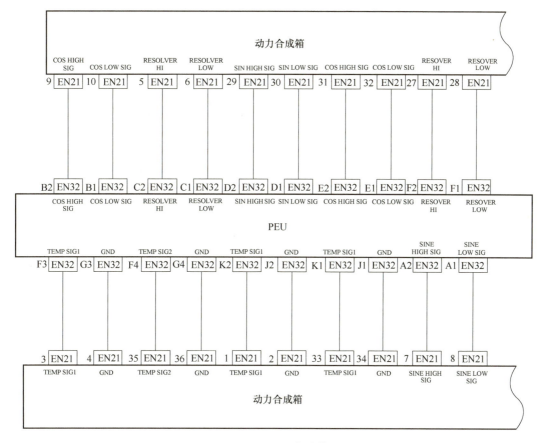

图 11-2-1 PEU 电路简图

2）操作起动开关使电源模式至 OFF 状态。

3）拆卸维修开关。

4）操作起动开关使电源模式至 ON 状态。

5）断开动力合成箱线束连接器 EN21。

6）断开电机控制器线束连接器 EN32。

7）用万用表按表 11-2-1 进行测量。标准电阻：<1Ω。

表 11-2-1　测量方法

测量位置 A	测量位置 B	测量位置 A	测量位置 B
EN21-9	EN32-B2	EN21-8	EN21-A1
EN21-10	EN32-B1	EN21-7	EN21-A2
EN21-5	EN32-C2	EN21-34	EN21-J1
EN21-6	EN32-C1	EN21-33	EN21-K1
EN21-29	EN21-D2	EN21-2	EN21-J2
EN21-30	EN21-D1	EN21-1	EN21-K2
EN21-31	EN21-E2	EN21-36	EN21-G4
EN21-32	EN21-E1	EN21-35	EN21-F4
EN21-27	EN21-F2	EN21-4	EN21-G3
EN21-28	EN21-F1	EN21-3	EN21-F3

8）确认测量值是否符合标准。

① 是，修理或更换线束。

② 否，更换电机控制器。

4. 更换电机控制器

更换后试车，确认故障排除。

三、电机控制器 DC/DC 故障检测

1. 电路图

电机控制器电路图如图 11-2-2 所示。

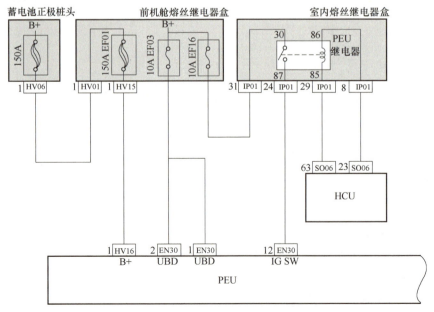

图 11-2-2　电机控制器电路图

2. 检查蓄电池电压

1）操作起动开关使电源模式至 OFF 状态。
2）用万用表测量蓄电池电压。标准电压：11～14V。
3）确认测量值是否符合标准。
① 否，更换蓄电池或为蓄电池充电。
② 是，检查电机控制器熔丝 EF01、EF03、EF16 和蓄电池正极桩头熔丝是否熔断。

3. 检查电机控制器熔丝 EF01、EF03、EF16 和蓄电池正极桩头熔丝是否熔断

1）操作起动开关使电源模式至 OFF 状态。
2）拔下熔丝 EF01，检查熔丝是否熔断。熔丝额定容量：150A。
3）拔下熔丝 EF03，检查熔丝是否熔断。熔丝额定容量：10A。
4）拔下熔丝 EF16，检查熔丝是否熔断。熔丝额定容量：10A。
5）拔下蓄电池正极桩头熔丝，检查熔丝是否熔断。熔丝额定容量：150A。
① 是，检修熔丝线路，更换额定容量熔丝。
② 否，检查 PEU 继电器。

4. 检查 PEU 继电器

1）操作起动开关使电源模式至 OFF 状态。
2）拔下 PEU 继电器，用相同型号的继电器取代 PEU 继电器。
3）确认故障是否排除。
① 是，更换相同规格的继电器。
② 否，检查 PEU 继电器控制端。

5. 检查 PEU 继电器控制端

1）操作起动开关使电源模式至 OFF 状态。
2）断开熔丝盒线束连接器 IP01，如图 11-2-3 所示。
3）断开整车控制器线束连接器 SO06。
4）用万用表测量熔丝盒线束连接器 IP01 端子 8 和整车控制器线束连接器 SO06 端子 23 之间的电阻。电阻标准值：<1Ω。
5）用万用表测量熔丝盒线束连接器 IP01 端子 29 和整车控制器线束连接器 SO06 端子 63 之间的电阻。电阻标准值：小于 1Ω。

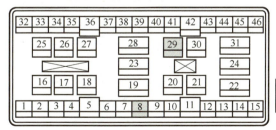
a) IP01 熔丝盒线束连接器

b) SO06 HCU 线束连接器

图 11-2-3 测量端子

6）确认测量值是否符合标准。

① 否，修理或更换线束。

② 是，检查电机控制器低压电源电压。

6. 检查电机控制器低压电源电压

1）操作起动开关使电源模式至 OFF 状态。

2）断开电机控制器线束连接器 EN30，如图 11-2-4 所示。

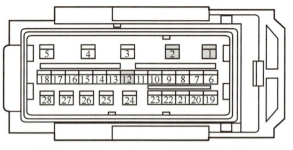

图 11-2-4　EN30 接 PEU 控制器线束连接器

3）操作起动开关使电源模式至 ON 状态。

4）用万用表测量电机控制器线束连接器 EN30 端子 1 和车身接地之间的电压值。标准电压：11～14V。

5）用万用表测量电机控制器线束连接器 EN30 端子 2 和车身接地之间的电压值。标准电压：11～14V。

6）用万用表测量电机控制器线束连接器 EN30 端子 12 和车身接地之间的电压值。标准电压：11～14V。

7）确认测量值是否符合标准。

① 否，修理或更换线束。

② 是，检查电机控制器接地电阻。

7. 检查电机控制器接地电阻

1）操作起动开关使电源模式至 OFF 状态。

2）用万用表测量电机控制器自身搭铁线和车身接地之间的电阻。标准电阻：小于 1Ω。

3）确认测量值是否符合标准。

① 否，修理或更换线束。

② 是，检查 DC/DC 与蓄电池之间的线路。

8. 检查 DC/DC 与蓄电池之间的线路

1）操作起动开关使电源模式至 OFF 状态。

2）断开蓄电池负极电缆。

3）断开电机控制器线束连接器 HV16，如图 11-2-5 所示。

4）断开蓄电池正极电缆。

5）用万用表测量电机控制器线束连接器 HV16 端子 1 和蓄电池正极电缆之间的电阻。标准电阻：小于 1Ω。

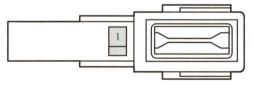

图 11-2-5　HV16 接 PEU 控制器 DC/DC 线束连接器

6）确认测量值是否符合标准。

① 否，修理或更换线束。

② 是，更换电机控制器。

9. 更换电机控制器

更换后试车，确认故障排除。

第十二章 动力蓄电池及控制系统

第一节 动力蓄电池及控制系统拆卸与安装

 一、动力蓄电池总成拆装

下面以吉利帝豪混合动力车型为例讲解。

1. 拆卸动力蓄电池

1）打开行李舱盖。
2）断开动力蓄电池负极电缆。
3）拆卸维修开关。
4）支撑动力蓄电池总成。
① 将车辆用举升机升起。
② 置入平台车，使用平台车支撑动力蓄电池总成，如图 12-1-1 所示。
5）拆卸动力蓄电池总成。拆卸隔热罩 5 颗固定螺栓，取下隔热罩，如图 12-1-2 所示，拧紧力矩：10N·m。

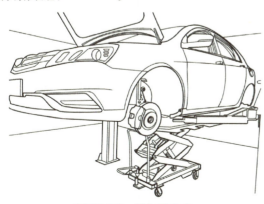

图 12-1-1 置入平台车

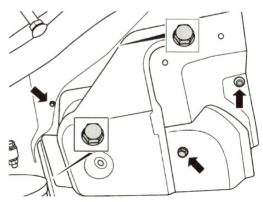

图 12-1-2 拆卸隔热罩固定螺栓

① 拆卸卡箍，断开动力蓄电池进水管1，如图12-1-3所示。
② 拆卸卡挂，断开动力蓄电池出水管2，如图12-1-3所示。
③ 断开动力蓄电池低压线束连接器3，如图12-1-3所示。
④ 断开动力蓄电池高压线束连接器4，如图12-1-3所示。
⑤ 断开动力蓄电池慢充线束连接器5，如图12-1-3所示。
⑥ 拆卸动力蓄电池前后左右共七颗螺栓1，如图12-1-4所示。拧紧力矩：75N·m
⑦ 拆卸动力蓄电池搭铁螺栓2，如图12-1-4所示。
⑧ 缓慢下降平台车，取出动力蓄电池总成。

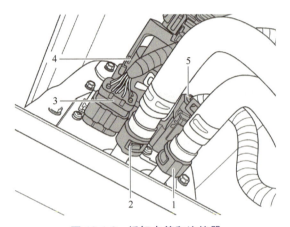

图 12-1-3 拆卸卡箍和连接器

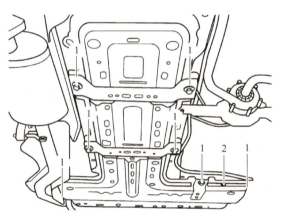

图 12-1-4 拆卸动力蓄电池螺栓

2. 安装动力蓄电池

安装以拆卸的相反顺序进行。

二、电动水泵拆装

1. 拆卸电动水泵

1）打开行李舱盖。
2）断开蓄电池负极电缆。
3）拆卸电动水泵总成。
① 举升车辆。
② 断开电动水泵总成线束连接器，如图12-1-5所示。
③ 拆卸卡箍，断开电动水泵总成进水管1，如图12-1-6所示。
④ 拆卸卡箍，断开电动水泵总成出水管2，如图12-1-6所示。

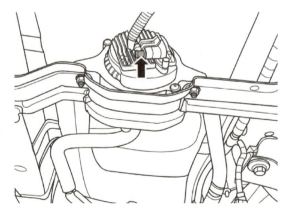

图 12-1-5 断开电动水泵总成线束连接器

⑤ 拆卸电动水泵支架三颗固定螺栓3，取下电动水泵总成及支架，如图12-1-6所示。

⑥ 拆卸电动水泵总成两颗固定螺栓，分离电动水泵总成和电动水泵安装支架，如图 12-1-7 所示。

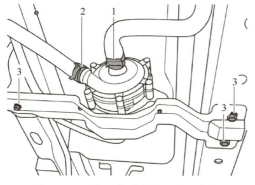

图 12-1-6　取下电动水泵总成及支架

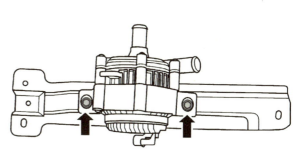

图 12-1-7　拆卸电动水泵固定螺栓

2. 安装电动水泵

安装以拆卸的相反顺序进行。

第二节　动力蓄电池及控制系统的检测

 一、动力蓄电池绝缘电阻值检测

1. 电路图

动力蓄电池及控制系统电路图如图 12-2-1 所示。

2. 确认高压回路切断

1）操作起动开关使电源模式至 OFF 状态。
2）断开动力蓄电池负极电缆。
3）拆卸维修开关。
4）断开动力蓄电池高压线束连接器 HV25，等待 5min。
5）用万用表检测 HV25 端子 A 与端子 B 之间的电压，如图 12-2-2 所示。标准电压：≤5V。
　① 不正常，等待高压系统电压下降。
　② 正常，检测动力蓄电池供电绝缘电阻值。

3. 检测动力蓄电池供电绝缘电阻值

1）操作起动开关使电源模式至 OFF 状态。
2）断开动力蓄电池负极电缆。
3）拆卸维修开关。

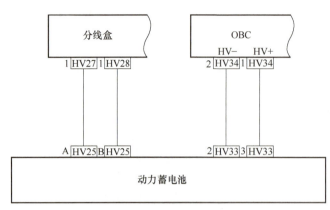

图 12-2-1　动力蓄电池及控制系统电路图

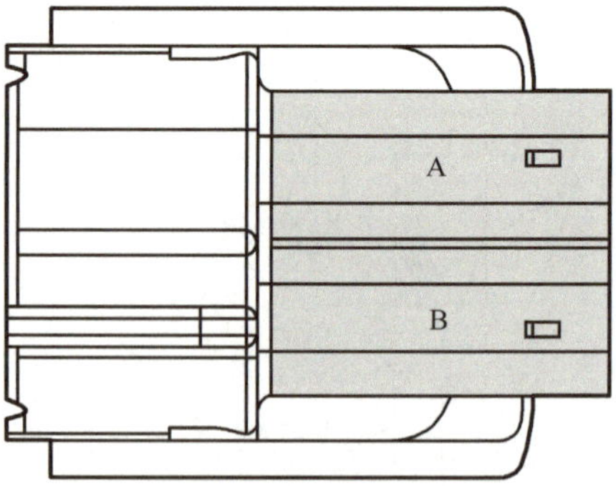

图 12-2-2　HV25 接动力蓄电池线束连接器

4）断开动力蓄电池高压线束连接器 HV25。

5）将高压绝缘检测仪的档位调至 1000V。

6）用高压绝缘检测仪测量动力蓄电池高压线束连接器 HV25 的 A、B 号端子与车身接地之间的电阻。标准电阻：≥20MΩ。

7）确认测量值是否符合标准。

① 否，修理或更换线束。

② 是，检测动力蓄电池充电线路绝缘阻值。

4. 检测动力蓄电池充电线路绝缘阻值

1）操作起动开关使电源模式至 OFF 状态。

2）断开动力蓄电池负极电缆。

3）拆卸维修开关。

4）断开动力蓄电池高压线束连接器 HV33。

5）将高压绝缘检测仪的档位调至 1000V。

6）用高压绝缘检测仪测量动力蓄电池高压线束连接器 HV33 的 1、2 号端子与车身接地之间的电阻，如图 12-2-3 所示。标准电阻：≥20MΩ。

图 12-2-3　HV33 接电池包线束连接器

7）确认测量值是否符合标准。

① 否，修理或更换线束。

② 是，绝缘电阻值正常。

二、动力蓄电池控制电路故障

1. 电路图

动力蓄电池控制电路如图 12-2-4 所示。

2. 使用故障诊断仪读取故障码

1）操作起动开关使电源模式至 ON 状态。

2）连接故障诊断仪，读取系统故障码。

3）确认系统是否存在其他故障码。

① 存在故障码，优先排除故障码指示故障。

② 没有故障码，检查绝缘电路故障。

3. 检查绝缘电路故障

1）操作起动开关使电源模式至 OFF 状态。

2）断开动力蓄电池负极电缆。

3）拆卸维修开关。

4）断开直流母线线束连接器 HV25，如图 12-2-5 所示。

5）用万用表测量直流母线线束连接器 HV25 端子 A 和分线盒壳体之间的电阻。标准电阻：≥20MΩ。

6）用万用表测量直流母线线束连接器 HV25 端子 B 和分线盒壳体之间的电阻。标准电阻：≥20MΩ。

7）确认测量值是否符合标准。

① 否，修理或更换线束。

② 是，检查电路断路故障。

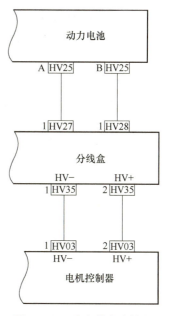

图 12-2-4 动力蓄电池控制电路电路图

4. 检查电路断路故障

1）操作起动开关使电源模式至 OFF 状态。

2）断开动力蓄电池负极电缆。

3）拆卸维修开关。

4）断开直流母线线束连接器 HV25。

5）断开电机控制器线束连接器 HV03，如图 12-2-6 所示。

6）用万用表测量直流母线线束连接器 HV25 端子 A 和电机控制器线束连接器 HV03 端子 1 之间的电阻。标准电阻：小于 1Ω。

7）用万用表测量直流母线线束连接器 HV25 端子 B 和电机控制器线束连接器 HV03 端子 2 之间的电阻。标准电阻：小于 1Ω。

8）确认测量值是否符合标准。

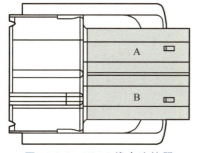

图 12-2-5 HV25 线束连接器

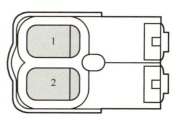

图 12-2-6 HV03 线束连接器

① 否，修理或更换线束。

② 是，检查电路相互短路故障。

5. 检查电路相互短路故障

1）操作起动开关使电源模式至 OFF 状态。
2）断开动力蓄电池负极电缆。
3）拆卸维修开关。
4）断开电机控制器线束连接器 HV25。
5）用万用表测量电机控制器线束连接器 HV25 端子 A 与端子 B 之间的电阻。标准电阻：≥20MΩ。
6）确认测量值是否符合标准。
① 否，修理或更换线束。
② 是，更换分线盒。

6. 更换分线盒

试车并确认故障已排除。

第十三章 充电系统

第一节 充电系统拆卸与安装

 一、交流充电接口的拆装

1. 拆卸交流充电接口

1）打开行李舱盖。
2）断开蓄电池负极电缆。
3）拆卸维修开关。
4）拆卸左前轮。
5）拆卸左前轮罩衬板。
6）拆卸散热器面罩。
7）拆卸前保险杠上装饰板。
8）拆卸前保险杠。
9）拆卸集成灯带交流充电插座。

① 断开车载充电机交流充电高压线束,如图 13-1-1 所示。

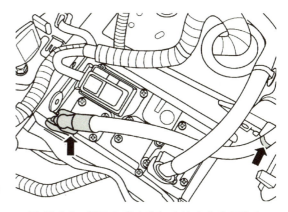

图 13-1-1 断开车载充电机交流充电高压线束

② 脱开车辆前部交流充电高压线束固定线卡。

③ 拆卸交流充电插座四个固定螺钉,如图 13-1-2 所示。

④ 断开交流充电插座线束连接器,如图 13-1-3 所示。

⑤ 脱开交流充电插座高压线束固定线卡,取出交流充电插座总成。

2. 安装交流充电接口

安装按拆卸的相反顺序进行。

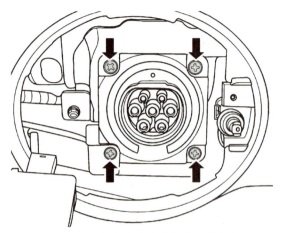

图 13-1-2 拆卸交流充电插座固定螺钉

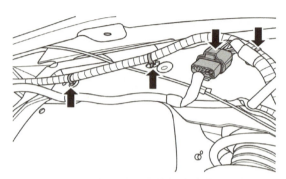

图 13-1-3 断开交流充电插座线束连接器

二、车载充电机的拆装

1. 拆卸车载充电机

1) 打开行李舱盖。
2) 断开蓄电池负极电缆。
3) 拆卸维修开关。
4) 拆卸散热器面罩。
5) 拆卸前保险杠上装饰板。
6) 拆卸前保险杠。
7) 拆卸车载充电机总成。
① 断开车载充电机高压线束连接器1，如图13-1-4所示。
② 断开车载充电机低压线束连接器2，如图13-1-4所示。
③ 拆卸卡箍，断开车载充电机进水管1，如图13-1-5所示。
④ 拆卸卡箍，断开车载充电机出水管2，如图13-1-5所示。

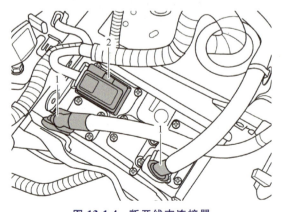

图 13-1-4 断开线束连接器

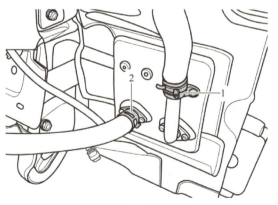

图 13-1-5 拆卸卡箍

⑤ 拆卸车载充电机支架三颗固定螺栓，取下车载充电机总成和车载充电机支架，如图13-1-6所示。拧紧力矩：9N·m。

⑥ 拆卸车载充电机与支架两颗固定螺栓1，如图13-1-7所示。

⑦ 拆卸车载充电机与支架两颗固定螺母2，如图13-1-7所示，拧紧力矩：9N·m。

⑧ 分离车载充电机和车载充电机支架。

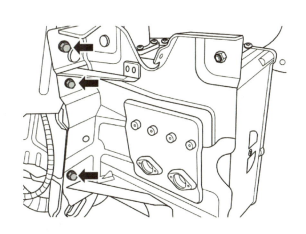

图 13-1-6　拆卸车载充电机支架固定螺栓

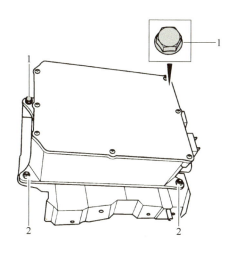

图 13-1-7　拆卸固定螺栓

2. 安装车载充电机

安装按拆卸的相反顺序进行。

第二节　充电系统的检测

 一、检查充电感应信号（CC 信号）

1. 电路图

充电系统电路图如图 13-2-1 所示。

2. 检查充电枪与充电口插针是否松动

1）操作起动开关使电源模式至 OFF 状态。

2）拆卸维修开关。

3）检查充电枪插针是否松动。

4）检查充电口插针是否松动。

① 是，更换有故障的充电枪或充电口。

② 否，检查车载充电机与交流充电接口之间的 CC 信号线路。

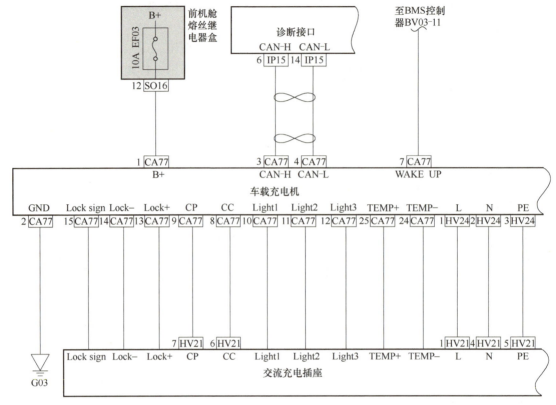

图 13-2-1 充电系统电路图

3. 检查车载充电机与交流充电接口之间的 CC 信号线路

1）操作起动开关使电源模式至 OFF 状态。

2）拆卸维修开关。

3）断开车载充电机线束连接器 CA77，如图 13-2-2 所示。

4）断开交流充电接口线束连接器 HV21，如图 13-2-2 所示。

5）用万用表测量车载充电机线束连接器 CA77 端子 8 和交流充电接口 HV21 端子 6 之间的电阻。标准电阻：<1Ω。

6）确认测量值是否符合标准。

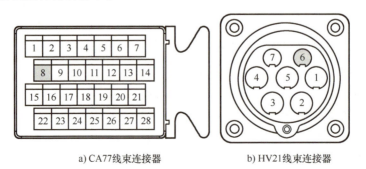

a）CA77 线束连接器　　　　b）HV21 线束连接器

图 13-2-2 检测端子

① 否，修理或更换线束。

② 是，检查车载充电机电源、接地之间的电压。

4. 检查车载充电机电源、接地之间的电压

1）操作启动开关使电源模式至 OFF 状态。

2）断开车载充电机线束连接器 CA77，如图 13-2-3 所示。

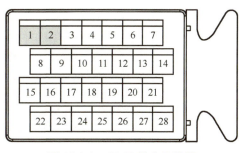

图 13-2-3　CA77 线束连接器

3）操作起动开关使电源模式至 ON 状态。

4）用万用表测量车载充电机线束连接器 CA77 端子 1 和端子 2 之间的电压值。标准电压：11~14V。

5）确认测量值是否符合标准。

① 否，修理或更换线束。

② 是，更换车载充电机。

5. 更换车载充电机

更换后试车，确认故障已排除。

二、检查 CP 信号

相关电路图如图 13-2-1 所示。

1. 检查充电枪与充电口插针是否松动

1）操作起动开关使电源模式至 OFF 状态。

2）拆卸维修开关。

3）检查充电枪插针是否松动。

4）检查充电口插针是否松动。

① 是，更换有故障的充电枪或充电口。

② 否，检查车载充电机与交流充电接口之间的 CP 信号线路。

2. 检查车载充电机与交流充电接口之间的 CP 信号线路

1）操作起动开关使电源模式至 OFF 状态。

2）拆卸维修开关。

3）断开车载充电机线束连接器 CA77。

4）断开交流充电接口线束连接器 HV21。

5）用万用表测量车载充电机线束连接器 CA77 端子 9 和交流充电接口 HV21 端子 7 之间的电阻，如图 13-2-4 所示。标准电阻：<1Ω。

6）确认测量值是否符合标准。

① 否，修理或更换线束。

② 是，检查车载充电机电源、接地之间的电压。

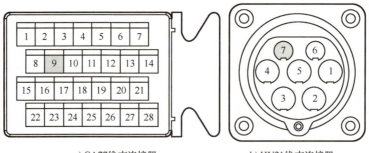

a) CA77线束连接器　　b) HV21线束连接器

图 13-2-4　检测端子

3. 检查车载充电机电源、接地之间的电压

1）操作起动开关使电源模式至 OFF 状态。

2）断开车载充电机线束连接器 CA77。

3）操作起动开关使电源模式至 ON 状态。

4）用万用表测量车载充电机线束连接器 CA77 端子 1 和端子 2 之间的电压值，如图 13-2-5 所示。标准电压：11~14V。

5）确认测量值是否符合标准。

① 否，修理或更换线束。

② 是，更换车载充电机。

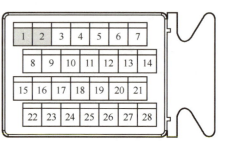

图 13-2-5　检测端子

4. 更换车载充电机

更换后试车，确认故障已排除。

第十四章 空调制冷与加热系统

第一节　空调制冷与加热系统的拆卸与安装

 一、空调压缩机总成的拆装

1. 拆卸压缩机

1）打开前机舱盖。
2）执行空调制冷剂的回收程序。
3）打开行李舱盖。
4）断开蓄电池负极电缆。
5）拆卸维修开关。
6）断开电动压缩机高压线束连接器，如图 14-1-1 所示。
7）断开电动压缩机低压线束连接器，如图 14-1-2 所示。

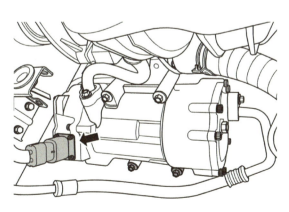

图 14-1-1　断开电动压缩机高压线束连接器

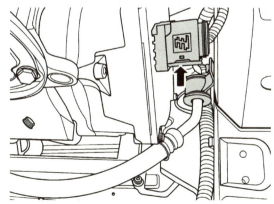

图 14-1-2　断开电动压缩机低压线束连接器

8）拆卸两根制冷空调管（压缩机侧）固定螺栓，脱开空调管，如图 14-1-3 所示。拧紧力矩：9N·m。

9）拆卸电动压缩机侧四个固定螺栓，取下电动压缩机，如图 14-1-4 所示。拧紧力矩：23N·m。

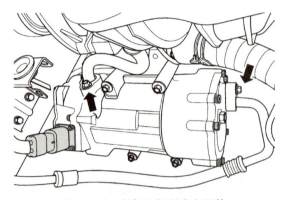
图 14-1-3　拆卸两根制冷空调管

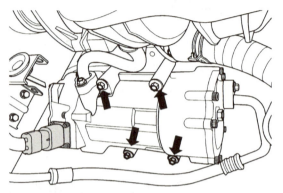
图 14-1-4　拆卸电动压缩机固定螺栓

2. 安装压缩机

安装按拆卸相反顺序进行。

二、膨胀阀的拆装

1. 拆卸膨胀阀

1）打开前机舱盖。

2）执行空调制冷剂的回收程序。

3）打开行李舱盖。

4）断开蓄电池负极电缆。

5）拆卸驾驶人气囊。

6）拆卸转向盘。

7）拆卸转向盘上装饰罩和下装饰罩。

8）拆卸螺旋电缆。

9）拆卸前立柱上装饰板。

10）拆卸灯光组合开关。

11）拆卸刮水器及洗涤器开关。

12）拆卸仪表板杂物箱。

13）拆卸组合仪表总成。

14）拆卸 GPS 主机/智能车载主机。

15）拆卸空调控制面板。

16）拆卸中央出风口。

17）拆卸侧出风口。

18）拆卸仪表板左侧下护板。

19）拆卸仪表板右侧下护板。

20）拆卸副仪表板总成。

21）拆卸仪表板总成。

22）拆卸电动助力转向管柱总成。

23）拆卸仪表板横梁。

24）拆卸空调主机箱。

25）分解空调主机箱。

① 拆卸蒸发器总成和鼓风机总成三个连接螺钉1，如图14-1-5所示。

② 拆卸空调线束连接器2，分离蒸发器总成和鼓风机总成，如图14-1-5所示。拧紧力矩：3N·m。

26）拆卸膨胀阀。

① 拆卸三个连接螺钉，取下膨胀阀塑料防尘盖，如图14-1-6所示。

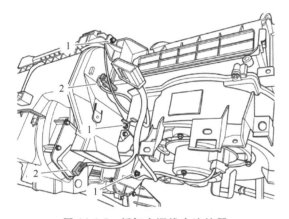

图 14-1-5 拆卸空调线束连接器

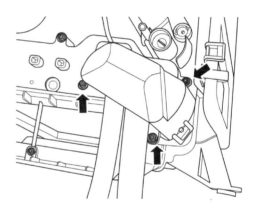

图 14-1-6 拆卸连接螺钉

② 拆卸膨胀阀上盖板固定螺栓，取下膨胀阀上盖板与空调硬短管，如图14-1-7所示。拧紧力矩：9N·m。

注意：此螺栓带两个垫圈，必须小心取放，不得遗落。

③ 拆卸膨胀阀固定螺栓，取出膨胀阀，如图14-1-8所示。拧紧力矩：9N·m。

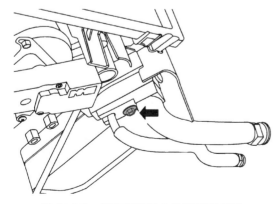

图 14-1-7 拆卸膨胀阀上盖板固定螺栓

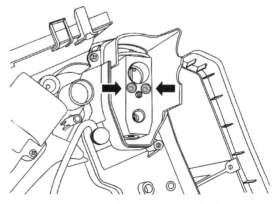

图 14-1-8 拆卸膨胀阀固定螺栓

2. 安装膨胀阀

安装按拆卸相反顺序进行。

三、加热器总成的拆装

1. 拆卸加热器总成

1）打开行李舱盖。
2）断开蓄电池负极电缆。
3）拆卸维修开关。
4）拆卸加热器总成。

① 断开加热器低压线束连接器 1，如图 4-1-9 所示。

② 断开加热器高压线束连接器 2，如图 4-1-9 所示。

③ 拆卸加热器搭铁线束固定螺栓 3，脱开搭铁线束，如图 14-1-9 所示。

④ 拆卸加热器进水管环箍，脱开加热器进水管 1，如图 14-1-10 所示。

⑤ 拆卸加热器出水管环箍，脱开加热器出水管 2，如图 14-1-10 所示。

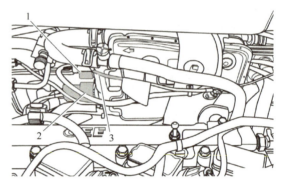

图 14-1-9　拆卸加热器搭铁线束固定螺栓

注意：水管脱开前应在车辆底部放置容器，用于接住防冻液，以免污染地面。

⑥ 拆卸加热器支架上下各两个固定螺母，如图 14-1-11 所示。拧紧力矩：8N·m。

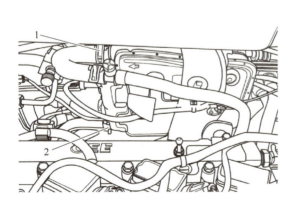

图 14-1-10　拆卸水管环箍

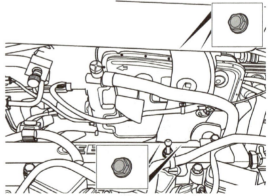

图 14-1-11　拆卸加热器支架固定螺母

2. 安装加热器总成

安装按拆卸相反顺序进行。

四、空调压力开关的拆装

1. 拆卸空调压力开关

1）打开行李舱盖。
2）断开蓄电池负极电缆。
3）打开发动机舱盖。
4）执行空调制冷剂的回收程序。
5）拆卸空调压力开关。

① 打开空调压力开关防尘罩 1，如图 14-1-12 所示。

② 断开空调压力开关线束连接器 2，如图 14-1-12 所示。

③ 拆卸空调压力开关下部固定螺栓 3，取出空调压力开关，如图 14-1-12 所示。拧紧力矩：9N·m。

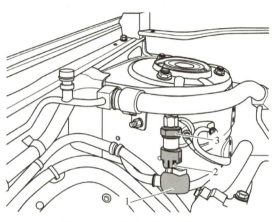

图 14-1-12　拆卸空调压力开关

2. 安装空调压力开关

安装按拆卸的相反顺序进行。

第二节　空调制冷剂的回收与加注

一、用加注机更换制冷剂

1. 回收空调制冷剂

（1）回收与加注空调制冷剂前的准备工作

1）打开接头前，先将接头处和接头周围的油污擦干净，减少油污进入系统的可能性。

2）在接头断开后，立即用盖帽、塞子或胶带封住接头两端，防止油污、异物和湿气进入。

3）保持所有工具清洁、干燥，包括歧管压力表组件和所有替换件。

4）用清洁、干燥的输送装置和容器来添加 100PG 冷冻油，尽可能保证冷冻油不受湿气影响。

5）操作时尽可能缩短空调系统内部暴露在空气中的时间。

6）空调系统内部暴露于空气后必须重新排空和加注。所有维修件出厂前都进行了干燥和密封。只有在即将进行安装时才能打开这些密封的零件。拆封前，所有零件应处于室温，防止空气中的水分凝结在零件上进入系统内部,并尽快重新密封所有零件。

注意:

- 禁止用 R-12 加注机来加注 R-134a 系统。两种系统的制冷剂和冷冻油不兼容,不能混合,即使少量也不允许,混入残留的制冷剂会损坏设备。
- 禁止使用异径接头,以保证系统内部的密闭性。

(2) 制冷剂回收

1) 检查加注机控制面板上的高压侧和低压侧压力表,确保空调系统有压力。如果没有压力,则系统中没有可回收的制冷剂,如图 14-2-1 所示。

2) 打开高压侧和低压侧阀门。

3) 打开制冷剂罐上的气体和液体阀。

4) 排空油液分离器中的冷冻油。

5) 关闭放油阀。

6) 将加注机连接到合适的电源插座上。

7) 接通主电源开关。

图 14-2-1 空调制冷剂回收与加注机

注意:禁止将旧的冷冻油和新的冷冻油混合在一起。旧油中可能沉淀有铝或混有其他异物。重新加注空调系统时,务必使用新的冷冻油。正确报废使用过的冷冻油。

8) 开始回收过程。

9) 等候 5min,然后检查控制面板低压侧压力表。如果空调系统能保持真空度,则回收完毕。

注意:

- 如果低压侧压力表从零开始回升,则系统中还有制冷剂。回收剩下的制冷剂。重复本步骤,直到系统能保持真空 2min。
- 如果在回收期间控制面板指示灯显示制冷剂罐装满,且加注机关闭,则装上一个空罐,用于存放后续步骤需要的制冷剂。禁止使用其他类型的制冷剂罐。

(3) 排空

加注机制冷剂罐必须装有足够量的 R-134a 制冷剂以进行加注。检查罐内制冷剂量。如果制冷剂量不到 3.6kg,则向制冷剂罐中添加新的制冷剂。

1) 检查高压侧和低压侧软管是否连接到空调系统上,打开加注机控制面板上的高压侧和低压侧阀。

2) 打开制冷剂罐上的气体和液体阀。

3) 起动真空泵并开始排空程序。在回收过程中,不可凝结的气体(大部分为空气)自动从罐中排出。可听到泄压声。

4) 检查系统是否泄漏。

2. 添加冷冻油

必须补充回收期间从空调系统排出的冷冻油。

① 使用专供 R-134a 系统使用的带刻度的瓶装 100PG 冷冻油。
② 向空调系统添加适量 100PG 冷冻油。
③ 当注入的油量达到要求时，关闭阀门。

注意：切记盖紧冷冻油瓶盖，以防湿气或污染物进入冷冻油。这项操作要求空调系统有一定的真空度，禁止在空调系统有正压时打开冷冻油加注阀，否则会导致冷冻油通过油瓶通气口回流。在加注或补充冷冻油时，油面不可低于吸油管，否则空气会进入空调系统。

3. 加注空调制冷剂

（1）加注流程

1）关闭控制面板上的低压侧阀。
2）关闭控制面板上的高压侧阀。
3）参见制造商的使用说明书，详细了解加注机使用方法。
4）向空调中加注必需的制冷剂量，确保计量单位正确。
5）开始加注。

（2）制冷剂加注成功完成

1）关闭加注机控制面板上的高、低压侧阀，两个阀都应关闭。
2）起动车辆和空调系统。
3）保持驱动电机运行，直到高压侧压力表和低压侧压力表读数稳定。
4）将读数与车型手册上的系统规范进行比较。
5）检查蒸发器出口温度，确保空调系统的操作符合系统规范。
6）保持空调运行。
7）关闭高压侧快速接头阀。
8）从车上断开高压侧软管。
9）在控制面板上打开高压侧和低压侧阀。系统将通过低压侧软管迅速吸入两条软管中的制冷剂。
10）关闭低压侧快速接头阀。
11）从车上断开低压侧软管。

（3）制冷剂加注不成功

有时进入空调系统的制冷剂没有达到总加注量。造成这种情况的原因有两个：

1）加注机制冷剂罐压力与空调系统的压力差不多，这将导致加注过程过慢。
2）制冷剂罐中没有足够的制冷剂进行加注。对此，必须从车辆中回收已加注的部分制冷剂，然后将空调系统排空，给制冷剂罐添加制冷剂，最后再重新加注。

二、用空调压力表更换制冷剂

1. 排空制冷剂

1）检查空调压力表功能是否正常、是否有损坏，如图 14-2-2 所示。

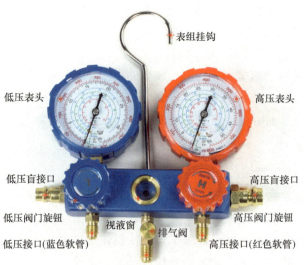

图 14-2-2 空调压力表结构

2）佩戴护目镜、防护手套，如图 14-2-3 所示。

3）取下车辆上高低压阀阀盖，连接并旋紧高低压快速接头。查看压力表示数，如图 14-2-4 所示。

4）将黄色加注管放入水中，如图 14-2-5 所示。

图 14-2-3 防护准备

图 14-2-4 查看压力表示数

图 14-2-5 将黄色加注管放入水中

5）打开压力表高低压手阀排放制冷剂，如图 14-2-6 所示。

6）制冷剂完全排出后关闭压力表高低压手阀并收起黄色加注管，如图 14-2-7 所示。

2. 空调系统抽真空

空调系统抽真空的目的是排除制冷系统内的空气和水分，同时也可以用于制冷系统的检漏。当对空调制冷系统进行维修或更换元件时，空气会进入系统，且空气中含有一定量的水蒸气（湿空气），当超过一定量时会造成制冷不足或间歇性出冷风。为最大限度地将系统内

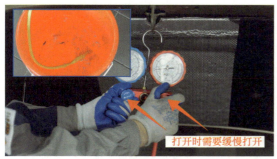

图 14-2-6 排放制冷剂

图 14-2-7 制冷剂完全排出后

的空气和水蒸气抽出，必须采用重复抽真空法，即第一次抽真空完毕后，再连续抽 15min 以上。

抽真空具体操作如下。

1）检查真空泵液位，如图 14-2-8 所示。

图 14-2-8 检查真空泵液位

2）连接黄色加注管至真空泵连接口处。

3）打开压力表高低压侧手阀，如图 14-2-9 所示。

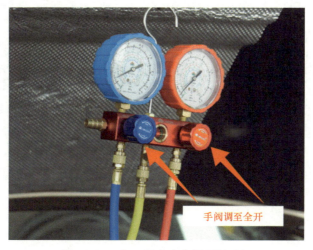

图 14-2-9 打开压力表高低压侧手阀

4）打开真空泵阀门并连接真空泵电源。

5）抽真空 15min 后关闭真空泵阀门、关闭真空泵电源、关闭压力表高低压侧手阀。

6）进行保压 1min，查看压力表指针有无回升，如图 14-2-10 所示。

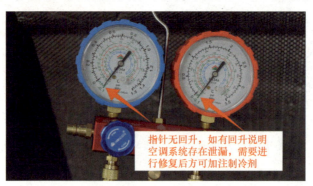

图 14-2-10　进行保压 1min

3. 加注冷冻油

1）保压结束后，拆下黄色加注管并放置在加油瓶中，加注冷冻油。

注意：加注管口需要完全浸泡在冷冻油中。

2）打开压力表高压侧手阀，加注冷冻油。

注意：冷冻油必须从高压侧进行加注，加注时低压侧手阀处于关闭状态。

3）加注完成后关闭压力表高压侧手阀，取出黄色加注管并清洁干净。

4）再次连接黄色加注管至真空泵连接口处。

5）打开压力表低压侧手阀，关闭车上高压管路快速接头，确保高压侧手阀与管路快速接头处于关闭状态。

6）打开真空泵阀门并连接真空泵电源。

7）抽真空 15min，并查看压力表组示数。

8）关闭真空泵阀门、关闭真空泵电源、关闭压力表高低压侧手阀，如图 14-2-11 所示。

图 14-2-11　关闭手阀

4. 加注制冷剂

1）将开瓶器安装至瓶装制冷剂上。

2）连接黄色加注管至开瓶器上。
3）旋动开瓶器手阀，使顶针刺穿制冷剂瓶盖，然后再回旋开瓶器手阀至关闭状态。
4）倒置制冷剂瓶，打开压力表高压侧手阀，加注制冷剂。
5）一瓶加注完成后，关闭压力表高压侧手阀，旋出开瓶器，更换另一瓶新的制冷剂。
6）加注至系统无法吸取制冷剂时，关闭压力表高压侧手阀。
7）起动车辆，开启空调制冷，鼓风机风量调到最大风速，温度最低、正面出风。
8）打开压力表低压侧手阀，从低压侧加注制冷剂。
9）制冷剂加注量可参考机舱上的标签或维修资料，加注时查看压力表示数值，如图14-2-12所示。

a）低压侧正常压力

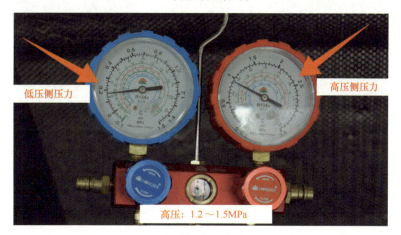

b）高压侧正常压力

图 14-2-12　压力表示数值

10）加注完成后关闭车辆，关闭压力表高低压侧手阀，取下高低压管路。

第四篇

诊断与维修篇

本篇将主要以丰田凯美瑞混合动力车型为例,讲解混合动力车型的诊断与维修。

第十五章 动力驱动系统及控制系统故障诊断与排除

第一节 变速器控制开关电路

1. 电路图

变速器控制开关电路图如图 15-1-1 所示。

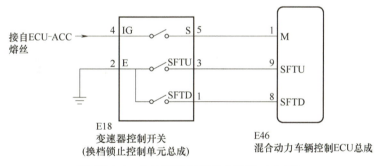

图 15-1-1 变速器控制开关电路图（丰田）

2. 诊断步骤

诊断步骤如图 15-1-2 所示。

图 15-1-2 诊断步骤

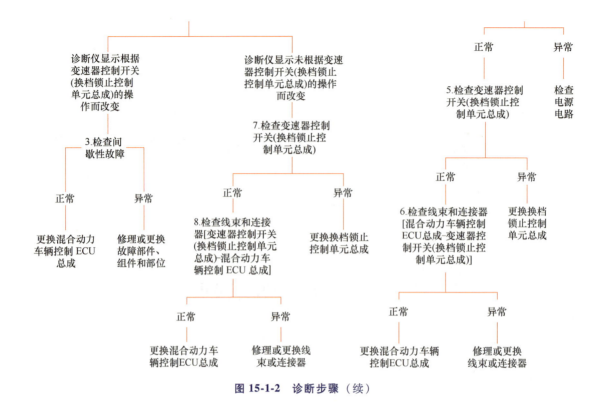

图 15-1-2 诊断步骤（续）

第二节 模式选择开关 EV 模式电路

1. 电路图

EV 模式电路图如图 15-2-1 所示。

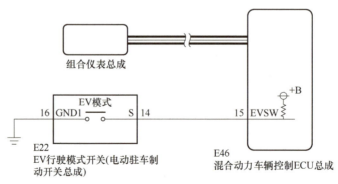

图 15-2-1 EV 模式电路图（丰田）

2. 诊断步骤

诊断步骤如图 15-2-2 所示。

第十五章 动力驱动系统及控制系统故障诊断与排除 | 231

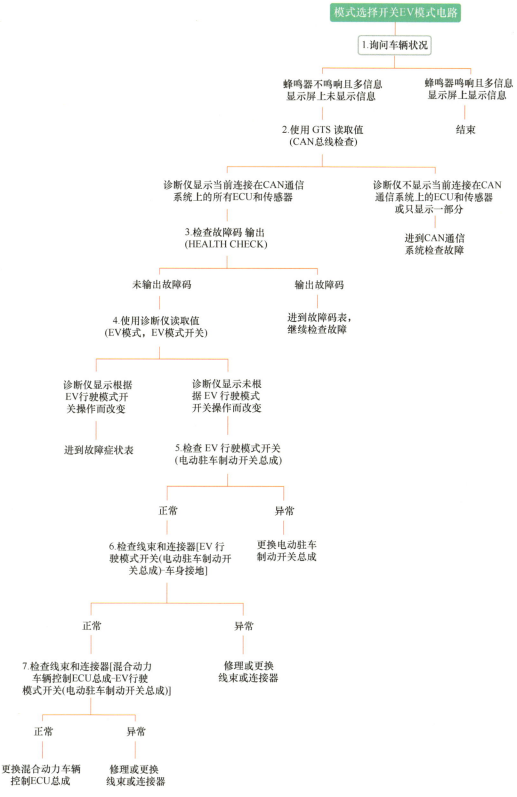

图 15-2-2　诊断步骤

第三节 指示灯电路

1. 电路图

指示灯电路图如图 15-3-1 所示。

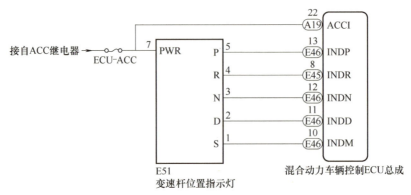

图 15-3-1 指示灯电路图（丰田）

2. 诊断步骤

诊断步骤如图 15-3-2 所示。

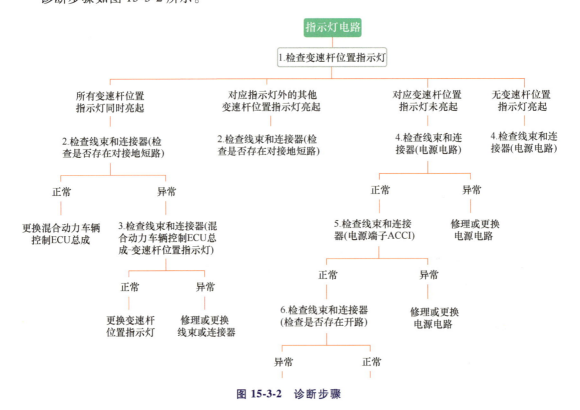

图 15-3-2 诊断步骤

第十五章 动力驱动系统及控制系统故障诊断与排除

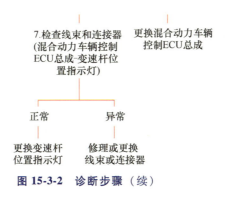

图 15-3-2 诊断步骤（续）

第四节 电机解析器

电机解析器诊断步骤如图 15-4-1 所示。

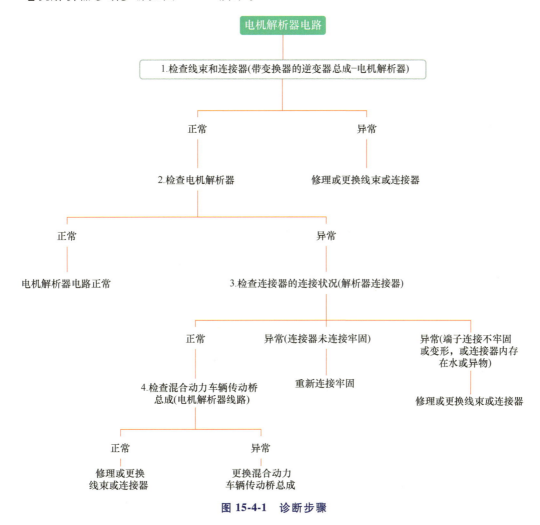

图 15-4-1 诊断步骤

第五节　电机高压电路

电机高压电路诊断步骤如图 15-5-1 所示。

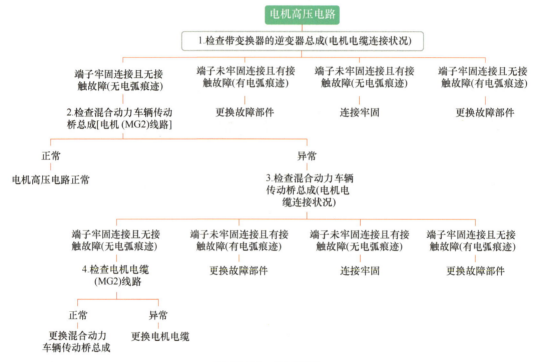

图 15-5-1　诊断步骤

第六节　发电机解析器

发电机解析器诊断步骤如图 15-6-1 所示。

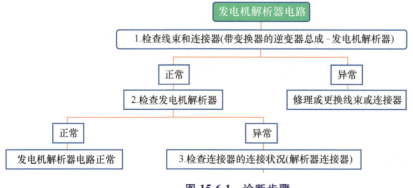

图 15-6-1　诊断步骤

第十五章 动力驱动系统及控制系统故障诊断与排除 | 235

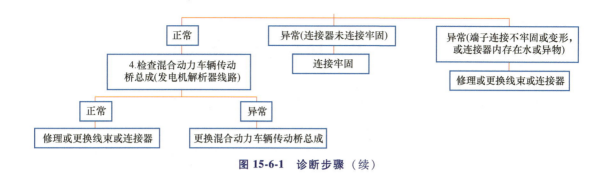

图 15-6-1　诊断步骤（续）

第七节　发电机高压电路

发电机高压电路诊断步骤如图 15-7-1 所示。

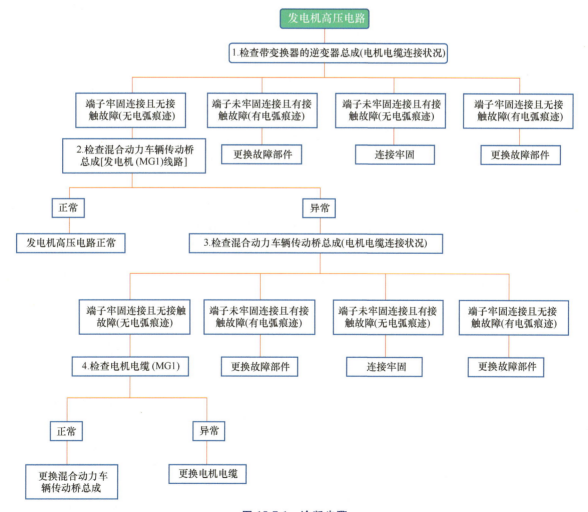

图 15-7-1　诊断步骤

第八节　切断信号电路

切断信号电路诊断步骤如图 15-8-1 所示。

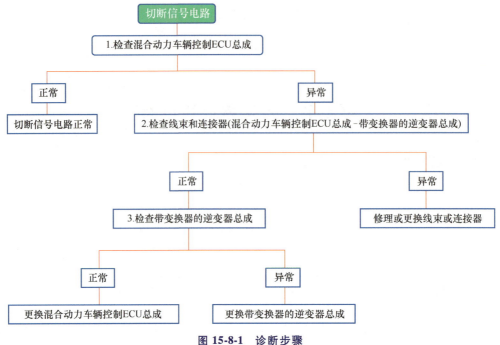

图 15-8-1　诊断步骤

第九节　逆变器低压电路

1. 电路图

逆变器低压电路图如图 15-9-1 所示。

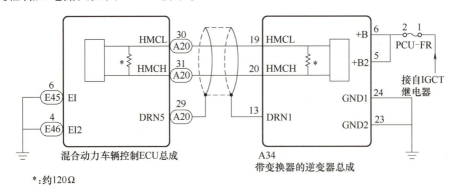

图 15-9-1　逆变器低压电路图（丰田）

2. 诊断步骤

诊断步骤如图 15-9-2 所示。

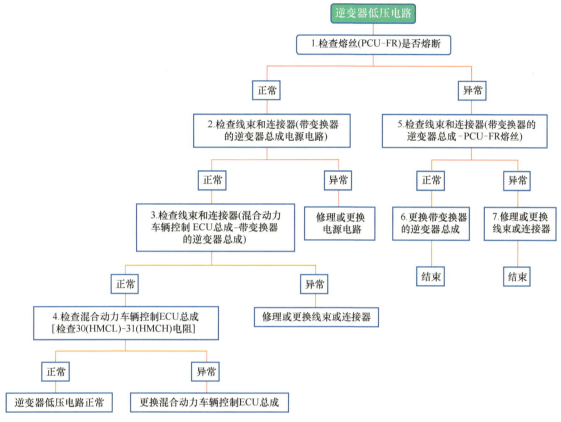

图 15-9-2　诊断步骤

第十六章

动力蓄电池及控制系统故障诊断与排除

第一节　动力蓄电池高压电路

1. 电路图

丰田车型动力蓄电池高压电路图如图 16-1-1 所示。

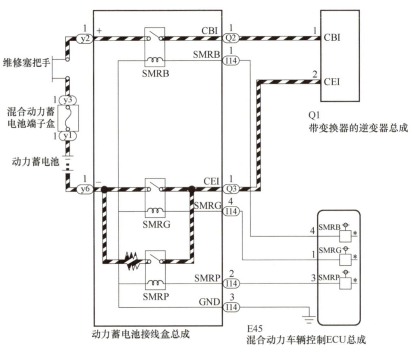

图 16-1-1　动力蓄电池高压电路图

2. 诊断步骤

诊断步骤如图 16-1-2 所示。

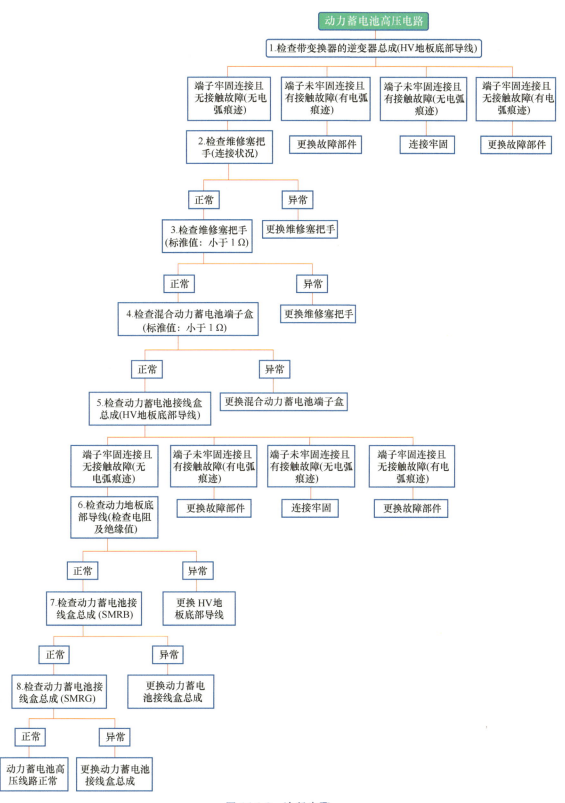

图 16-1-2　诊断步骤

第二节　BMS 通信电路

1. 电路图

吉利车型 BMS 通信电路图如图 16-2-1 所示。

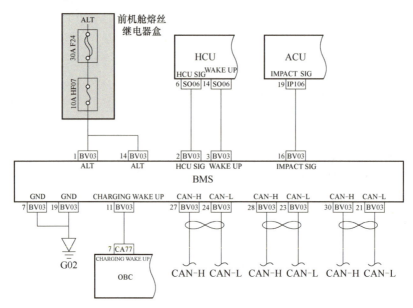

图 16-2-1　BMS 通信电路图

2. 诊断步骤

诊断步骤如图 16-2-2 所示。

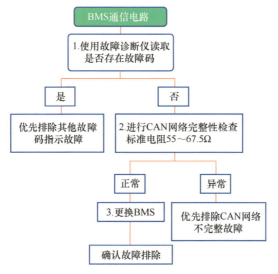

图 16-2-2　诊断步骤

第三节　充电继电器过电流、过温

诊断步骤如图 16-3-1 所示。

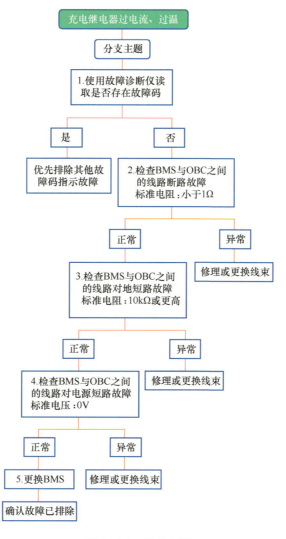

图 16-3-1　诊断步骤

第四节　动力蓄电池传感器模块

1. 电路图

丰田车型动力蓄电池电路图如图 16-4-1 所示。

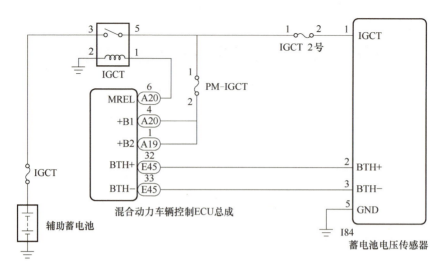

图 16-4-1　动力蓄电池电路图

2. 诊断步骤

诊断步骤如图 16-4-2 所示。

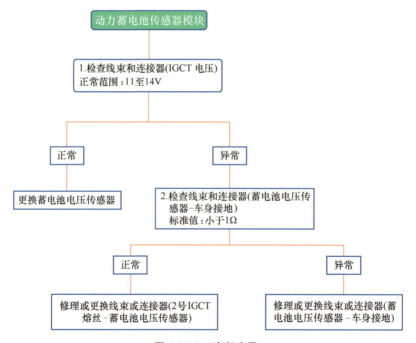

图 16-4-2　诊断步骤

第五节　动力蓄电池电压传感器

动力蓄电池电压传感器诊断步骤如图 16-5-1 所示。

第十六章　动力蓄电池及控制系统故障诊断与排除 | 243

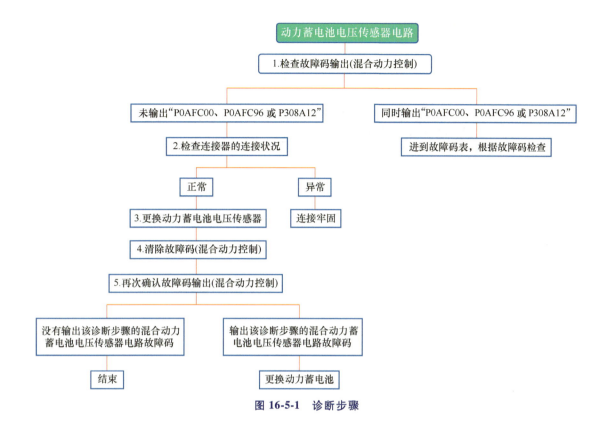

图 16-5-1　诊断步骤

第十七章 充电系统故障诊断与排除

第一节 车载充电机通信故障

1. 电路图

车载充电机电路图如图 17-1-1 所示。

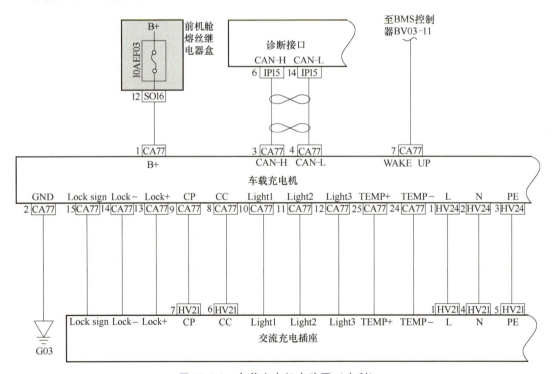

图 17-1-1　车载充电机电路图（吉利）

2. 诊断步骤

诊断步骤如图 17-1-2 所示。

第十七章 充电系统故障诊断与排除 | 245

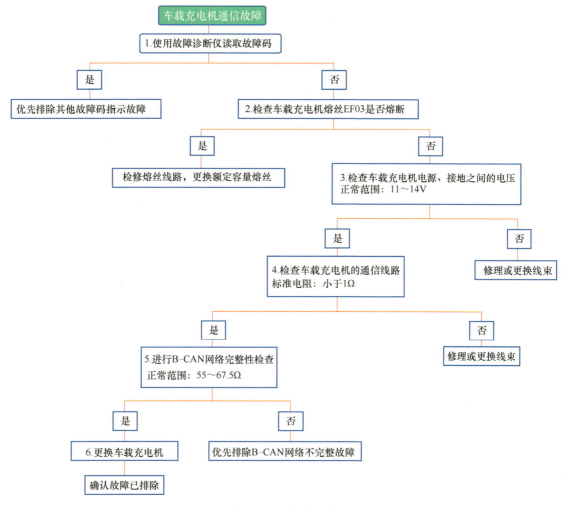

图 17-1-2 诊断步骤

第二节 高压互锁故障

高压互锁诊断步骤如图 17-2-1 所示。

图 17-2-1 诊断步骤

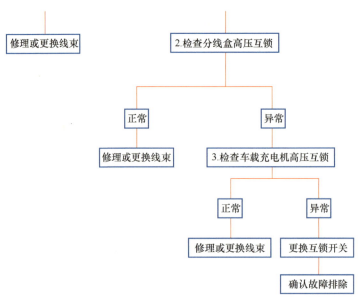

图 17-2-1 诊断步骤（续）

第三节 高压系统漏电

1. 电路图

高压系统电路图如图 17-3-1 所示。

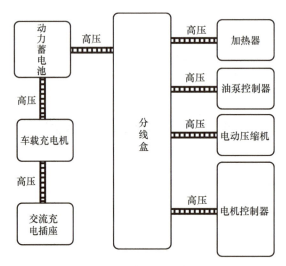

图 17-3-1 高压系统电路图

2. 诊断步骤

诊断步骤如图 17-3-2 所示。

第十七章 充电系统故障诊断与排除 | 247

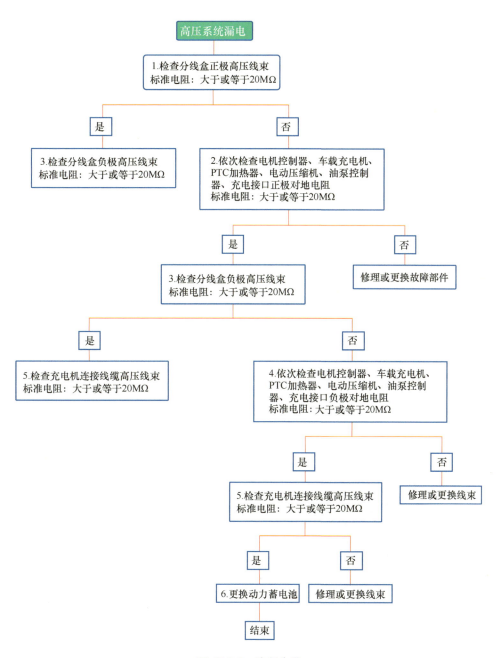

图 17-3-2 诊断步骤

第四节 发电机温度传感器电路对辅助蓄电池短路或开路

1. 电路图

发电机温度传感器电路图如图 17-4-1 所示。

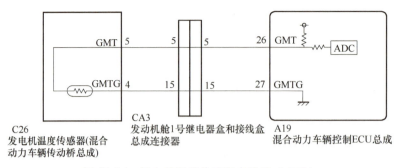

图 17-4-1　发电机温度传感器电路图（丰田）

2. 诊断步骤

诊断步骤如图 17-4-2 所示。

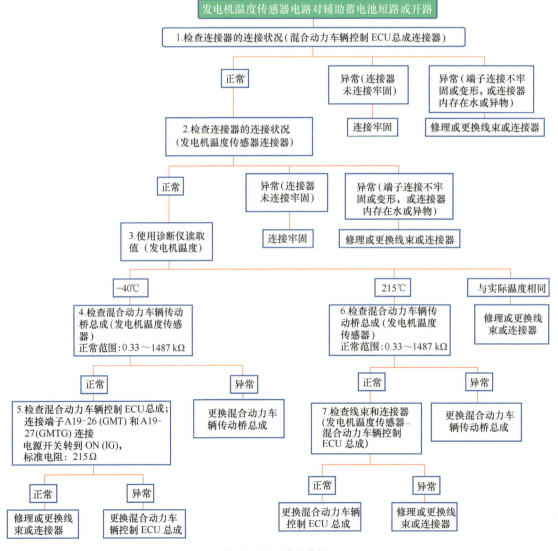

图 17-4-2　诊断步骤

第十八章 变速器系统故障诊断与排除

第一节　P位电机控制器通信故障

1. 电路图

P位电机控制器电路图如图 18-1-1 所示。

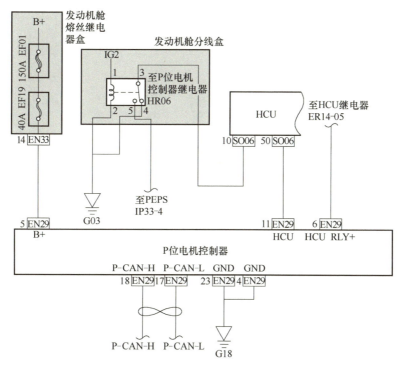

图 18-1-1　P 位电机控制器电路图（丰田）

2. 诊断步骤

诊断步骤如图 18-1-2 所示。

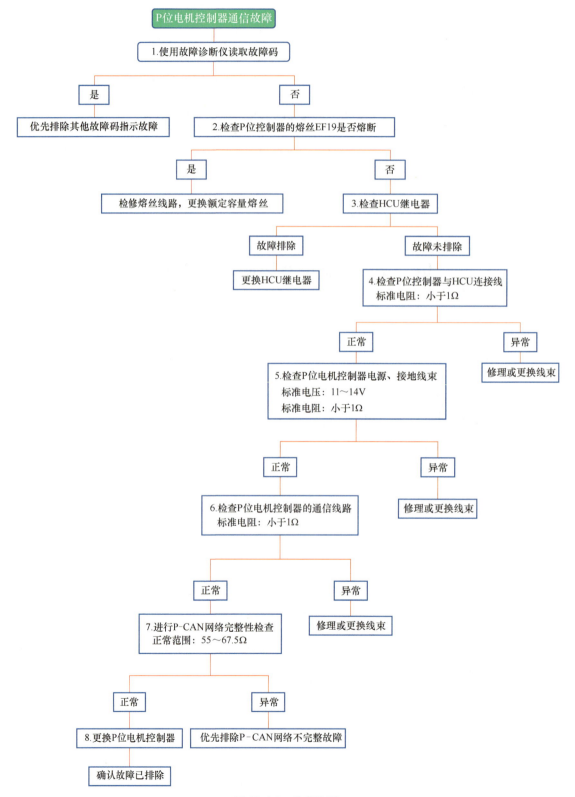

图 18-1-2 诊断步骤

第二节　P位电机控制器电源故障

1. 电路图

P位电机控制器电源电路图如图18-2-1所示。

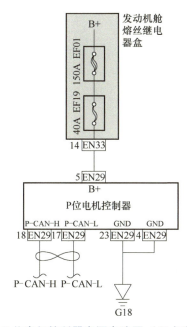

图18-2-1　P位电机控制器电源电路图（以吉利车型为例）

2. 诊断步骤

诊断步骤如图18-2-2所示。

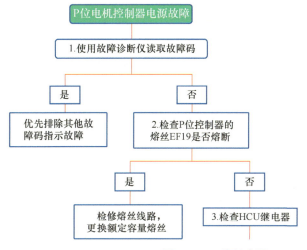

图18-2-2　诊断步骤

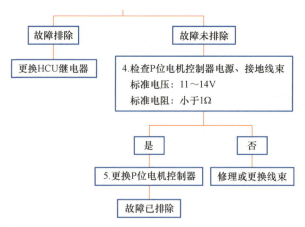

图 18-2-2　诊断步骤（续）

第三节　冷却油泵不工作

1. 电路图

冷却油泵电路图如图 18-3-1 所示。

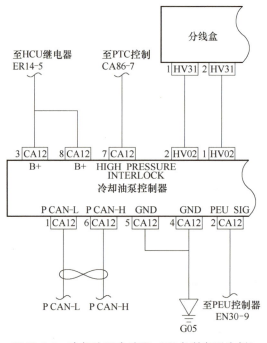

图 18-3-1　冷却油泵电路图（以吉利车型为例）

2. 诊断步骤

诊断步骤如图 18-3-2 所示。

第十八章 变速器系统故障诊断与排除 | 253

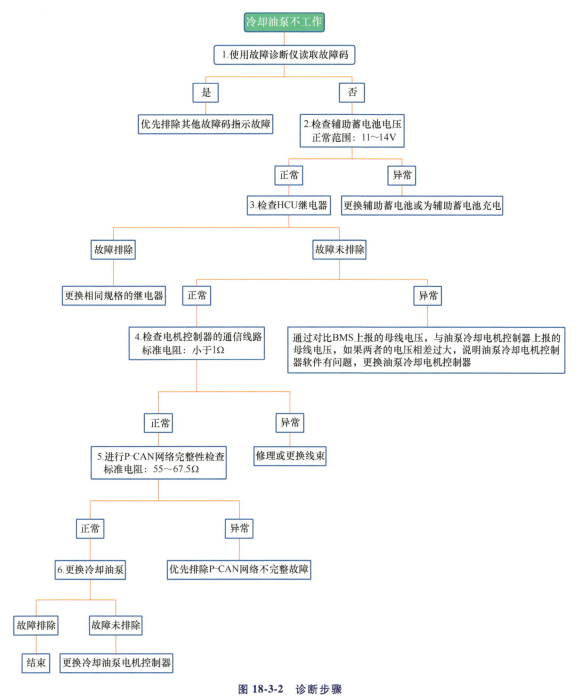

图 18-3-2 诊断步骤

第四节 高压互锁故障

高压互锁诊断步骤如图 18-4-1 所示。

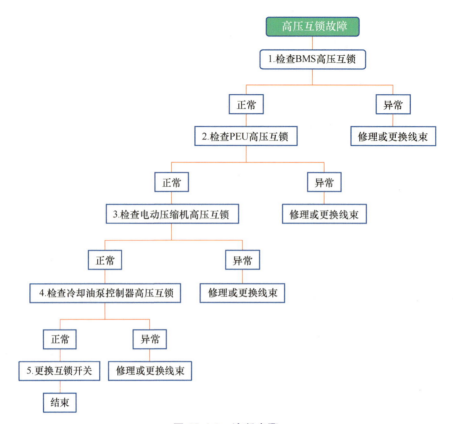

图 18-4-1　诊断步骤

第十九章 智能网联系统故障诊断与排除

第一节 系统无法自检（蜂鸣器不响）

1. 电路图

倒车系统电路图如图 19-1-1 所示。

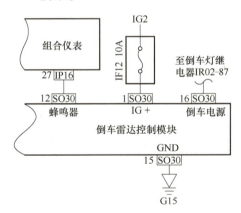

图 19-1-1　倒车系统电路图（以吉利车型为例）

2. 诊断步骤

诊断步骤如图 19-1-2 所示。

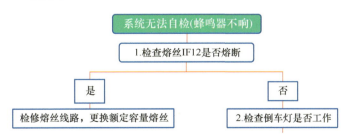

图 19-1-2　诊断步骤

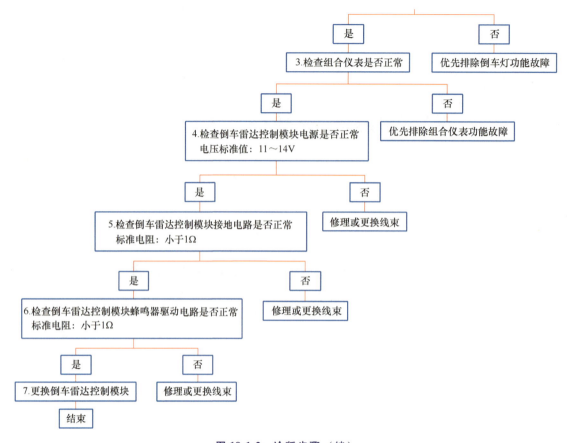

图 19-1-2　诊断步骤（续）

第二节　变速杆处于 R 位时蜂鸣器常响

诊断步骤如图 19-2-1 所示。

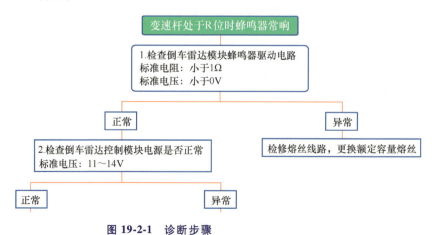

图 19-2-1　诊断步骤

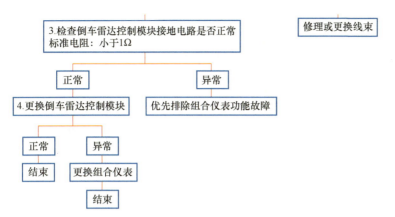

图 19-2-1　诊断步骤（续）

第三节　右侧传感器故障

1. 电路图

右侧传感器电路图如图 19-3-1 所示。

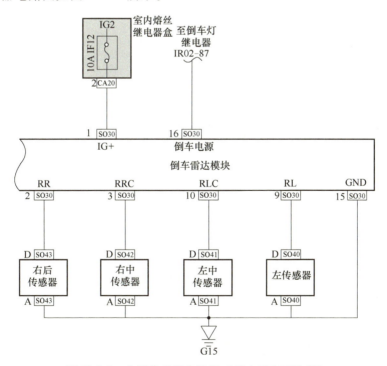

图 19-3-1　右侧传感器电路图（以吉利车型为例）

2. 诊断步骤

诊断步骤如图 19-3-2 所示。

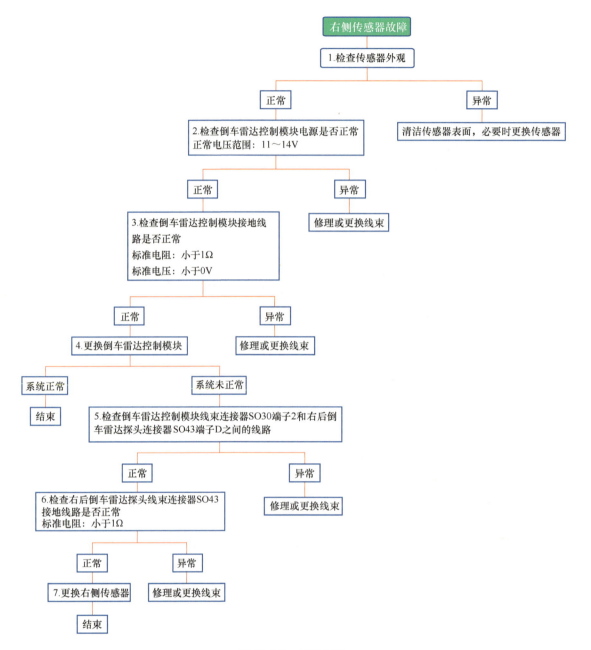

图 19-3-2　诊断步骤

第四节　倒车影像系统故障

1. 电路图

倒车影像系统电路图如图 19-4-1 所示。

第十九章 智能网联系统故障诊断与排除 | 259

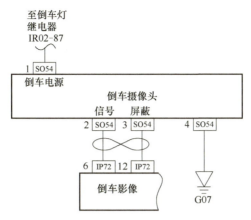

图 19-4-1 倒车影像系统电路图（以吉利车型为例）

2. 诊断步骤

诊断步骤如图 19-4-2 所示。

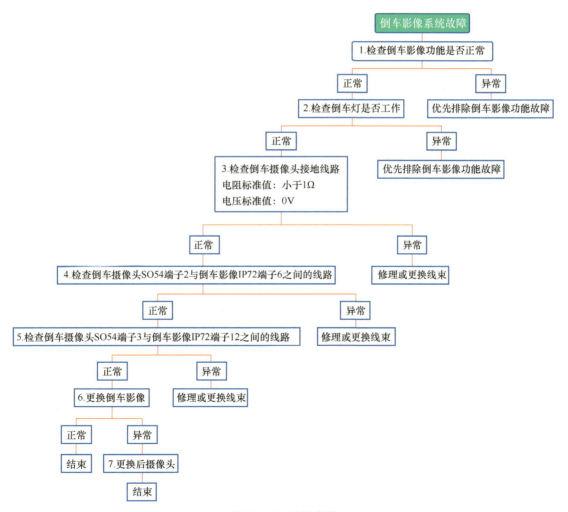

图 19-4-2 诊断步骤

第五节 巡航控制系统不工作

1. 电路图

巡航控制系统电路图如图 19-5-1 所示。

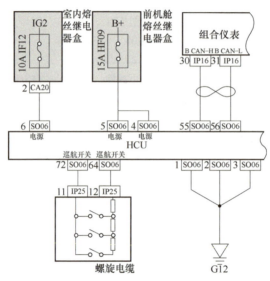

图 19-5-1 巡航控制系统电路图（以吉利车型为例）

2. 诊断步骤

诊断步骤如图 19-5-2 所示。

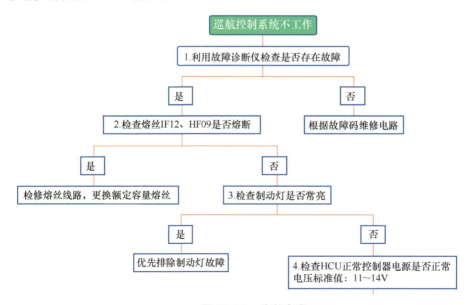

图 19-5-2 诊断步骤

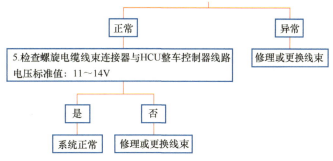

图 19-5-2　诊断步骤（续）

第六节　远程监控功能失效

1. 电路图

远程监控电路图如图 19-6-1 所示。

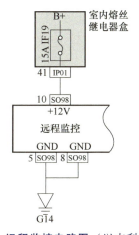

图 19-6-1　远程监控电路图（以吉利车型为例）

2. 诊断步骤

诊断步骤如图 19-6-2 所示。

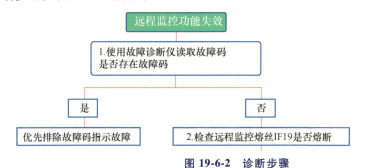

图 19-6-2　诊断步骤

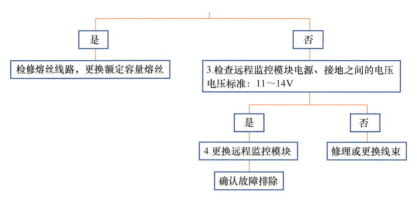

图 19-6-2　诊断步骤（续）

第二十章
照明与信号系统故障诊断与排除

第一节　近光灯不工作故障

1. 电路图

近光灯电路图如图 20-1-1 所示。

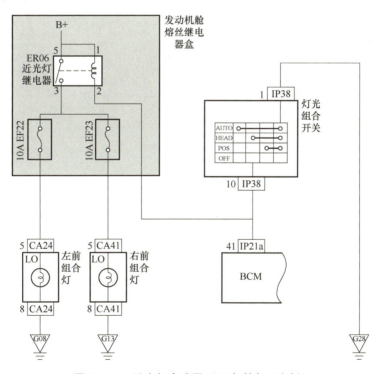

图 20-1-1　近光灯电路图（以吉利车型为例）

2. 诊断步骤

诊断步骤如图 20-1-2 所示。

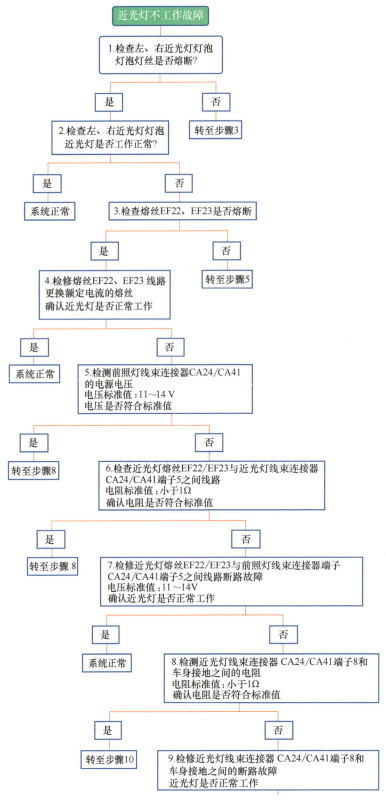

图 20-1-2　诊断步骤

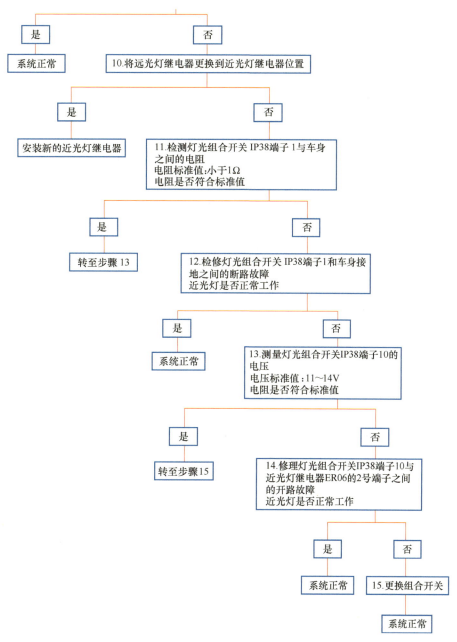

图 20-1-2　诊断步骤（续）

第二节　日间行车灯不工作故障

1. 电路图

日间行车灯电路图如图 20-2-1 所示。

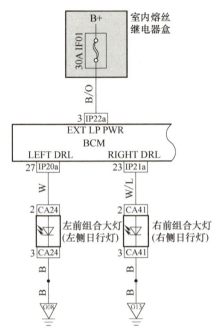

图 20-2-1　日间行车灯电路图（以吉利车型为例）

2. 诊断步骤

诊断步骤如图 20-2-2 所示。

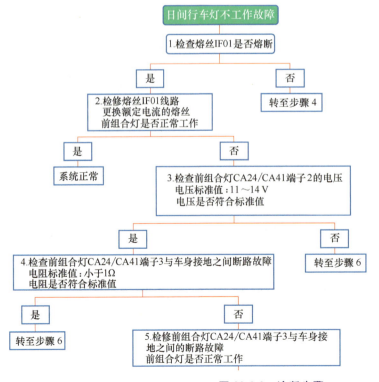

图 20-2-2　诊断步骤

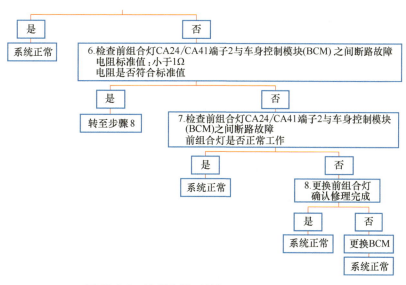

图 20-2-2　诊断步骤（续）

第三节　倒档灯不工作故障

1. 电路图

倒档灯电路图如图 20-3-1 所示。

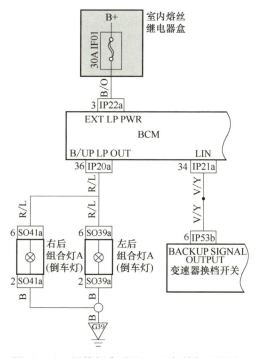

图 20-3-1　倒档灯电路图（以吉利车型为例）

2. 诊断步骤

诊断步骤如图 20-3-2 所示。

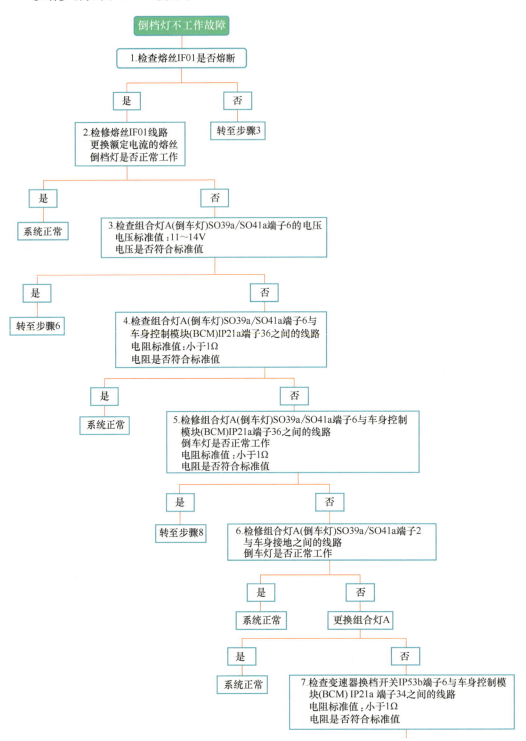

图 20-3-2 诊断步骤

第二十章 照明与信号系统故障诊断与排除

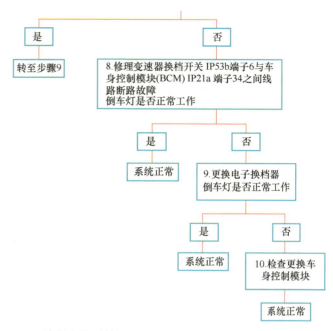

图 20-3-2 诊断步骤（续）

第二十一章 空调制冷与加热系统故障诊断与排除

第一节 空调鼓风机不工作

1. 电路图

空调鼓风机电路图如图 21-1-1 所示。

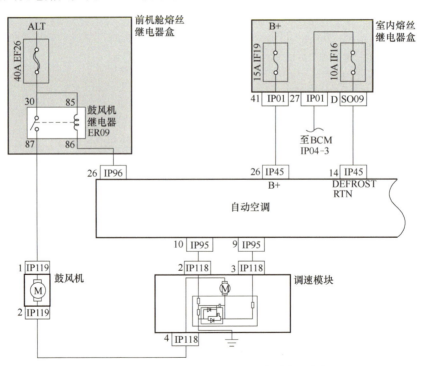

图 21-1-1 空调鼓风机电路图（以吉利车型为例）

2. 诊断步骤

诊断步骤如图 21-1-2 所示。

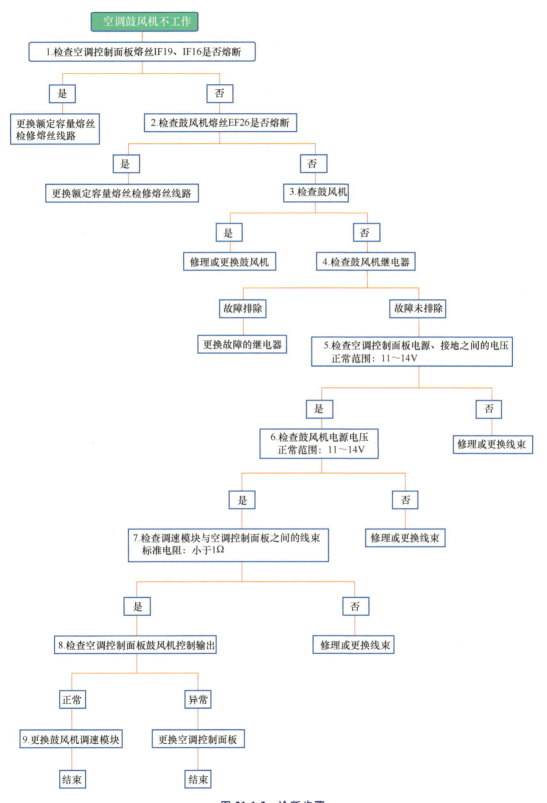

图 21-1-2 诊断步骤

第二节　空调压缩机不工作

1. 电路图

空调压缩机电路图如图 21-2-1 所示。

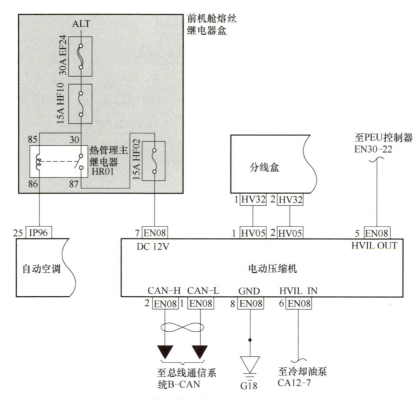

图 21-2-1　空调压缩机电路图（以吉利车型为例）

2. 诊断步骤

诊断步骤如图 21-2-2 所示。

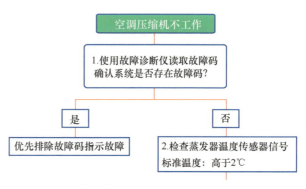

图 21-2-2　诊断步骤

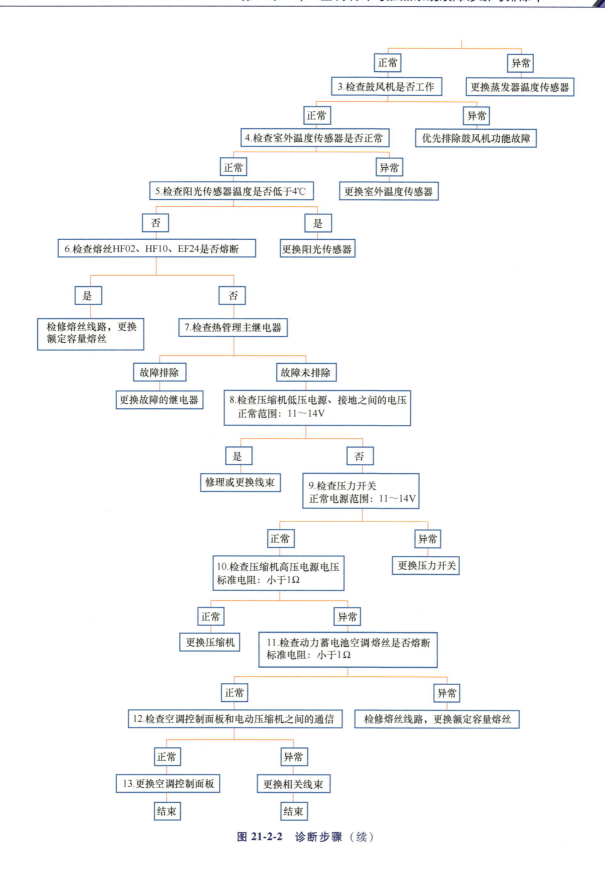

图 21-2-2　诊断步骤（续）

第三节　空调不能供暖

1. 电路图

供暖系统电路图如图 21-3-1 所示。

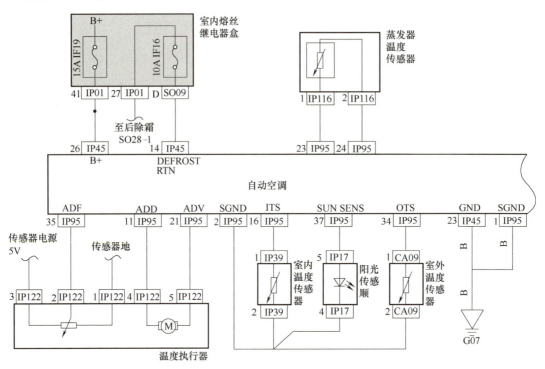

图 21-3-1　供暖系统电路图（以吉利车型为例）

2. 诊断步骤

诊断步骤如图 21-3-2 所示。

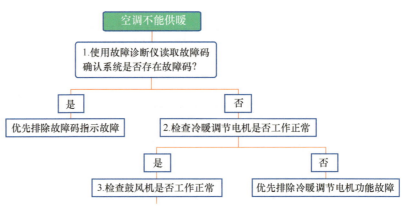

图 21-3-2　诊断步骤

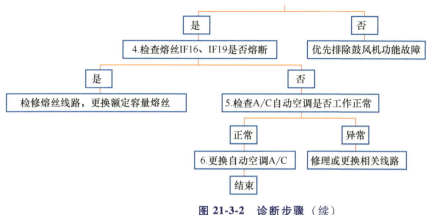

图 21-3-2 诊断步骤（续）

第四节 空调供暖效果差

诊断步骤如图 21-4-1 所示。

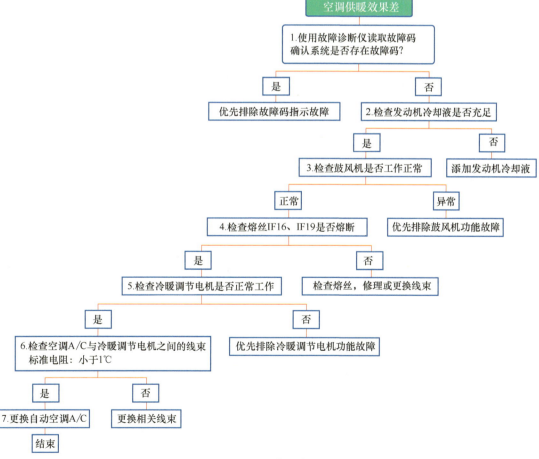

图 21-4-1 诊断步骤

第五节 热交换集成模块故障

1. 电路图

热交换集成模块电路图如图 21-5-1 所示。

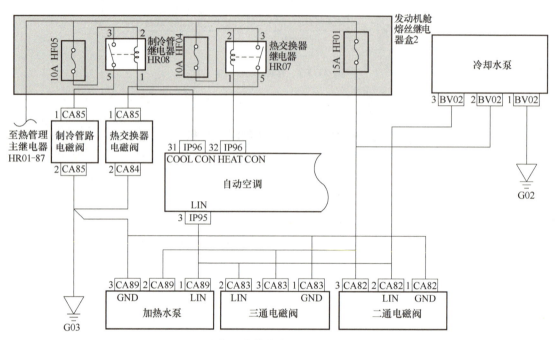

图 21-5-1　热交换集成模块电路图（以吉利车型为例）

2. 诊断步骤

诊断步骤如图 21-5-2 所示。

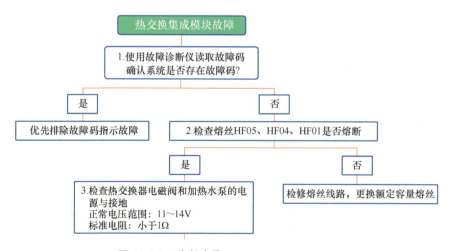

图 21-5-2　诊断步骤

第二十一章　空调制冷与加热系统故障诊断与排除 277

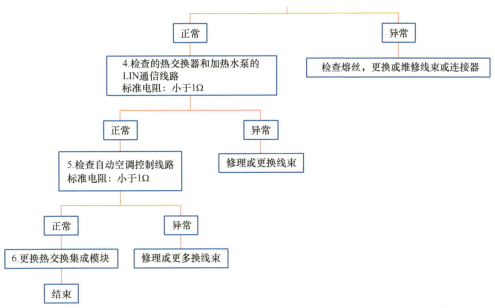

图 21-5-2　诊断步骤（续）

第六节　冷却水泵故障

1. 电路图

冷却水泵电路图如图 21-6-1 所示。

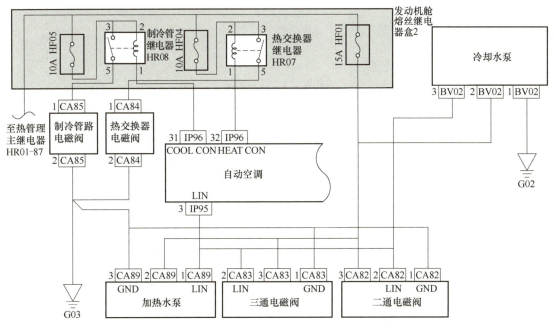

图 21-6-1　冷却水泵电路图（以吉利车型为例）

2. 诊断步骤

诊断步骤如图 21-6-2 所示。

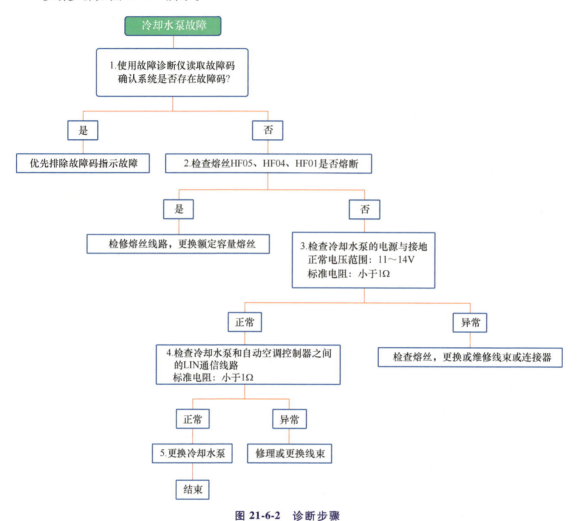

图 21-6-2　诊断步骤

第二十二章 电动车窗故障诊断与排除

第一节 所有电动车窗不工作故障（不带防夹功能）

1. 电路图

电动车窗电路图如图 22-1-1 所示。

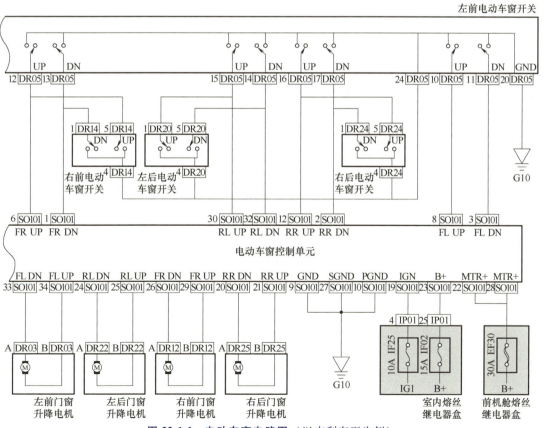

图 22-1-1 电动车窗电路图（以吉利车型为例）

2. 诊断步骤

诊断步骤如图 22-1-2 所示。

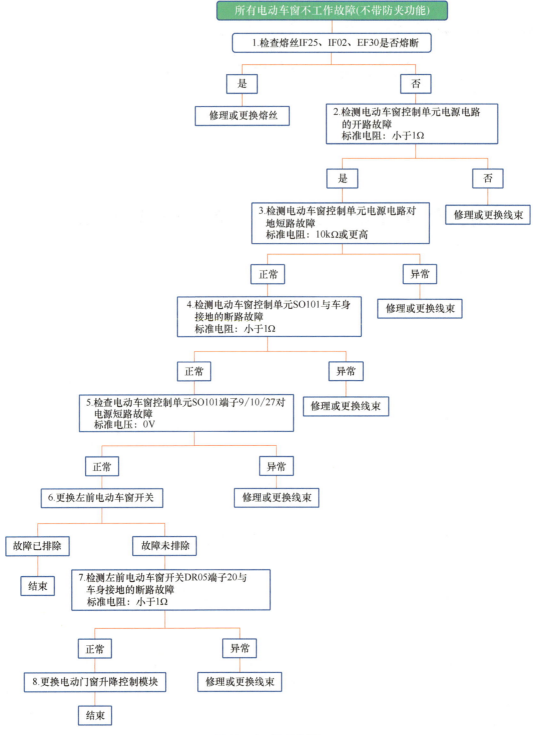

图 22-1-2　诊断步骤

第二节　左前车窗玻璃升降器不工作

1. 电路图

左前车窗电路图如图 22-2-1 所示。

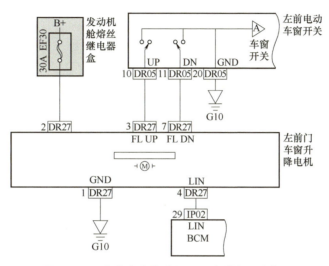

图 22-2-1　左前车窗电路图（以吉利车型为例）

2. 诊断步骤

诊断步骤如图 22-2-2 所示。

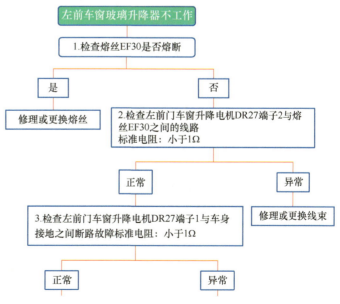

图 22-2-2　诊断步骤

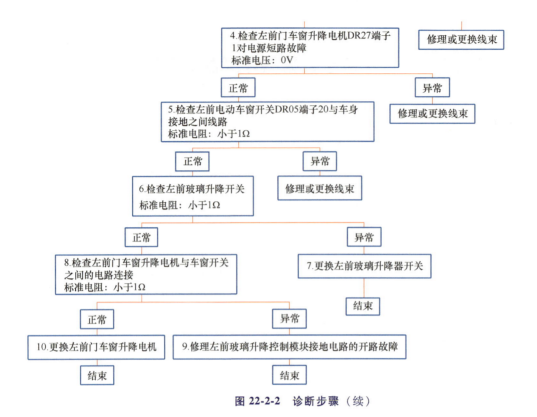

图 22-2-2 诊断步骤（续）

第三节　用左后电动车窗开关无法操作左后电动车窗

1. 电路图

后电动车窗电路图如图 22-3-1 所示。

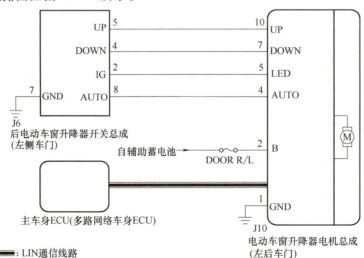

图 22-3-1　后电动车窗电路图

2. 诊断步骤

诊断步骤如图 22-3-2 所示。

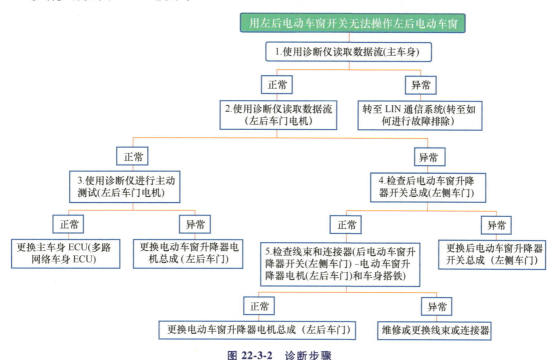

图 22-3-2　诊断步骤

第四节　自动上升操作不能完全关闭电动车窗（防夹功能激活）

诊断步骤如图 22-4-1 所示。

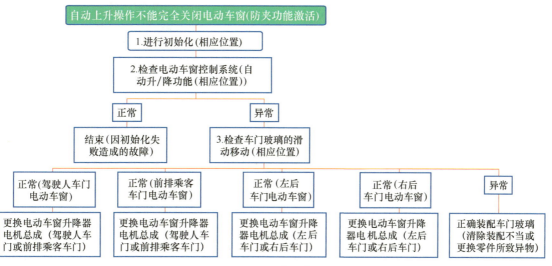

图 22-4-1　诊断步骤

第五节　遥控升/降功能不工作

1. 电路图

电动车窗通信电路图如图 22-5-1 所示。

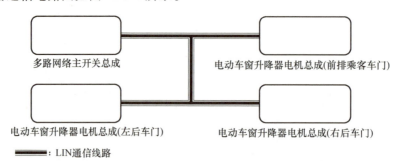

图 22-5-1　电动车窗通信电路图

2. 诊断步骤

诊断步骤如图 22-5-2 所示。

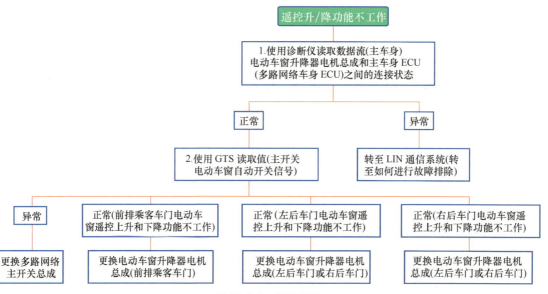

图 22-5-2　诊断步骤

第二十三章 电动后视镜故障诊断与排除

第一节 电动后视镜不能调整

1. 电路图

电动后视镜电路图如图 23-1-1 所示。

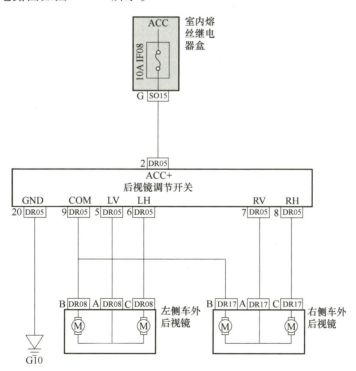

图 23-1-1 电动后视镜电路图（以吉利车型为例）

2. 诊断步骤

诊断步骤如图 23-1-2 所示。

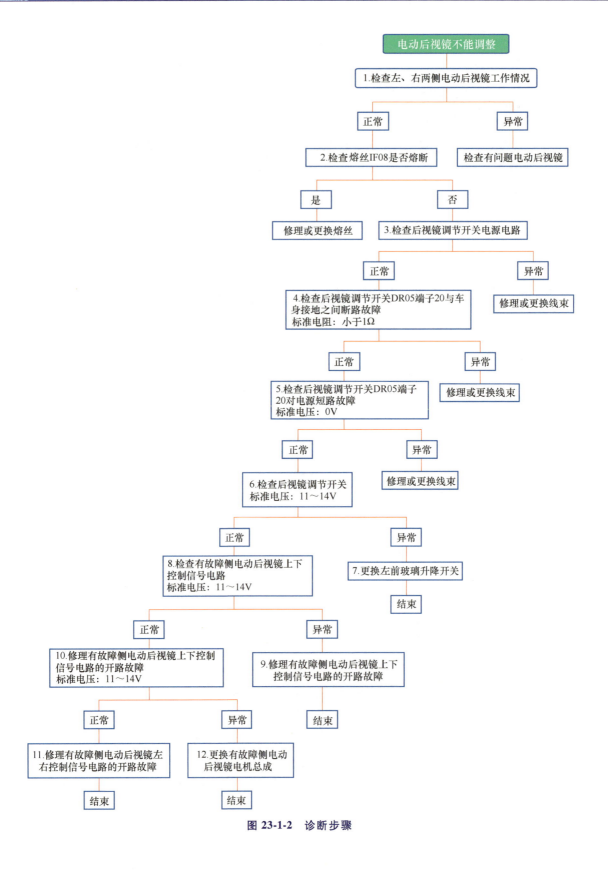

图 23-1-2 诊断步骤

第二节　电动后视镜不能加热

1. 电路图

后视镜加热电路图如图 23-2-1 所示。

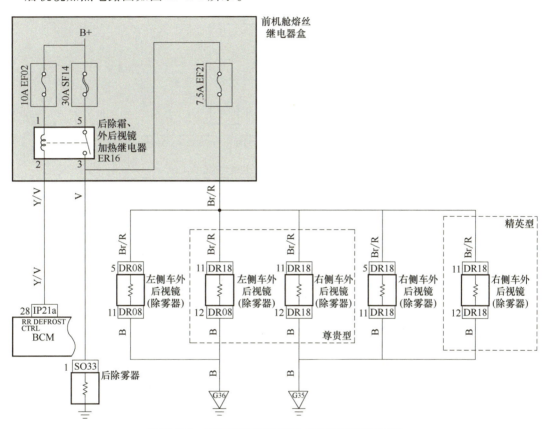

图 23-2-1　后视镜加热电路图（以吉利车型为例）

2. 诊断步骤

诊断步骤如图 23-2-2 所示。

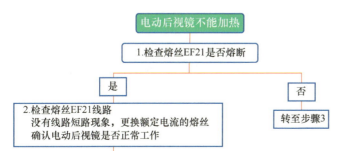

图 23-2-2　诊断步骤

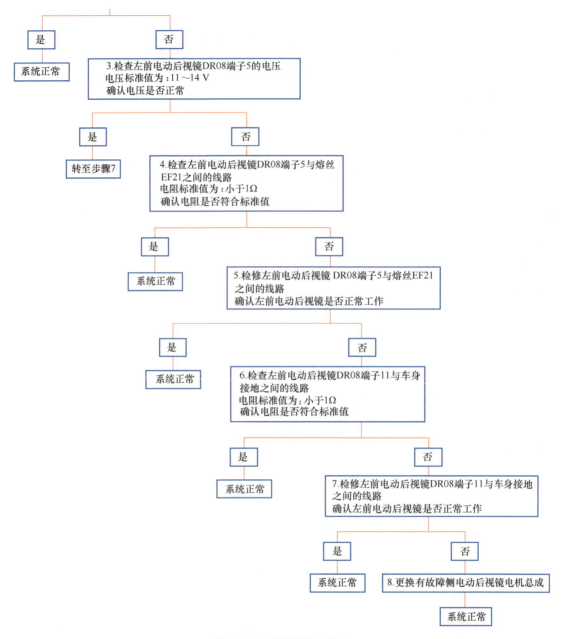

图 23-2-2 诊断步骤（续）

第三节 用电动后视镜开关无法调节驾驶人侧电动后视镜

1. 电路图

后视镜通信电路图如图 23-3-1 所示。

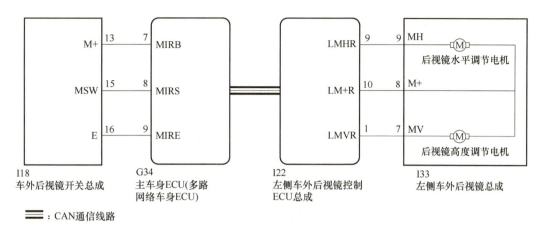

图 23-3-1　后视镜通信电路图

2. 诊断步骤

诊断步骤如图 23-3-2 所示。

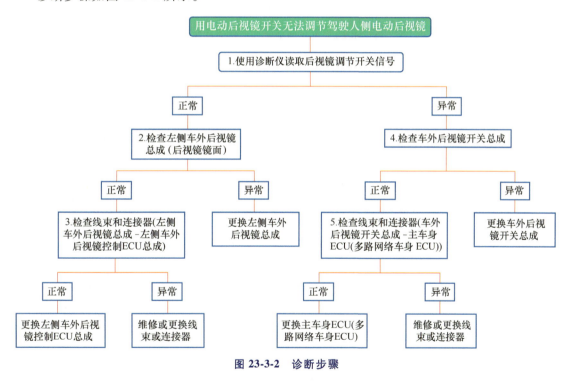

图 23-3-2　诊断步骤

第四节　自动电动伸缩式后视镜不工作

1. 电路图

电动伸缩式后视镜电路图如图 23-4-1 所示。

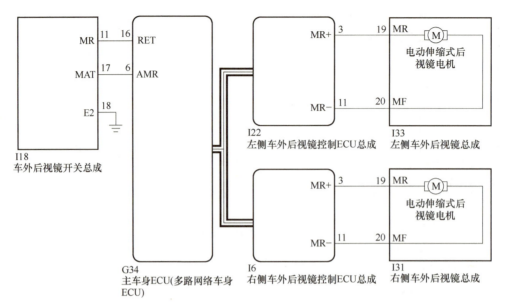

图 23-4-1　电动伸缩式后视镜电路图

2. 诊断步骤

诊断步骤如图 23-4-2 所示。

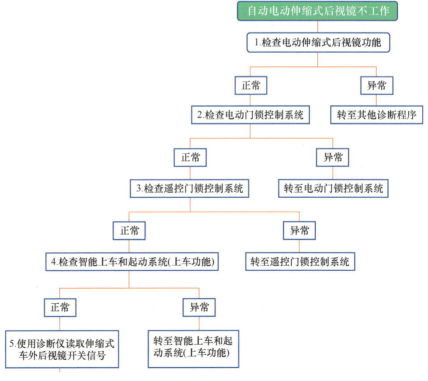

图 23-4-2　诊断步骤

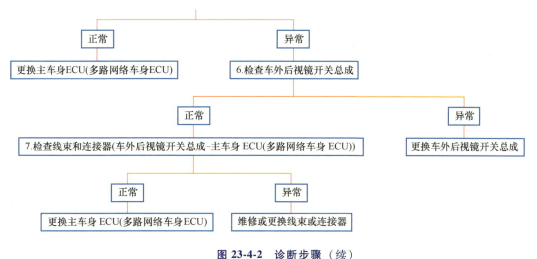

图 23-4-2　诊断步骤（续）

第五节　电动后视镜的倒档联动功能不工作

1. 电路图

后视镜联动电路图如图 23-5-1 所示。

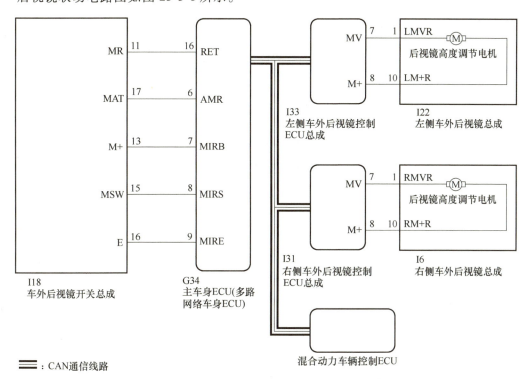

图 23-5-1　电路图

2. 诊断步骤

诊断步骤如图 23-5-2 所示。

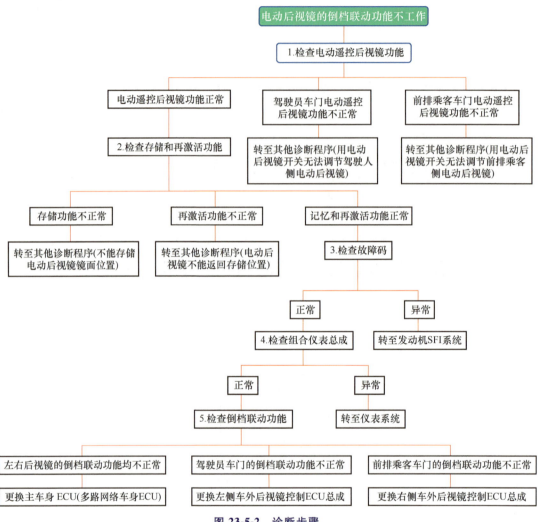

图 23-5-2　诊断步骤

第二十四章 刮水器/洗涤器系统故障诊断与排除

第一节 刮水器电机电源电路

1. 电路图

刮水器电机电路图如图 24-1-1 所示。

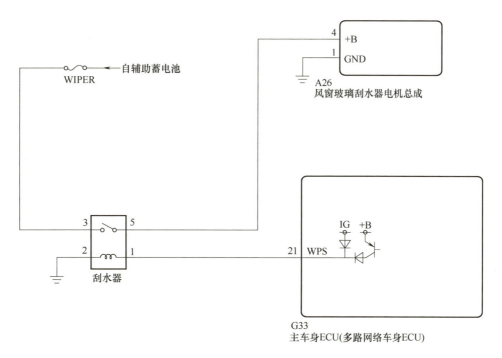

图 24-1-1 刮水器电机电路图

2. 诊断步骤

诊断步骤如图 24-1-2 所示。

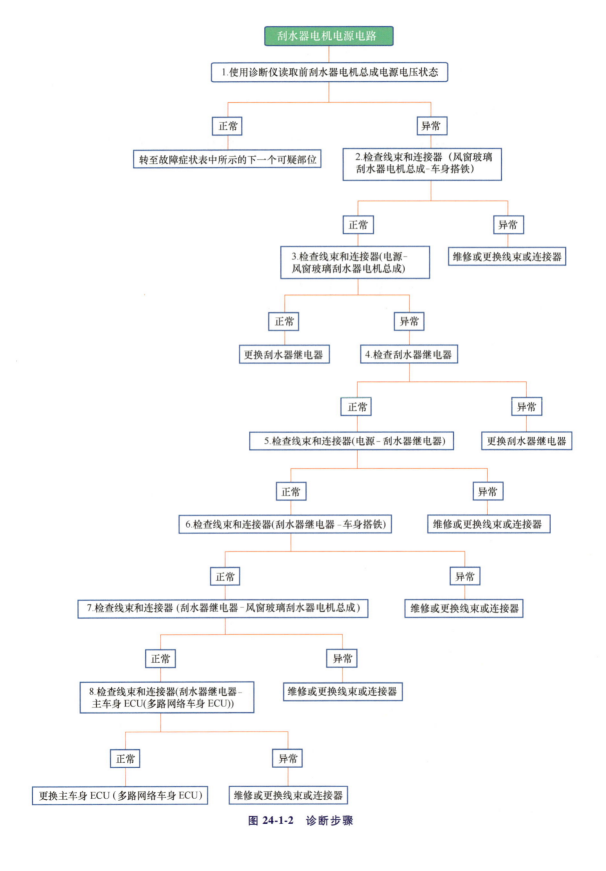

图 24-1-2　诊断步骤

第二节 刮水器和洗涤器开关电路

1. 电路图

刮水器和洗涤器电路图如图 24-2-1 所示。

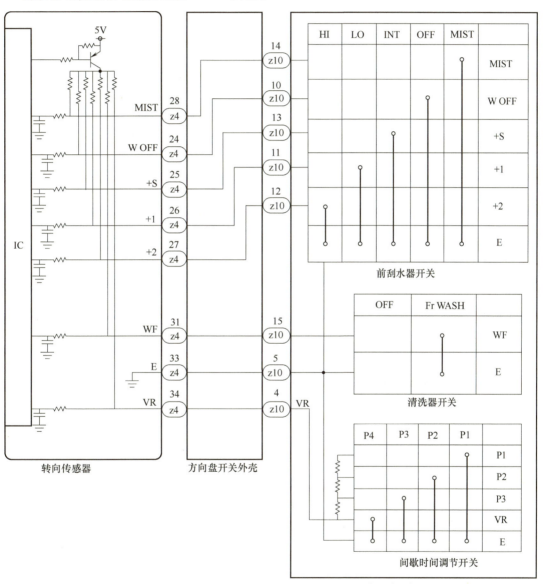

图 24-2-1 刮水器和洗涤器电路图

2. 诊断步骤

诊断步骤如图 24-2-2 所示。

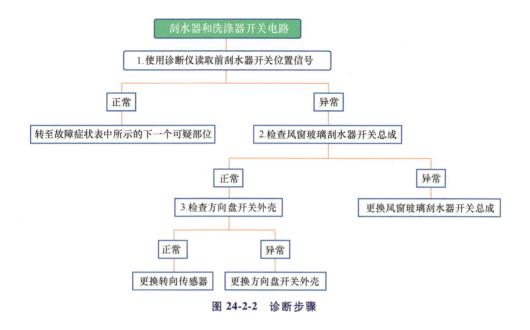

图 24-2-2　诊断步骤

第三节　洗涤器电机

1. 电路图

洗涤器电机电路如图 24-3-1 所示。

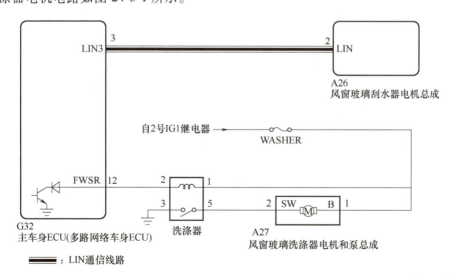

图 24-3-1　洗涤器电机电路图

2. 诊断步骤

诊断步骤如图 24-3-2 所示。

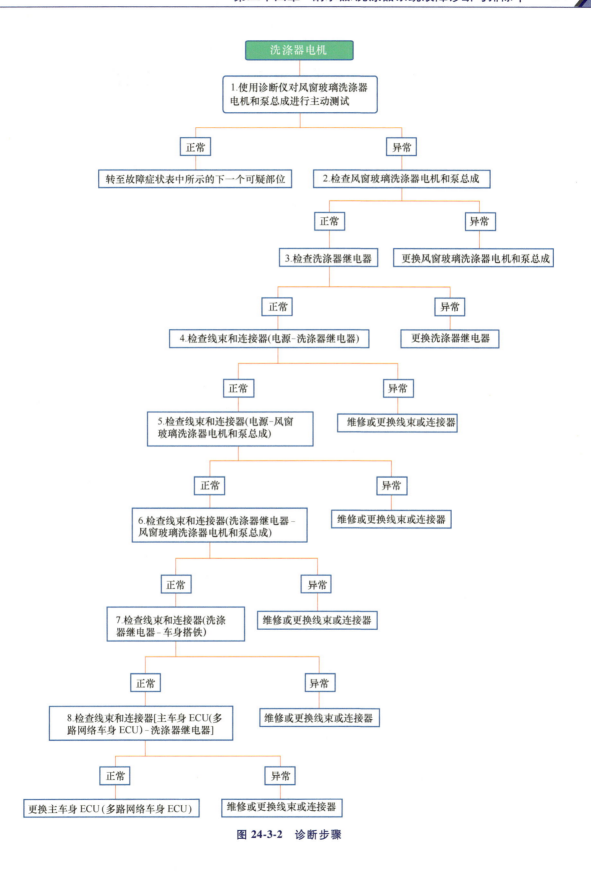

图 24-3-2 诊断步骤

第四节 与刮水器系统 LIN 总线失去通信

1. 电路图

刮水器系统通信电路图如图 24-4-1 所示。

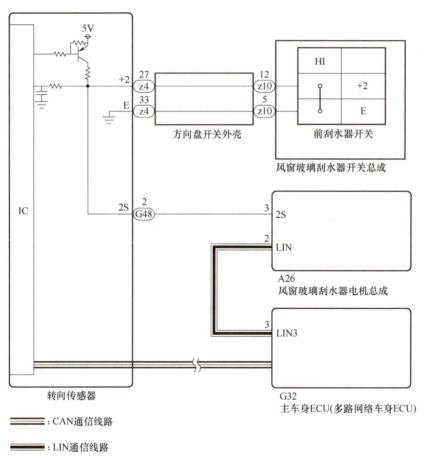

图 24-4-1 电路图

2. 诊断步骤

诊断步骤如图 24-4-2 所示。

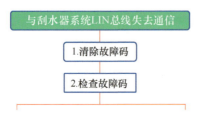

图 24-4-2 诊断步骤

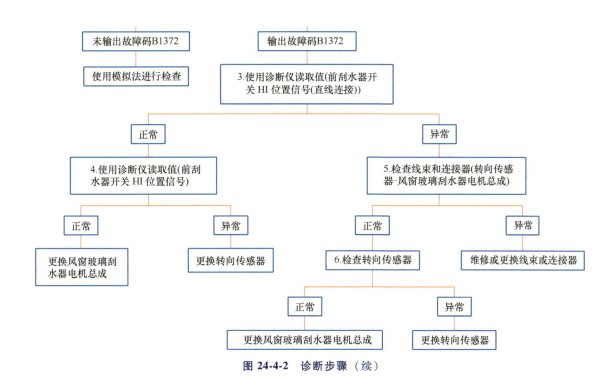

图 24-4-2　诊断步骤（续）

第二十五章 天窗故障诊断与排除

第一节 天窗不工作

1. 电路图

天窗电路图如图 25-1-1 所示。

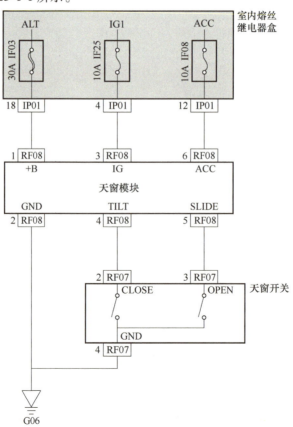

图 25-1-1 天窗电路图（以吉利车型为例）

2. 诊断步骤

诊断步骤如图 25-1-2 所示。

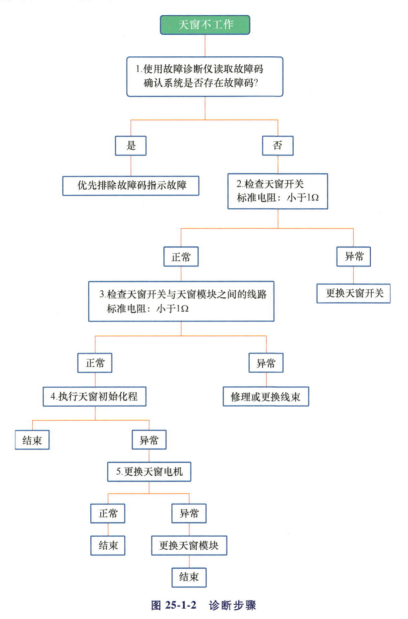

图 25-1-2　诊断步骤

第二节　天窗传感器故障

1. 电路图

天窗传感器电路图如图 25-2-1 所示。

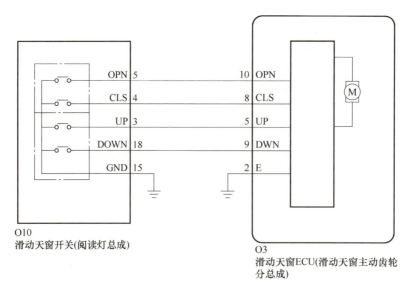

图 25-2-1　天窗传感器电路图

2. 诊断步骤

诊断步骤如图 25-2-2 所示。

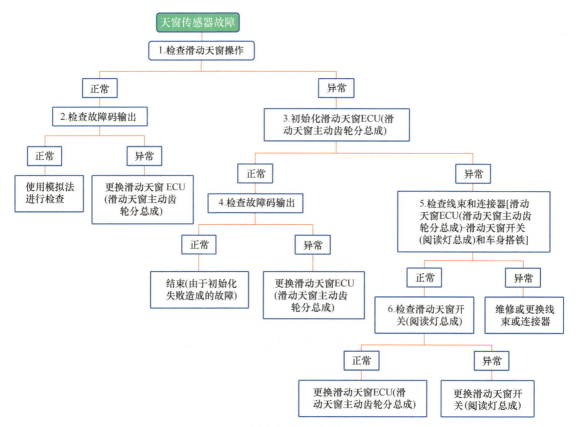

图 25-2-2　诊断步骤

第三节　位置初始化未完成

1. 电路图

同图 25-2-1。

2. 诊断步骤

诊断步骤如图 25-3-1 所示。

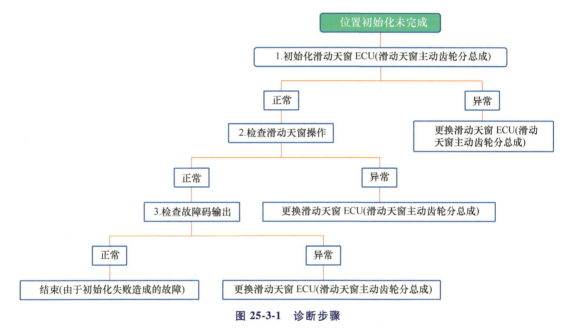

图 25-3-1　诊断步骤

第二十六章 电动座椅故障诊断与排除

第一节 用前电动座椅开关无法操作前电动座椅

1. 电路图

电动座椅电路图如图 26-1-1 所示。

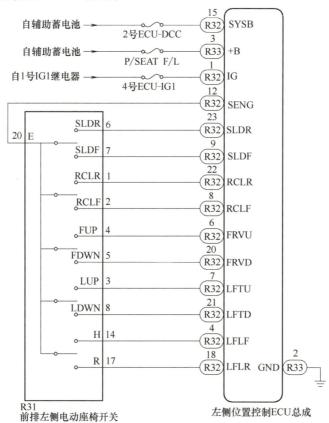

图 26-1-1 电动座椅电路图

2. 诊断步骤

诊断步骤如图 26-1-2 所示。

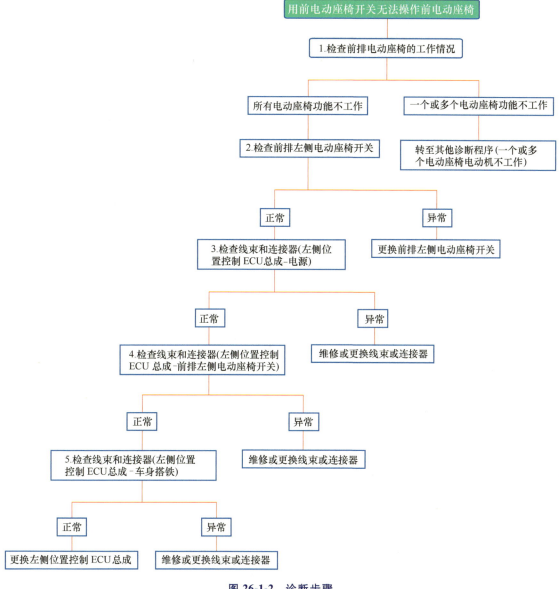

图 26-1-2　诊断步骤

第二节　一个或多个电动座椅电机不工作

1. 电路图

座椅电机电路图如图 26-2-1 所示。

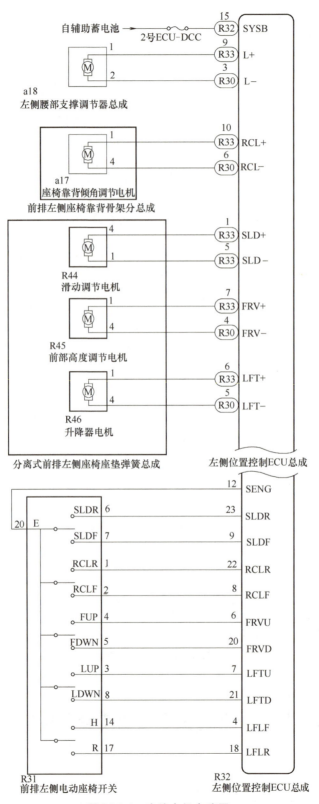

图 26-2-1 座椅电机电路图

2. 诊断步骤

诊断步骤如图 26-2-2 所示。

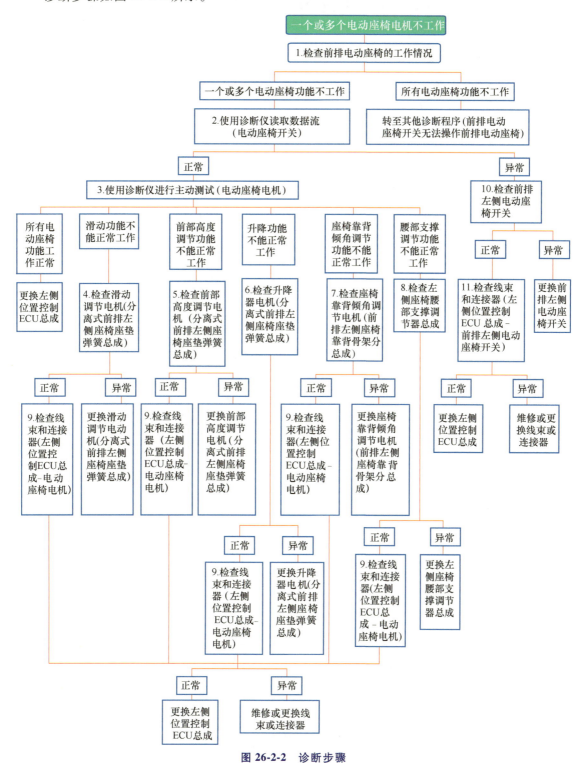

图 26-2-2　诊断步骤

第三节　无法存储电动座椅位置

1. 电路图

电动座椅通信电路如图 26-3-1 所示。

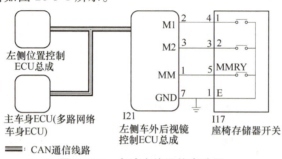

图 26-3-1　电动座椅通信电路图

2. 诊断步骤

诊断步骤如图 26-3-2 所示。

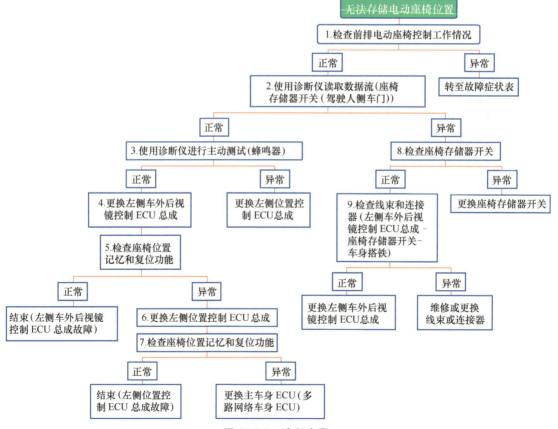

图 26-3-2　诊断步骤

第四节　电动座椅不能返回存储位置

1. 电路图

同图 26-3-1。

2. 诊断步骤

诊断步骤如图 26-4-1 所示。

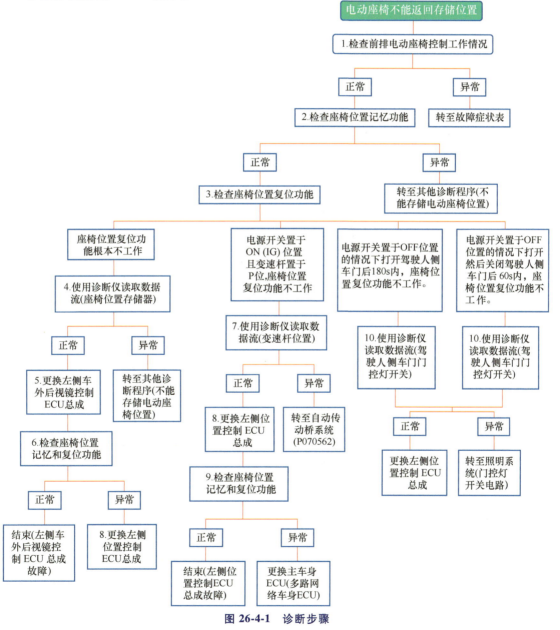

图 26-4-1　诊断步骤

第五节　滑动传感器故障

1. 电路图

滑动传感器电路图如图 26-5-1 所示。

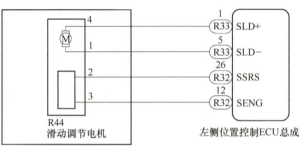

图 26-5-1　滑动传感器电路图

2. 诊断步骤

诊断步骤如图 26-5-2 所示。

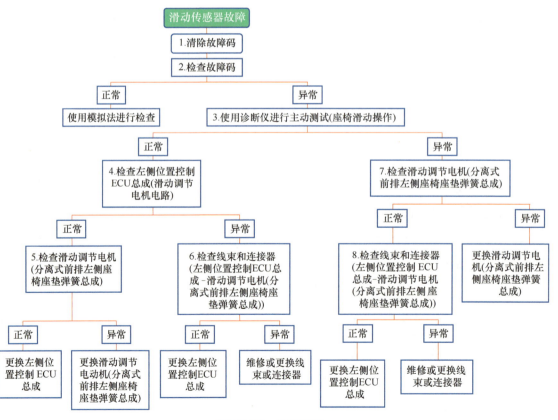

图 26-5-2　诊断步骤

第二十七章 中控门锁故障诊断与排除

第一节 通过操作车门锁芯，所有车门锁止/开锁功能均不工作

1. 电路图

车门锁电路如图 27-1-1 所示。

L2
18
UL3
17
9
L
E
7
10
UL
G34
主车身ECU(多路网络车身ECU)
I27
带电机的左前车门门锁总成

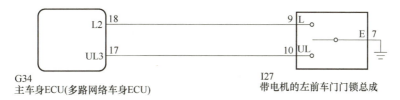

图 27-1-1 车门锁电路图

2. 诊断步骤

诊断步骤如图 27-1-2 所示。

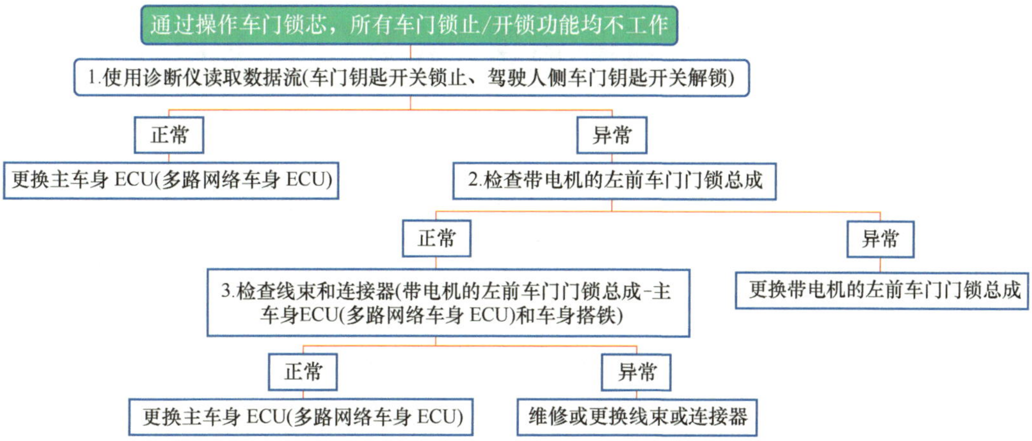

通过操作车门锁芯，所有车门锁止/开锁功能均不工作
1.使用诊断仪读取数据流(车门钥匙开关锁止、驾驶人侧车门钥匙开关解锁)
正常
异常
更换主车身 ECU(多路网络车身 ECU)
2.检查带电机的左前车门门锁总成
正常
异常
3.检查线束和连接器(带电机的左前车门门锁总成-主车身ECU(多路网络车身 ECU)和车身搭铁)
更换带电机的左前车门门锁总成
正常
异常
更换主车身 ECU(多路网络车身 ECU)
维修或更换线束或连接器

图 27-1-2 诊断步骤

第二节　通过操作主开关，所有车门锁止/开锁功能均不工作

1. 电路图

车门主开关电路图如图 27-2-1 所示。

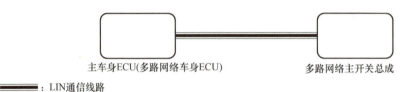

图 27-2-1　车门主开关电路图（丰田）

2. 诊断步骤

诊断步骤如图 27-2-2 所示。

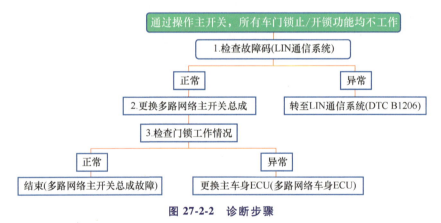

图 27-2-2　诊断步骤

第三节　所有车门上车锁止/解锁功能不工作，但遥控功能工作

诊断步骤如图 27-3-1 所示。

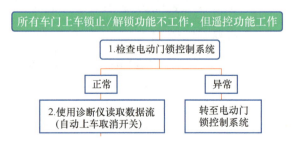

图 27-3-1　诊断步骤

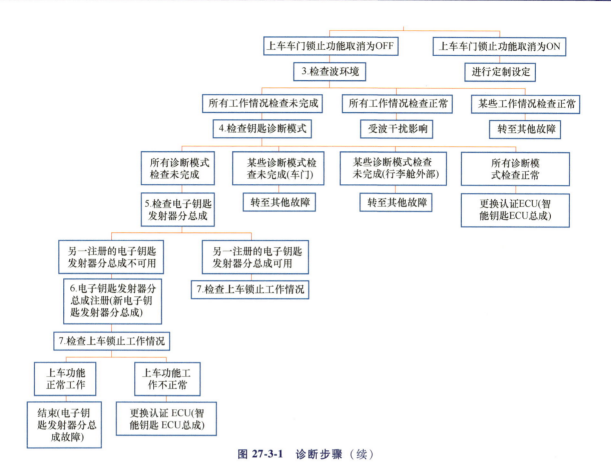

图 27-3-1　诊断步骤（续）

第四节　驾驶人侧车门上车解锁功能不工作

1. 电路图

驾驶人侧车门电路图如图 27-4-1 所示。

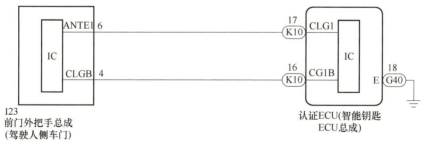

图 27-4-1　驾驶人侧车门电路图

2. 诊断步骤

诊断步骤如图 27-4-2 所示。

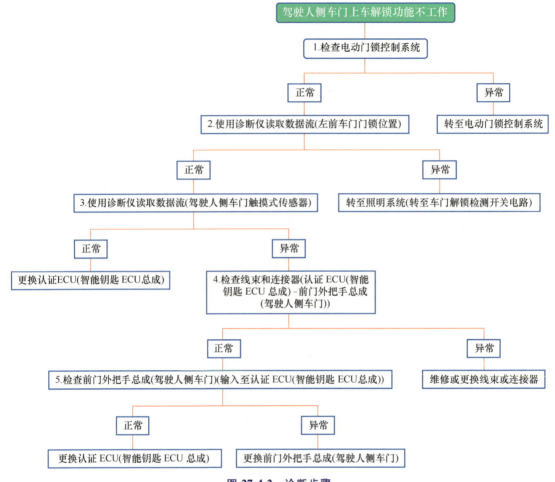

图 27-4-2　诊断步骤

第二十八章
防盗报警系统故障诊断与排除

第一节 钥匙位于行李舱外部时，行李舱门上车解锁功能不工作

1. 电路图

行李舱锁电路图如图 28-1-1 所示。

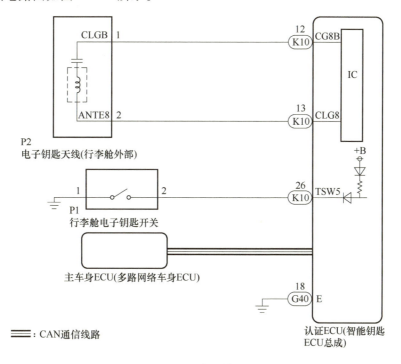

图 28-1-1 行李舱锁电路图

2. 诊断步骤

诊断步骤如图 28-1-2 所示。

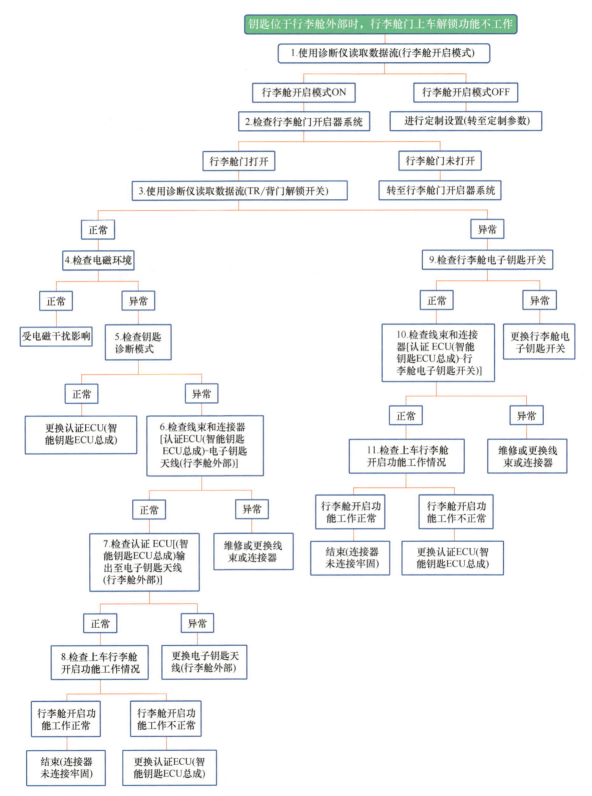

图 28-1-2 诊断步骤

第二节　防止钥匙锁入行李舱功能不工作

1. 电路图

电子钥匙相关电路图如图 28-2-1 所示。

图 28-2-1　电子钥匙相关电路图

2. 诊断步骤

诊断步骤如图 28-2-2 所示。

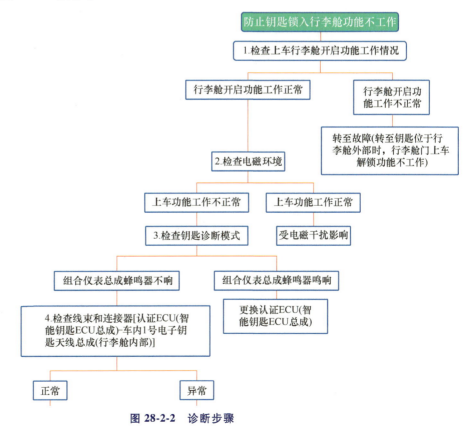

图 28-2-2　诊断步骤

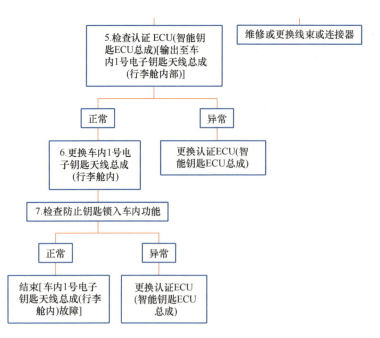

图 28-2-2　诊断步骤（续）

第三节　触摸解锁传感器一段时间无法解锁所有车门

诊断步骤如图 28-3-1 所示。

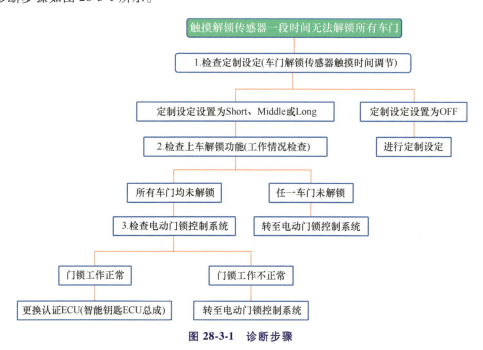

图 28-3-1　诊断步骤

第四节 防盗喇叭不工作

1. 电路图

防盗喇叭电路图如图28-4-1所示。

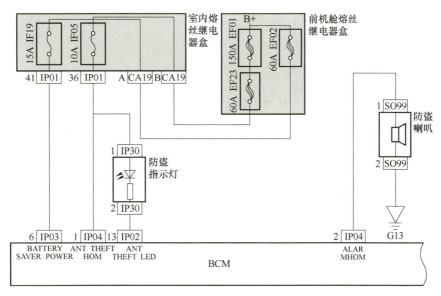

图 28-4-1　防盗喇叭电路图（以吉利车型为例）

2. 诊断步骤

诊断步骤如图28-4-2所示。

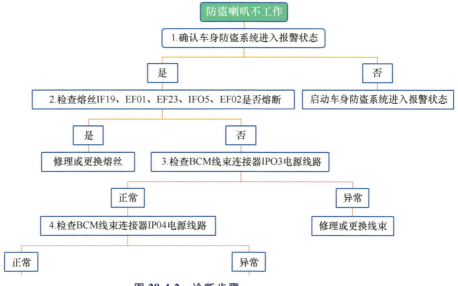

图 28-4-2　诊断步骤

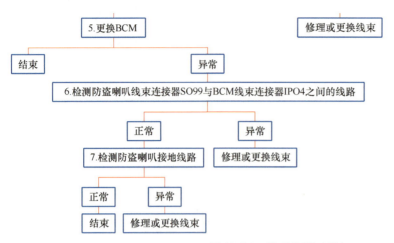

图 28-4-2 诊断步骤（续）

第五节 防盗指示灯不工作

1. 电路图

同图 28-4-1。

2. 诊断步骤

诊断步骤如图 28-5-1 所示。

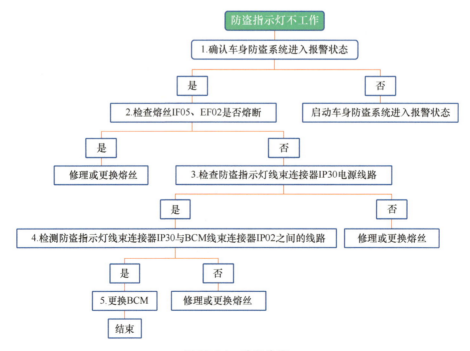

图 28-5-1 诊断步骤

第二十九章

网关控制模块故障诊断与排除

第一节 LIN 通信总线故障

1. 电路图

LIN 通信电路图如图 29-1-1 所示。

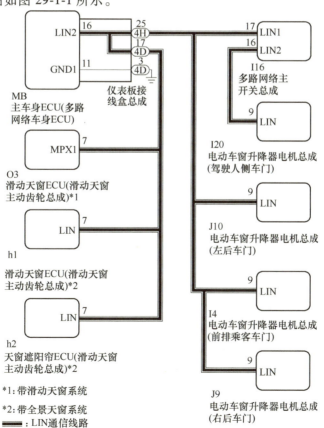

图 29-1-1　LIN 通信电路图

2. 诊断步骤

诊断步骤如图 29-1-2 所示。

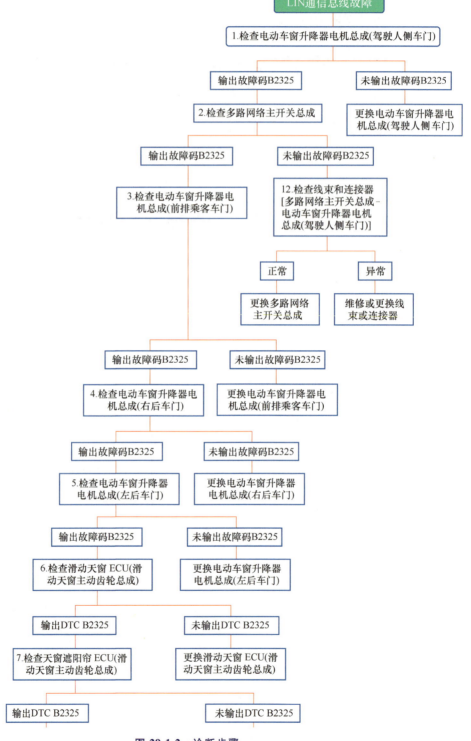

图 29-1-2　诊断步骤

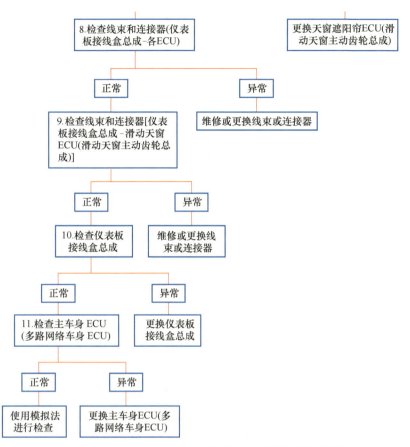

图 29-1-2　诊断步骤（续）

第二节　LIN 连接的 ECU 之间的通信故障

1. 电路图

LIN 连接的 ECU 电路图如图 29-2-1 所示。

图 29-2-1　LIN 连接的 ECU 电路图（丰田）

2. 诊断步骤

诊断步骤如图 29-2-2 所示。

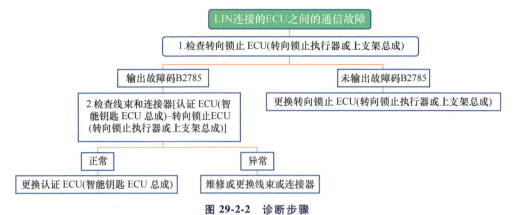

图 29-2-2 诊断步骤

第三节 混合动力车辆控制 ECU 通信停止模式

1. 电路图

混合动力车辆控制 ECU 电路图如图 29-3-1 所示。

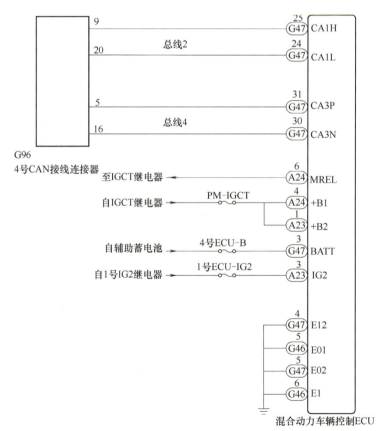

图 29-3-1 混合动力车辆控制 ECU 电路图

2. 诊断步骤

诊断步骤如图 29-3-2 所示。

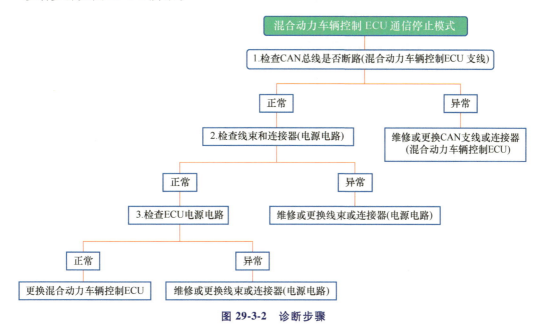

图 29-3-2　诊断步骤

第四节　动力转向 ECU 通信停止模式

1. 电路图

动力转向 ECU 电路图如图 29-4-1 所示。

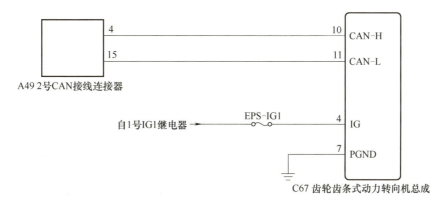

图 29-4-1　动力转向 ECU 电路图

2. 诊断步骤

诊断步骤如图 29-4-2 所示。

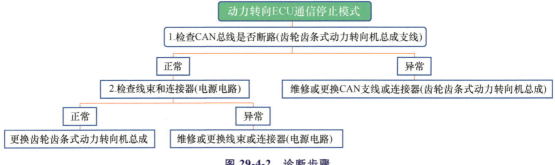

图 29-4-2　诊断步骤

第五节　盲区监视器传感器通信停止模式

1. 电路图

盲区监视器电路如图 29-5-1 所示。

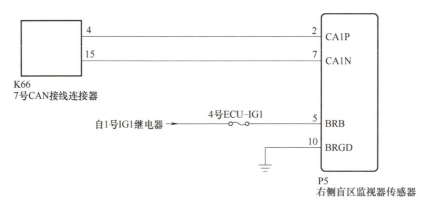

图 29-5-1　盲区监视器电路图

2. 诊断步骤

诊断步骤如图 29-5-2 所示。

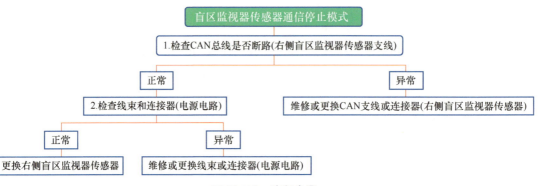

图 29-5-2　诊断步骤

第六节　驻车辅助 ECU 通信终止模式

1. 电路图

驻车辅助 ECU 电路图如图 29-6-1 所示。

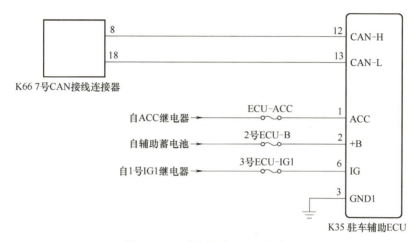

图 29-6-1　驻车辅助 ECU 电路图

2. 诊断步骤

诊断步骤如图 29-6-2 所示。

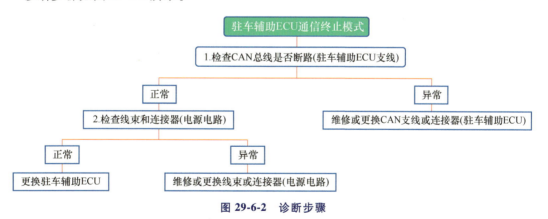

图 29-6-2　诊断步骤

第七节　行驶辅助 ECU 通信终止模式

1. 电路图

行驶辅助 ECU 电路如图 29-7-1 所示。

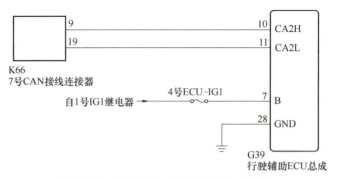

图 29-7-1　行驶辅助 ECU 电路图（丰田）

2. 诊断步骤

诊断步骤如图 29-7-2 所示。

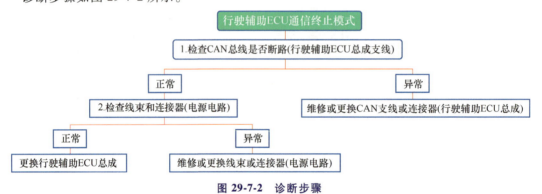

图 29-7-2　诊断步骤

第八节　抬头显示屏通信终止模式

1. 电路图

抬头显示屏电路如图 29-8-1 所示。

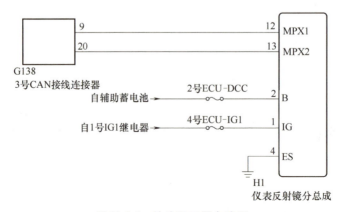

图 29-8-1　抬头显示屏电路图

2. 诊断步骤

诊断步骤如图 29-8-2 所示。

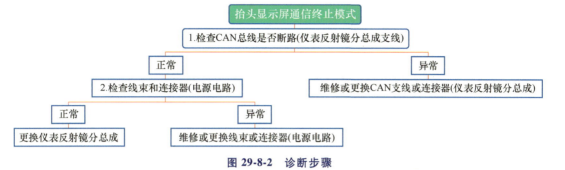

图 29-8-2　诊断步骤

第九节　毫米波雷达传感器通信终止模式

1. 电路图

毫米波雷达传感器电路图如图 29-9-1 所示。

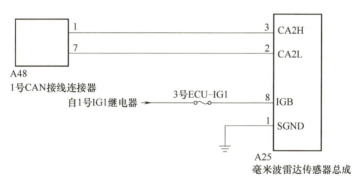

图 29-9-1　毫米波雷达传感器电路图

2. 诊断步骤

诊断步骤如图 29-9-2 所示。

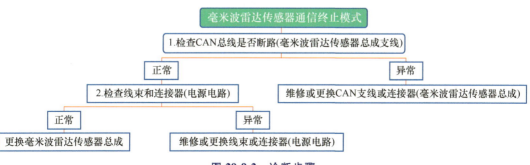

图 29-9-2　诊断步骤

第十节　前摄像机模块通信终止模式

1. 电路图

前摄像机电路图如图 29-10-1 所示。

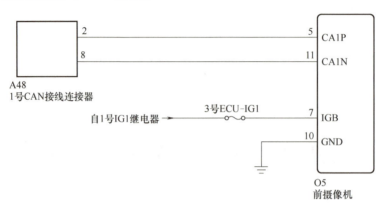

图 29-10-1　前摄像机电路图

2. 诊断步骤

诊断步骤如图 29-10-2 所示。

图 29-10-2　诊断步骤

第三十章

安全保护装置故障诊断与排除

第一节　SRS 警告灯一直亮

1. 电路图

SRS 警告灯电路如图 30-1-1 所示。

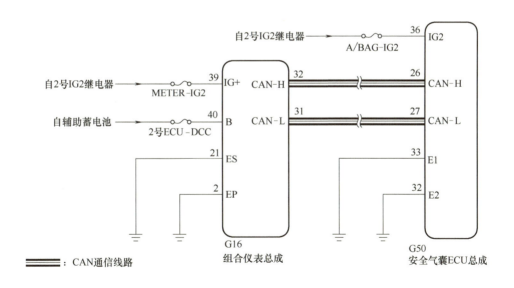

图 30-1-1　SRS 警告灯电路图

2. 诊断步骤

诊断步骤如图 30-1-2 所示。

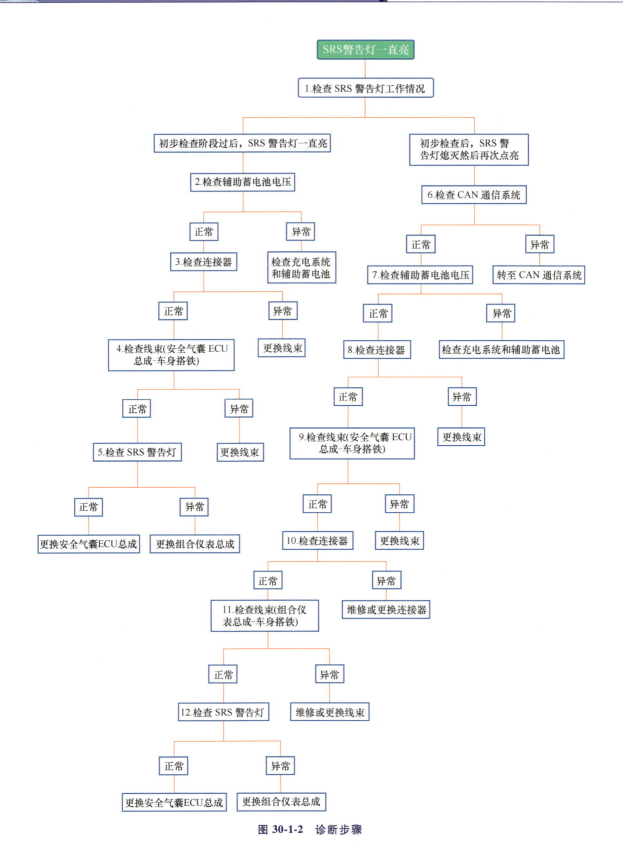

图 30-1-2 诊断步骤

第二节　SRS 警告灯不亮

1. 电路图

同图 30-1-1。

2. 诊断步骤

诊断步骤如图 30-2-1 所示。

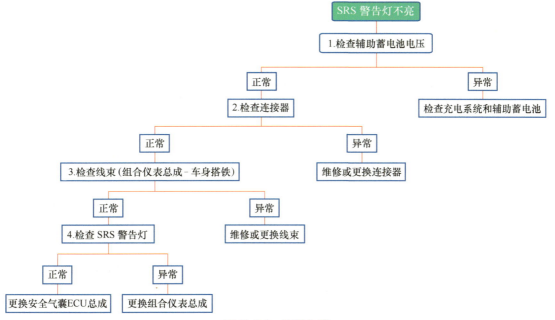

图 30-2-1　诊断步骤

第三节　前安全气囊传感器（左侧）

1. 电路图

前安全气囊传感器电路图如图 30-3-1 所示。

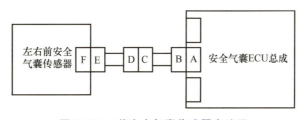

图 30-3-1　前安全气囊传感器电路图

2. 诊断步骤

诊断步骤如图 30-3-2 所示。

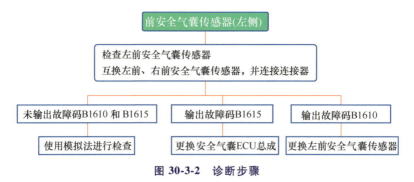

图 30-3-2　诊断步骤

第四节　驾驶人侧座椅安全带警告灯不工作

1. 电路图

驾驶人侧安全带电路图如图 30-4-1 所示。

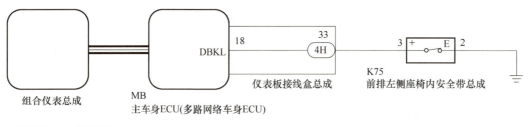

图 30-4-1　驾驶人侧安全带电路图

2. 诊断步骤

诊断步骤如图 30-4-2 所示。

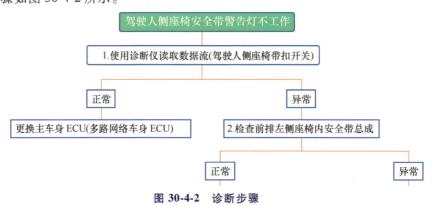

图 30-4-2　诊断步骤

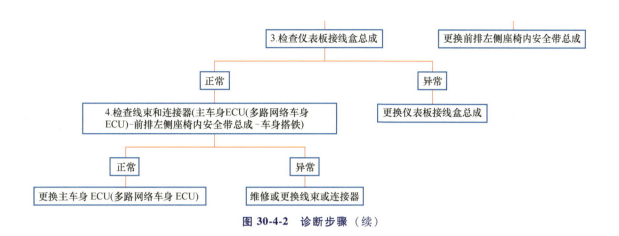

图 30-4-2　诊断步骤（续）

第五节　前排乘客侧座椅安全带警告灯不工作

1. 电路图

前排乘客侧安全带电路图如图 30-5-1 所示。

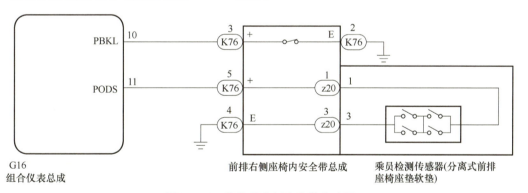

图 30-5-1　前排乘客侧安全带电路图

2. 诊断步骤

诊断步骤如图 30-5-2 所示。

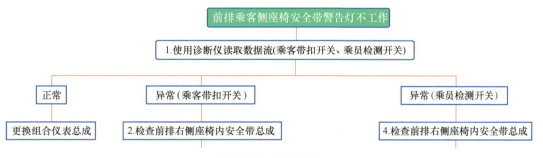

图 30-5-2　诊断步骤

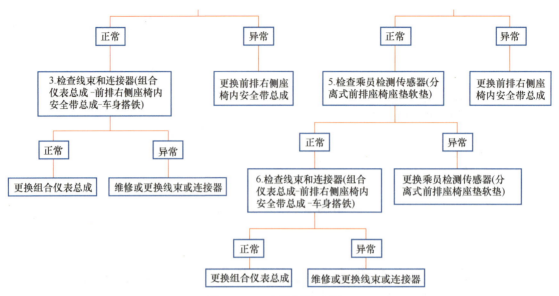

图 30-5-2 诊断步骤（续）

参 考 文 献

［1］ 崔胜民. 一本书读懂新能源汽车［M］. 北京：化学工业出版社，2019.
［2］ 李林. 混合动力汽车维修快速入门60天［M］. 北京：机械工业出版社，2020.
［3］ 宁德发. 混合动力汽车结构原理检测维修［M］. 北京：化学工业出版社，2018.